汉武大帝

林文力 著

全传

华中科技大学出版社
http://www.hustp.com
中国·武汉

图书在版编目(CIP)数据

汉武大帝全传 / 林文力著. —— 武汉：华中科技大学出版社，2019.4（2022.3重印）
ISBN 978-7-5680-5090-6

Ⅰ.①汉… Ⅱ.①林… Ⅲ.①汉武帝(前156-前87)-传记 Ⅳ.①K827=341

中国版本图书馆 CIP 数据核字(2019)第 049845 号

汉武大帝全传
Hanwudadi Quanzhuan

林文力 著

策划编辑：亢博剑	
责任编辑：沈　柳	
封面设计：刘红刚	
责任校对：李　琴	
责任监印：朱　玢	
出版发行：华中科技大学出版社（中国·武汉）	电话：(027) 81321913
武汉市东湖新技术开发区华工科技园	邮编：430223
印　　刷：天津中印联印务有限公司	
开　　本：710mm×1000mm　1/16	
印　　张：18.25	
字　　数：361千字	
版　　次：2019年4月第1版第1次印刷　2022年3月第1版第5次印刷	
定　　价：42.00元	

本书若有印装质量问题，请向出版社营销中心调换
全国免费服务热线：400-6679-118　竭诚为您服务
版权所有　侵权必究

【序言】

汉武帝是中国封建王朝中最杰出的君王之一,初立之时,罢黜百家、独尊儒术。兴太学,修郊祀,改正朔,定历数,协音律,作诗乐,号令文章,焕然可述。灭百越、攘匈奴,伐朝鲜,拓西南,拓土攘夷,奋威天下。文治武功,卓然千古。

汉武帝约生于汉景帝前元元年(前156年),是汉景帝的第十个儿子。他4岁被封为胶东王,7岁在母亲及姑母馆陶长公主的支持下被立为太子,16岁即位,由此开始了长达54年的帝王生涯。

汉初崇尚黄老之学,奉行无为而治,武帝即位时可谓国富民强,百姓安居乐业,吏治清明,经济繁荣,国库充足,是武帝后来施展政治抱负的坚实基础。

武帝即位后,改"无为"为"有为",改"无欲"改为"有欲",积极推行自己的儒学主张。他任命了一批儒者担任朝中重臣,同时,他下诏让各级官员向朝廷举荐德才兼备,为国分忧、为民谋福的有志之士,并鼓励天下官员学士直接向皇帝上书,只要得到皇帝赏识便可为官,打破了以往统治者选拔官员任人唯亲的局面,也使他身边聚集了一批人才,如董仲舒、主父偃、东方朔、朱买臣等。

但是,此时实际掌握朝政大权的是窦太后,她信奉黄老之学,武帝因羽翼未丰,只得暂时放弃新政,直到建元六年(前135年)

窦太后逝世，武帝才彻底摆脱政治上的羁绊，一展身手。他听从董仲舒的建议，下令"罢黜百家，独尊儒术"，在各地兴办学校，独教儒学，官吏选拔也以儒学为标准，绝对服从皇帝的统治。元朔二年（前127年），为巩固中央集权，接受主父偃提出的"大一统"政治主张，实施"推恩令"。彻底解决了多年来诸侯势力恶性发展的局面，堪称历史上一项伟大的创举。与此同时，武帝将冶铁、煮盐、酿酒等民间生意收归朝廷管理，禁止诸侯国铸钱，使朝廷牢牢掌握财政大权。

　　武帝的功绩不仅体现在经济和文化上，还体现在领土的扩张上。

　　在武帝以前，西汉的历任皇帝都对匈奴采取和亲政策，以稳定边境。然而，这一友好举措并没有改变匈奴人贪得无厌的本性，反而使他们有恃无恐，频繁侵犯边境、抢掠杀戮。面对匈奴的挑衅，武帝一改先祖们对匈奴忍让抚恤的态度，决定用武力征服匈奴。

　　元光二年（前133年），武帝以"马邑之战"拉开了大汉抗击匈奴的帷幕。元朔二年（前127年），汉将卫青、李息在河套大破匈奴楼烦王、白羊王所部，收复了自秦末汉初以来丢失的"河南"之地。元狩二年（前121年），年轻将领霍去病跨焉支山（今甘肃永昌西），长途奔袭千里，迫使匈奴浑邪王投降。随后，武帝在河西地区设武威、酒泉、张掖、敦煌四郡。元狩四年（前119年），卫青、霍去病又率兵横扫大漠，直捣匈奴单于王庭，大破匈奴兵。此役后，匈奴元气大伤，只得向中亚迁徙。

建元二年（前139年）及元狩四年（前119年），为了联合大月氏共同抗击匈奴，武帝两次派张骞出使西域。促进了中西经济文化交流，也使他成了"丝绸之路的开拓者"。

在解决匈奴威胁的同时，武帝还先后出兵平定了闽越、南越和西南地区的叛乱。

经过几十年的征战，西汉帝国日益强盛，疆土达到了空前的规模，汉武帝威名远扬。然而，大量的军费开支加上皇室挥霍无度，使国家几十年的经济积累化为乌有。为了解决财政困难，武帝采纳桑弘羊的建议，先后推行算缗、告缗、盐铁官营、均输、平准、币制改革、酒榷等经济政策，大幅增加了国家的财政收入，但也产生了一定的负面影响。

到了晚年，武帝更加独断专横，生活奢靡，他封禅泰山、巡游全国、大兴土木，以致国库空虚，人口骤减，农民起义时有发生。皇宫里不仅出现了谋杀他的刺客，还发生了"巫蛊事件"，引发了一场武帝与太子之间的宫廷斗争，最后，太子刘据、皇后卫子夫二人自杀身亡。当"巫蛊之祸"真相大白时,武帝追悔莫及,开始反思自己的过错。征和四年(前89年),汉武帝封禅泰山后曾对众臣说:"朕即位以来,所为狂悖,使天下愁苦,不可追悔。自今事有伤害百姓,靡费天下者,悉罢之。"同年,他又召集文武百官,下《轮台诏》,深陈对扩张政策的悔恨。为了弥补自己的过失,他下令禁止一切迷信活动,不再兴兵打仗,将精力转移到国家经济发展和民生大计上来。后元二年(前87年)二月,武帝病逝,享年70岁。

本书以丰富的史料为基础,客观反映汉武帝波澜壮阔的一生:他雄视天下,使中国成为一个真正统一、幅员辽阔、民族众多的强大帝国,从此中国人始称"汉人",古华夏族始称"汉族",而他也被后人誉为雄才大略的"千古一帝";他罢黜百家,独尊儒术,穷兵黩武,劳民伤财,晚年崇信方士,巫蛊为乱,有人称其遗患无穷。本书力求还原历史事实,重现特定时期、特定背景下那一幅幅惊心动魄的历史画面,为读者奉上一篇恢宏壮丽的史诗!

目　录
Contents

第一章　传奇少儿故事多 ………………………… 1

　一、封王胶东 ………………………………………… 1

　二、金屋藏娇 ………………………………………… 3

　三、刘荣被废 ………………………………………… 6

　四、荣升太子 ………………………………………… 9

　五、继承帝位 ………………………………………… 14

第二章　少年天子显身手 ………………………… 21

　一、思想抉择 ………………………………………… 21

　二、尊儒受挫 ………………………………………… 27

　三、邂逅子夫 ………………………………………… 31

　四、扩建御苑 ………………………………………… 35

　五、兴立太学 ………………………………………… 42

　六、外儒内法 ………………………………………… 48

第三章　中央集权施铁腕 53

一、三削相权 53
二、建立内朝 59
三、打击豪强 63
四、推恩削藩 67
五、选贤用能 73
六、加强监察 77
七、严刑峻法 84

第四章　改革军制抓兵权 92

一、扩充禁军 92
二、完善官军 97
三、扩大兵源 99

第五章　经济天才解危机 106

一、财政危机 106
二、改革币制 109
三、算缗、告缗 114
四、盐铁官营 119
五、均输平准 124
六、酒类专卖 128
七、卖官鬻爵 131

第六章　惠民施德兴水利 134

一、兴修水利 134

二、移民屯垦 …………………………………………… 140

三、赈恤灾民 …………………………………………… 142

四、尊老重孝 …………………………………………… 144

五、释奴赦罪 …………………………………………… 147

第七章　马踏匈奴定北境 …………………………… 149

一、匈奴崛起 …………………………………………… 149

二、和战辩论 …………………………………………… 152

三、马邑之谋 …………………………………………… 156

四、龙城之战 …………………………………………… 159

五、河南之战 …………………………………………… 161

六、两出定襄 …………………………………………… 163

七、鏖战漠北 …………………………………………… 167

八、你来我往 …………………………………………… 172

九、战事再起 …………………………………………… 176

第八章　远征西域定三边 …………………………… 180

一、两出西域 …………………………………………… 180

二、出兵西域 …………………………………………… 187

三、征伐大宛 …………………………………………… 190

四、平定西羌 …………………………………………… 194

五、荡平两越 …………………………………………… 196

六、通西南夷 …………………………………………… 202

七、剑指朝鲜 …………………………………………… 206

第九章　倡导汉赋重科技 ………………………… 212

一、搜集遗书 ……………………………… 212
二、大兴汉赋 ……………………………… 214
三、设置乐官 ……………………………… 219
四、改历易服 ……………………………… 222
五、新兴技术 ……………………………… 225

第十章　求仙访道重祭祀 ………………………… 228

一、崇尚祭礼 ……………………………… 228
二、泰山封禅 ……………………………… 231
三、迷恋方术 ……………………………… 236

第十一章　晚年悔过轮台诏 ……………………… 242

一、生活奢靡 ……………………………… 242
二、新欢旧爱 ……………………………… 246
三、巫蛊之祸 ……………………………… 249
四、父子离心 ……………………………… 254
五、太子冤死 ……………………………… 261
六、轮台罪己 ……………………………… 264
七、杀母立子 ……………………………… 270
八、临终托孤 ……………………………… 275

第一章 传奇少儿故事多

一、封王胶东

汉景帝前元元年（前156年）七月初七，天刚破晓，西汉皇宫内猗兰殿内灯火通明，大家都忙忙碌碌，满怀期待地等候小皇子的降生。

这位即将诞生的小皇子，据说他的母亲王美人在怀孕时曾"梦日入怀"。她将这一情景告诉当时还是太子的刘启，刘启闻言大喜，说："这是生贵子的吉兆！"不久，汉文帝刘恒病重不愈，在未央宫撒手人寰。8天后，刘启即皇帝位，是为汉孝景帝。

汉景帝对这位皇子的降生早已充满期待。《汉武帝内传》记载了这段故事：

有一天，景帝梦见一头红毛猪，摇头摆尾地自九霄飞下，直扑汉宫崇芳阁。高祖刘邦飘然而来，对他说道："王夫人生子，应起名叫彘。"景帝从梦中惊醒，急忙起来到实地察看，见崇芳阁外果然有赤雾盘旋，如飞龙在天，整个汉家宫殿上方丹霞蓊蔚而起。景帝很想知道这个梦的征兆，便召卜者姚翁为自己解梦。姚翁说此乃大吉之兆，说明此阁中将产生一位明君，当为汉家盛世之主。景帝欣喜之余，将崇芳阁改名猗兰殿，并让当时已足月待产的王美人移居猗兰殿以应天意。

待王美人生产，听到一声婴儿的啼哭后，他急匆匆地奔到房中，看着可爱的男婴，给他取名"彘"，以应"赤彘"之征。这个刘彘便是后来的汉武帝。

刘彻自小机敏聪慧。据《太平广记·汉武帝》记载，刘彻3岁时，景帝将他抱到膝上问："皇儿乐意做天子吗？"刘彻回答说："由天不由儿，愿每日居宫垣，在陛下面前戏弄，也不敢安逸享乐，失去做儿子的本分。"小小年纪竟然说出如此成熟的话来，实在令人匪夷所思。

还有一次，景帝见刘彻正在读书，便问他读的是什么书。刘彻马上背诵伏羲以来"群圣所录"的各种书籍"数万言"，没有遗落一个字。

不过，虽然天资聪颖，但刘彻的天子之路并不平坦。立太子、继皇位是各种因素与机缘综合作用的结果，刘彻虽有"梦日入怀"的贵征，但他既不是嫡子，也不是长子，加上他的生母没有显赫的家世，在景帝众多宠妃中并不起眼，因此，他竞争储君之位毫无优势可言。

汉景帝的薄皇后是靠景帝的祖母薄太后而位居正宫的。景帝不喜欢祖母的这个娘家女，加上薄皇后无嗣，所以她的皇后位子也不稳固，只是靠薄太后勉强维系。景帝前元二年（前155年），薄太后驾鹤西去，薄皇后失去了依靠，四年后，她被废黜皇后之位，退居别宫。

景帝后宫佳丽无数，虽然薄皇后没有给景帝生下嫡子，但众妃嫔却为景帝生了14个庶子。据《汉书·景十三王传》记载，孝景皇帝有十四男：王皇后生孝武皇帝；栗姬生临江闵王刘荣、河间献王刘德、临江哀王刘阏；程姬生鲁恭王刘馀、江都易王刘非、胶西于王刘端；贾夫人生赵敬肃王刘彭祖、中山靖王刘胜；唐姬生长沙定王刘发；王夫人生广川惠王刘越、胶东康王刘寄、清河哀王刘乘、常山宪王刘舜。

按照中国传统立子以嫡不以长、以长不以贤的继承法，排名第十，又是庶出之子的刘彻想当皇帝，根本就是奢望。在景帝的14个儿子中，栗姬所生的刘荣是长子，加上当时栗姬正受宠幸，因此景帝在前元四年（前153年），册立刘荣为皇太子，同年，刘彻被封为胶东王①。

---

① 编者注：因册封时，刘彻只有4岁，3年后他被立为皇太子，于是胶东又转封给了刘寄，所以他并没有去过他的封地胶东国。

二、金屋藏娇

刘彘能够在众多皇子中脱颖而出，被立为皇太子，可以说是宫中三个女人——栗姬、馆陶长公主刘嫖、武帝生母王美人之间的勾心斗角，助了他一臂之力。

刘彻的生母王美人颇有传奇色彩。她姓王名娡，槐里（今陕西兴平东南）人。王娡的父亲名王仲，是一介寒门布衣，但是她的母亲臧儿却是汉初名门、燕王臧荼之后。陈胜、吴广起义后，燕国旧将臧荼也揭竿而起，在燕王韩广的手下效命。巨鹿之战中，他率军参加对章邯①秦军的战斗，之后随项羽进入关中，颇受项羽赏识。秦朝灭亡后，项羽裂地分封，臧荼被封为燕王。在楚汉之争中，他先是拥兵自保，后投降刘邦。后因刘邦大肆捕杀项羽旧部，臧荼惊恐不安，便起兵造反。刘邦御驾亲征，臧荼兵败被杀，从此家道中落，他的孙女只能嫁给平民百姓。臧儿嫁给王仲后，生了一子二女，儿子名王信，长女便是王娡，次女王儿姁。

后来王仲病亡，臧儿改嫁到长陵（今陕西咸阳东北）田氏家中，为田家生了田蚡②、田胜两个儿子。王娡长大后，嫁给了长陵人金王孙，生有一女名金俗。

王娡和妹妹王儿姁天生丽质，如出水芙蓉。臧儿觉得让如此漂亮的女儿老死民间实在可惜，便去求人给两个女儿算卦。当时占卜十分流行，上至帝王将相，下至平民百姓，皆笃而信之，臧儿也不例外。算卦先生告诉她"两女当贵"，臧儿喜不自胜。但她仔细一想，小女儿王儿姁尚未许配人家，长女王娡也嫁给了一个普通百姓，而且已为人母，会有什么富贵可言呢？她仔细思量，觉得只有让王娡离开金王孙，另觅新

---

① 章邯：秦朝著名将领，为秦朝的军事支柱，秦王朝最后一员大将。
② 田蚡：长陵（今陕西咸阳）人，景帝王皇后的同母异父弟，在汉武帝时期担任过太尉和丞相，封武安侯。

夫，才能改变一家人的命运。臧儿不愧是将门虎女，说做就做，她马上去找金王孙谈判，金王孙当然不同意，臧儿便硬生生地将王娡从金王孙那里夺了回来，然后打扮一番，托人将王娡送进了汉文帝太子刘启的宫中，以此断绝了金氏的纠缠。

王娡进入太子宫后，凭着聪慧的头脑和得体的举止，很快博得了刘启的宠爱，并为他生了三女一男，即长女平阳公主、次女南宫公主、三女隆虑公主和后来的汉武帝。王娡向太子刘启夸赞胞妹王儿姁的美貌，不久，王儿姁也入了东宫，受到刘启的宠幸，生了四子，即广川惠王刘越、胶东康王刘寄、清河哀王刘乘、常山宪王刘舜。

王娡娘家的背景对于刘彘能否被立为太子并无助益。但是王娡不仅工于心计，机敏圆滑，还善于见风使舵、顺水行船。为了帮助刘彘争取太子之位，她与馆陶长公主刘嫖拉上了关系。

刘嫖是文帝窦皇后的女儿、景帝刘启的同胞姐姐。作为窦太后的独生女儿，刘嫖备受宠爱，所以窦太后在十几年以后留下遗诏，将太后寝宫长乐宫的金银珠宝都赐给她。并且馆陶长公主与景帝关系密切，景帝对她颇为看重，常常言听计从。在馆陶长公主的穿针引线下，许多美女都得以进入后宫，受到景帝的垂爱。这些使馆陶长公主权倾一时，内自六宫粉黛，外至文武大臣，纷纷巴结不迭。

汉朝规定娶公主为妻者必须是列侯，叫"尚主"。汉初功臣陈婴之孙陈午，爵封堂邑侯，被汉文帝和窦皇后相中，便把馆陶长公主许配给了他。馆陶长公主下嫁陈家，生有一女，名阿娇。

出于政治心机，馆陶长公主一心想让阿娇长大后当皇后。她见刘荣被立为皇太子，而栗姬又深得景帝宠爱，于是便想把女儿许配给太子刘荣为妃，等将来刘荣登基当了皇帝，阿娇便可成为皇后，母仪天下。然而，这只是刘嫖的一厢情愿，栗姬心中一直对馆陶长公主将一个一个的美人"引荐"给景帝之事愤愤不平，现在见馆陶长公主来求婚，便摆出一副皇太子生母的架子，断然拒绝。

馆陶长公主碰了一鼻子灰，心里非常恼火。她是当朝天子的姐姐、窦太后的心爱之女，而且"长公主"这一名位极为尊贵，仪服与诸侯王一样，没想到栗姬竟然如此不识抬举。

馆陶长公主岂会就此罢休，她打算从诸王中再物色一个好女婿。她仔细衡量了一番景帝的其他13个儿子，最后看中了刘彻。她向王美人提亲，王美人满心欢喜，但嘴上仍谦逊地说："这恐怕不好吧，彻儿只是胶东王，将来做不了皇帝。阿娇可是命定要做皇后的，嫁给彻儿岂不是委屈了？"

王美人的几句话顿时激起了馆陶长公主内心的愤恨，她气呼呼地说："不是太子又怎样？太子又不是皇帝，现在是太子，将来未必能做皇帝，古今废立太子的事还少吗？我觉得呆头呆脑的荣儿就没个太子的样儿。彻儿额宽颈长，眉突口阔，声音洪亮，是大器之相。彻儿才像个皇太子呢！"

王美人听了，高兴地答应了这门婚事，但是景帝却不太满意，因为阿娇比刘彻大了几岁。馆陶长公主一心想促成此事，于是又心生一计。有一天，她当着景帝的面将刘彻抱到膝上问道："彻儿想娶个媳妇吗？"刘彻答："想！"

馆陶长公主左右常有侍女百余，她笑着将这些侍女一一指给刘彻，让他挑选，没想到刘彻都说不喜欢。馆陶长公主心中十分高兴，觉得这个小王子很有品位，越发喜欢他了。100多个侍女他都不要，只剩下自己的女儿阿娇了。馆陶长公主指着阿娇问刘彻："阿娇怎么样？"

刘彻点点头，笑着说："好！"接着，他像小大人似的说："如果娶阿娇做媳妇，我一定要造一座金屋，让阿娇住在里面！"

馆陶长公主听了笑得合不拢嘴。这便是"金屋藏娇"的典故。这个典故后来记载于《汉武故事》中：

帝以乙酉年七月七日旦，生于猗兰殿。年四岁，立为胶东王。数岁，长公主嫖抱置膝上，问曰："儿欲得妇否？"胶东王曰："欲得妇。"长公主指左右长御百余人，皆云不用。末指其女问曰："阿娇好不？"

于是乃笑对曰:"好!若得阿娇作妇,当作金屋贮之也。"

刘彻由此深得姑母长公主的喜爱。在馆陶长公主的请求下,景帝最终同意了阿娇和刘彻的婚事。

王美人和刘嫖两个女人从各自的利益出发,一手包办了儿女的婚姻,这次联姻为刘彻日后飞黄腾达、登上帝位奠定了坚实的基础。

三、刘荣被废

刘彻和阿娇的婚事定下来后,长公主很自然地与王美人结成了统一战线,她们为了共同的利益,一起向栗姬发起了进攻。

景帝前元六年(前151年),薄皇后因久不生育而被废。皇后之位空悬,按说栗姬是最有希望成为第二任皇后的,因为她当时正得宠,而且她的儿子刘荣已被立为皇太子,母以子贵,这是自古以来的通例。景帝本人也有立她为后的想法,在这种情况下,栗姬自以为皇后之位非自己莫属,更是得意非常,然而她高兴得太早了。馆陶长公主发誓要报拒婚之仇,更重要的是,她一心想让自己的宝贝女儿当皇后。所以,她经常向景帝称赞刘彻,诋毁栗姬,说她挟邪媚道,如果她做了皇后,悲惨的"人彘"事件有可能重现。

馆陶长公主所说的"人彘"事件,是指高后吕雉虐杀戚夫人之事。当时高祖刘邦喜欢戚夫人和她生的儿子赵王如意,吕雉一直怀恨在心。等到刘邦一死,吕雉大权在握,便毒杀赵王如意,又命人把戚夫人的四肢砍断,挖去她的双眼,刺聋双耳,灌下哑药,包上草席,扔在粪池里,戚夫人最后凄惨地死去。这一刑罚极其残酷,一直是后宫的禁忌。

景帝并非轻信谗言的君主,馆陶长公主与栗姬的恩怨他也有所耳闻,所以对馆陶长公主的话只是听听而已。仅凭馆陶长公主一人之言,显然无法扳倒栗姬。

但另一方面,由于后位空缺,后宫的妃嫔们都虎视眈眈,希望自己做皇后，所以最有希望的栗姬就成了众矢之的。在这种情况下，那些自认为有一线希望的嫔妃绞尽脑汁，寻找一切机会去诋毁、诽谤栗姬。俗话说："众口铄金，积毁销骨。"景帝听得多了，自然也有些信了。

即便如此，栗姬仍然是皇后之位的有力人选，不过事情很快又有了变化。

有一次，景帝患病，栗姬在一旁伺候。景帝心里有些感伤，跟栗姬说起各位皇子："我死了以后，你要好好照顾他们。"言下之意显然要立她为后。但栗姬一向胸襟狭窄，而且正恼恨到处败坏她名声的众嫔妃，冲动之下出言不逊，惹得景帝大为不快，他联想到馆陶长公主和众妃嫔所说的话，觉得栗姬的确不配母仪天下。从此，栗姬失去景帝的宠幸，错过了当皇后的最好机会。

与此同时，馆陶长公主不仅在景帝面前经常称赞皇子刘彘，而且经常称赞王美人温婉大方、识大体，景帝听得多了，加上有小肚鸡肠的栗姬做反衬，王美人的形象就愈发美好起来，景帝开始有了立王美人为后的想法。可是，立皇后还牵涉到储君的问题，储君岂能轻易改动，而且窦太后的内侄、太子太傅窦婴极力反对易储，所以立谁为后的问题便搁置下来了。

然而，王美人不甘心就此罢手，她看到栗姬失宠，非常兴奋，便想再添一把火，给栗姬以致命一击。她知道如果自己出面说栗姬的坏话，很可能招致景帝的不满，怀疑她落井下石，只有借助他人之手才有效。

王美人思来想去，决定采取离间计。她暗中指使人去挑唆大行①向景帝建议册立栗姬为皇后。大行对于皇宫里的恩怨并不清楚，他只知道皇后之位不可长久空缺，于是向景帝建议说："'母以子贵，子以母显。'今太子母无号，宜立为皇后。"景帝正对栗姬失望透顶，大行这一奏折戳到了他的痛处，他当场就发了火，怒吼道："这件事是你应当说的吗？"随后下令将大行拉出去砍头。这位大行就这样稀里糊涂地奔

---

① 大行：古代官名，掌接待宾客之礼。

上了黄泉路。这件事也使景帝最终下定了决心。前元七年（前150年），他下诏废刘荣太子位，改封临江王，并把栗姬贬入冷宫。太子太傅窦婴、太尉周亚夫苦苦上谏，景帝仍丝毫不为所动。

栗姬的皇后梦至此彻底破灭。她把眼看到手的富贵丢了不说，还连累了儿子，为此她又悔又恨，终于怨恨而死。

另一边，刘荣被废后过得也十分郁闷，不过他一向宅心仁厚，在临江的都城江陵很是爱护百姓，受到了百姓的拥戴。只是刘荣自小住在长安城内，到了临江这个小地方自然有些住不惯，于是就想扩建一下宫室，但宫外根本没有多余的空地，只有文帝的太庙近在咫尺，最后他占用了太庙空地边上的一面墙。结果，宫殿还没建成，就被人上京告发了。景帝听了勃然大怒，把这个案子交给郅都去审问。

郅都是有名的酷吏，景帝初年担任中郎将一职，因勇于进言规劝而得到重用。他为人十分严厉，秉公办事，从不徇私情，就连他的亲属也不敢当面求他办事，只好写信给他。郅都见有亲友写书信托他办事，于是再也不拆阅私人给他的信件。郅都做事廉洁公正，任何馈赠、人情慰问等，他从不接受，更不用说请托谒见。

郅都被任命为中尉后，执法更加严格，甚至到了残酷的地步。他对皇亲国戚、文武大臣，都一视同仁。权贵们见了郅都都只敢斜着眼睛扫一扫他，不敢和他对面正视，唯恐冒犯了他。当时的贵戚、列侯给他起了个外号叫"苍鹰"，可见他冷酷的程度。

刘荣动身前往长安接受审查的时候，江陵的百姓给他送行。没想到在出发前，车轴竟然断裂了，当时的人特别迷信，见此情形便认为这是不祥之兆，全都眼含泪花。因为大家都知道郅都的手段，担心刘荣有去无回。果然刘荣一到郅都那儿，马上被投入大牢。刘荣请求狱监借给他一副刀笔，准备写信恳求景帝的原谅。但郅都下令不许他这么做。一天，原太子太傅窦婴去看望刘荣，刘荣求他想办法捎副刀笔来，窦婴派人偷送进去。刘荣预感自己已无生存的希望，他不愿在公堂上受辱，就给景帝写了一封绝命信，在狱中悲切地自杀了。刘荣死后被谥为"闵"。《谥法》曰："使民悲伤曰闵。"从这句话中多少能看出栗姬母子的悲惨遭遇。

四、荣升太子

刘荣被废后，太子之位空缺，皇子们又开始了新一轮的角逐。

除刘荣外，栗姬还有另外两个儿子。其中临江王刘阏已死，河间王刘德言行端庄、温仕恭俭、声誉极好。但是因为栗姬的缘故，他显然与皇太子之位无缘了。刘德本人对此也心知肚明，于是将全副心思都用在收集古书上，从不过问政治。他还组织儒生对收集的古籍进行整理、研究，河间因他而成为儒经研究的中心之一。后世对刘德的评价极高，为他不能继承帝位而感到十分可惜。其实，刘荣被废、自杀，栗姬愤懑而亡，刘德能保住性命已经很不容易了，他之所以不问政治，或许正是出于保全自己的考虑。

长沙王刘发的母亲唐姬身份低贱，从未受宠，太子之位自然轮不到他。程姬的三个儿子，两个有生理缺陷，还有一个则有勇无谋，显然都得不到太子之位。贾夫人的一个儿子赵王刘彭祖，表面谦恭，其实内心阴险狡猾，他身居王位，却喜欢做官吏，经常代手下的官吏处理事务；另一个儿子中山王刘胜终日沉迷于美色和佳酿，这两人自然也与太子位无缘。

再看王儿姁所生的四个儿子：常山王刘舜狂傲不法，好色荒淫；胶东康王刘寄、清河王刘乘、广川王刘越的为人在史书中没有记载。这也从一个侧面说明景帝对他们兄弟四人并不喜爱。

13个皇子中，显然刘彘的条件最为优越。他不仅天资聪慧，而且有未来岳母馆陶长公主的鼎力相助，前途一片光明。不过，他继位的道路依然曲折，当时大汉王朝中还有一个人处心积虑地窥视着皇位。这个人就是景帝的同母兄弟、刘彘的叔父梁孝王刘武。

刘武和景帝刘启都是窦太后所生。窦太后是清河观津（今河北武邑东南）人，早年父母双亡，家境贫困，她与兄长窦长君、弟弟窦广国相依为命。后来被选入皇宫。窦氏入宫后，窦广国被人贩子掠卖为奴，窦长君寻找多年，始终没有任何消息。窦广国最后被卖到了宜阳（今属河南）。后来，他随主人辗转来到长安，听说当今皇上册封了一位姓窦的妃子为皇后，而且是观津人，认为很有可能是自己的姐姐，便上书请求相认，姐弟俩这才得以重逢。

早年的苦楚生活，使窦太后非常看重亲情。她生了一女二子，女儿就是馆陶长公主，二子是刘启和刘武。长子刘启登上帝位，成了一国之君，自然无须她操心；女儿被封为馆陶公主，地位也到了顶点，只有多赏赐财物来表达母爱了。因为是最小的儿子，她对刘武甚是喜爱。刘武最初被封为代王，后徙封淮阳，再改封为梁王。《史记·梁孝王世家》中有载：

孝王慈孝，每闻太后病，口不能食，居不安寝，常欲留长安侍太后，太后亦爱之。

前元三年（前154年），梁王刘武入朝觐见天子，景帝大摆宴席来招待他。当时景帝还没有立太子，他与窦太后、刘武及其他宗室子弟、外戚畅饮欢笑，其乐融融，杯觥交错间，有些醉意的他一高兴便口无遮拦对刘武说：“千秋万岁后，我将把帝位传给梁王。”梁王赶紧辞谢，他虽然知道景帝乃酒后失言，但心里仍十分高兴。而景帝的话也正是窦太后想说而无法说的，她虽两眼失明，但心亮耳聪，一听也是大喜过望。

中国古代，自禹传位给自己的儿子启后，就初步形成了世袭王权和世袭贵族的制度，并一直发展完善。夏朝的王权继承基本上是以传子为主，传弟为辅。商代在盘庚迁都之前实行的则是兄终弟及的王位继承制度。但是，弟弟继位之后往往不愿再将王位传给兄长的儿子，而是传给自己的儿子。所以，将君主之位传给弟弟很容易造成政治上的动乱。到了商代庚丁时期,中国基本上确立了传子制度。到西周时,统治者在传子制的基础上最终确立了以"立嫡以长不以贤,立子以贵不以长"为核心的预立太子的王位世袭制度,并被后世各代沿用。

景帝酒后的传位之言与汉朝的传子制度相冲突,宴席之上当场就有人出言反对,这人便是窦太后的堂兄之子窦婴。窦婴喜好儒术,向来尊崇名分、等级之类的学说,当时他任詹事,秩二千石,皇后、太子的家事正在他的职掌范围之内,所以他马上站起来反驳景帝说:"天下者,高祖皇帝之天下。帝位父子相传乃汉家制度,皇上怎么可以将帝位擅自传给梁王呢?"其实,景帝说完那句话就后悔了,但君无戏言,他后悔也来不及了,听了窦婴的话,只能打哈哈敷衍过去。窦太后和梁王见状,顿时如跌进冰窖中。

第二年,汉景帝立栗姬的长子刘荣为太子,彻底断绝了梁王龙飞九五的念想。窦太后见事已至此,只好多多赏赐金钱财物给刘武。梁王从窦太后那里领了数不清的赏赐,在景帝初元年间于封国中大治宫室,修建了一座规模庞大、美轮美奂的园林,据说方圆300余里,名称东苑。苑内楼台观阙檐牙高啄,耸立在奇花异草、珍果佳树之中。其间铺设着数条道路,道道相连,达30余里。苑中各处点缀着诸多胜景:落猨岩丛石嶙峋,险峻神奇;栖龙岫层峦叠翠,舒缓有致;雁池、鹤洲、凫岛,碧波微泛涟漪。山影云影,日光水光,映成一片,更添几分清幽,几分静谧。

梁王每次出猎、出巡,都打着天子赐予的旌旗,千乘万骑,浩浩荡荡。他还广泛招揽天下豪杰和巧舌如簧之士、智能杰出之才,齐人羊胜、公孙诡、邹阳都来到睢阳(今河南商丘)投奔到梁王麾下。其中尤以公孙诡奇人如其名,邪计谋最多。刚见到梁王,公孙诡就得到了千金的赏赐,官至中尉,被称为公孙将军。

险此之外,梁王府库里的金钱多至百万,珠玉宝器杂陈于宫殿苑囿,比长安城里的皇宫还要多上几分。野心勃勃的梁王还制造了许多兵器,弩弓矛刀达数十万件,隐隐与长安相对。以上种种,《史记·梁孝王世家》均有记载：

于是孝王筑东苑，方三百余里。广睢阳城七十里。大治宫室，为复道，自宫连属于平台三十余里。得赐天子旌旗，出从千乘万骑。东西驰猎，拟于天子。出言跸，入言警。招延四方豪杰，自山以东游说之士，莫不毕至。

太子刘荣被废前两个月，梁王入朝，景帝特派使者手持符节，驾着皇帝乘坐的驷马车，到关前迎接梁王进宫。见到景帝后，他请求留在京师，因受窦太后宠爱，得以获准。此后，梁王出则与景帝同车游猎，入则随景帝同辇回宫，威宠无比，得意至极。梁王带来的侍中、郎、谒者①们只要在名册上登记姓名就可以随意出入天子的殿门，与宫中宦官一样自由往来。由此可见景帝十分看重梁王。

然而，无论梁王多么受宠、多么风光，只要太子在位，他就只能是个臣子。但事态的发展往往出人意料，太子刘荣被废，太子之位空缺，这使梁王、窦太后内心又燃起了希望，爱子心切的窦太后很快便向景帝提出立梁王为储君的请求。

景帝不忍拒绝窦太后的请求，一是出于孝道，二是他的确说过传位于梁王的话，为君者不能食言，于是便召集大臣商议。当时正赋闲在家的大臣袁盎②得知此事，急切地赶到长安，进宫向景帝陈述立弟为储君的利害，要求沿袭周道立太子。袁盎说："殷商的传统亲其兄弟，故传位于其弟；周朝的传统尊其祖先，故传位于其子。殷商崇尚质朴，质朴就效法上天，亲其亲人，故传位于弟；周朝崇尚华美，华美就效法大

---

① 谒者：官名，春秋战国时为国君、卿大夫的侍从官员，掌接待引见宾客之事，朝会时担任警卫，亦奉命出使。秦汉宫廷、后宫、太子宫、诸侯王国皆置，员额不等，皆掌交通内外、导引宾客之职。

② 袁盎：《汉书》称爰盎，字丝，汉初楚国人，汉文帝时为郎中。历任齐相、吴相，后被御史大夫晁错告发，降为庶人。吴楚七国以诛晁错为名叛乱时，他建议景帝杀晁错以谢吴。叛乱平定后，封为楚国。后因反对立梁王刘武为储君，遭梁王忌恨，为刺客所杀。

地，敬其本原，故传位于长子。周朝的制度是太子死了，立嫡孙；殷朝的制度是太子死了，立其弟。"

"你们怎么看？"景帝急问诸臣。

大臣们都说："现在效法的是周朝制度，按照这个制度，不能立兄弟，而应立儿子。"随后，大臣们举出例证，以论证立弟的危害。《史记·梁孝王世家》载：

帝曰："于公何如？"皆对曰："方今汉家法周，周道不得立弟，当立子。故春秋所以非宋宣公。宋宣公死，不立子而与弟。弟受国死，复反之与兄之子。弟之子争之，以为我当代父后，即刺杀兄子。以故国乱，祸不绝。"

景帝也不愿将皇位传给梁王，只是母命难违，现在有了大臣们的反对，他正好有了托辞，便打消了传位于梁王的念头，并决定立刘彘为嗣。梁王和窦太后又一次希望落空。

前元七年（前150年），景帝诏立王美人为皇后。12天后，立刘彘为皇太子。因刘彘"圣彻过人"能透彻地明白事理，景帝又给他改名为"彻"。这一年，刘彻7岁。

远在封地的梁王听说这个消息后，愤怒之余又心生一计，他上书请求景帝准许他从睢阳修一条甬道直达长安长乐宫皇太后的住处，以便随时能朝觐太后。其实他这是醉翁之意不在酒，目的在于等待有利时机，从这条道路迅速进入长安夺取政权。忠君爱国的袁盎得知后又带头反对，梁王的计划又失败了。

因为这两件事，窦太后和刘武对袁盎和一些持反对意见的大臣们恨入骨髓。梁王召集手下商议对策，公孙诡与羊胜建议采取暗杀行动，于是，梁王秘密派出刺客，把袁盎和十余位持反对意见的大臣都暗杀了。

袁盎等人的死轰动了长安城，景帝闻报马上下令追捕凶手，可是凶手早已逃之夭夭。

景帝仔细一想，袁盎等人都是在得罪梁王之后被杀的，这件案子很可能与梁王有关。他派人追查，结果正如他预料的那样。景帝非常生气，马上派田叔、吕季主前往梁国逮捕主犯，但羊胜和公孙诡等人早已被刘武藏了起来。后来在梁国内史韩安国的劝说下，刘武为了活命勒令羊胜和公孙诡两人自杀，并把他们的尸体交了出来。

尽管羊胜、公孙诡做了自己的替死鬼，但梁王心里很清楚这件事自己脱不了干系，皇上一定也知道这一点，如果他不亲自前往京城请罪是说不过去的。于是，他托人通过姐姐馆陶长公主为自己疏通。馆陶长公主替他向窦太后求情，窦太后又恳请景帝宽恕梁王，后来梁王又到北阙伏斧谢罪，景帝这才原谅了他。然而，往昔那种同车共舆、亲密无间的兄弟情谊却不复存在。8年后，梁王入朝，请求在长安住一段时间，景帝不许。梁王遭受冷落，终日郁郁寡欢，于中元六年（前144年）郁郁而终。

至此，对刘彻太子之位的所有威胁基本上解除了，他终于可以踏踏实实地做皇太子了。

五、继承帝位

太子是储君，身系江山社稷之安危，所以历朝历代的统治者都极其重视对太子的教育，并且对太子宫属的选择十分慎重，一般是选择言行端正的人。汉朝时期，朝廷还设置了教育、辅助太子的官员，如太子太傅，少傅，门大夫，詹事等。其中，太傅的职位最高，秩二千石，少傅次之。太子对太傅、少傅都执弟子之礼。只有太傅在太子面前不称臣，其他官员都类似于太子的家臣。

卫绾是景帝为刘彻选择的第一任太傅。卫绾，代郡大陵（今山西文水东北）人，因身怀戏车①之技当上了郎官，服侍汉文帝，后来逐渐升

---

① 戏车：在车上表演杂技。

为中郎将。卫绾性情敦厚谨慎,以正直著称。代郡过去是文帝的封国,文帝对代郡人一向怀有特殊的感情,加上卫绾为人"无它余志念也",所以颇受文帝看重。文帝临终前,把卫绾推荐给太子刘启,说:"卫绾是一个忠厚的长者,你要好生对待他。"但因为景帝当太子的时候曾邀请父皇左右的人去他府上喝酒,其他人都欣然应邀,只有卫绾担心皇上怀疑他私通太子,因而称病未去。景帝对卫绾心生怨恨,即位后一直没有重用他。

虽然一直没有得到重用,卫绾也不解释,只管做好自己分内之事。后来,景帝问他为什么不去赴宴,他仍然是那个理由:"臣罪不可恕,但真的是病了。"时间长了,景帝发现卫绾确实是一个忠厚之人,便在刘彻被立为太子后拜他为太子太傅,希望他以言传身教去影响刘彻。

卫绾做了三年太子太傅就升任御史大夫,景帝又任命王臧为太子少傅。王臧,西汉儒生,兰陵(今山东苍山西南)人。他是申公①的弟子,学识渊博,尤其精通《鲁诗》。汉初,统治者奉行黄老的无为而治思想,尤其是窦太后,极为信奉黄老思想,自景帝以下太子及窦氏一门都必须学习黄老古籍,尊奉黄老学术。在用人方面,景帝通常也不任用儒生。然王臧是儒者出身,升任太子少傅后,向太子传授黄老学术的同时往往会不自觉地传授一些儒家学说,这样做自然引起了上层的不满,所以王臧任太子少傅没多长时间就被罢免了。不过,他的短暂教习使刘彻多少接触到了一些儒家思想,为刘彻后来"独尊儒术"奠定了基础。

景帝不仅为刘彻聘请了言行端正、学识渊博的老师,为了在实践中检验刘彻的学习情况,锻炼他的能力,还时不时地让他参与一些军国大政。刘彻14岁那年,廷尉呈上一宗案卷,请景帝审批。其中一件凶杀案,引起了他的注意。一个名叫防年的平民因继母杀了他的亲生父亲,他一怒之下也杀了继母。廷尉认为防年杀母,判处他大逆罪。景帝觉得这样判决有点重了,便问刘彻的看法。刘彻分析说:"继母与生母不一

---

① 申公:即申培,亦称申培公。西汉鲁(今山东曲阜)人,西汉初期儒家学者。

样，孩子与生母有着血缘关系，而继母只是因为父亲娶她为妻才与孩子有了关系，位同生母。防年的继母杀其生父，他与继母便没有母子关系了，应该按照普通的杀人案判罪，不应判大逆罪。"景帝觉得刘彻说得很有道理，于是就按一般的杀人罪判处防年弃市①。大臣们也都称赞刘彻见识不一般，从此对这个少年刮目相看，而景帝也更加看重这个继承人了。

为了给刘彻的未来铺平道路，景帝还对官员队伍进行了一些调整，其中值得一提的是为刘彻除掉了周亚夫。

周亚夫，沛郡丰邑县（今江苏丰县）人，名将绛侯周勃②的第二个儿子。周亚夫个性耿直，是一位极为强悍的大臣，且军事才华卓越。文帝后元六年（前158年），匈奴入侵北部边境，周亚夫为将军，驻守细柳（今陕西咸阳西南渭河北岸）防御匈奴的进攻。文帝亲自去慰劳军士，至周亚夫军营，营内戒备森严，文帝无法进入。使者说："陛下来了。"军门都尉却说："将军有令，'军士只听将军的命令，不听天子的诏令。'"文帝派人拿着令符去找周亚夫，向他说明来意，周亚夫这才放他进入军营。在整个劳军过程中，周亚夫始终以军礼相见，走出军营后，大臣们还都吓得冷汗直冒。文帝感叹说："他是真正的将军啊！"于是文帝临终时对太子刘启说："当处于危急之时，可任周亚夫为将军。"在吴楚七国之乱③时，景帝任周亚夫为太尉。周亚夫率军仅用3个月就平定叛军，拯救了汉室江山。

---

① 弃市：古代刑法名，指在人众集聚的闹市对犯人执行死刑，并陈尸街头示众。

② 周勃：西汉开国将领、宰相。随刘邦起兵反秦，受封绛侯，继而因讨平韩信叛乱有功，升为太尉。吕后死后，他与陈平等人合谋智夺吕禄军权，一举消灭吕氏诸王，拥立文帝，官至右丞相。

③ 七国之乱：景帝三年（前154年），汉景帝采用晁错的《削藩策》，先后下诏削夺楚、赵等诸侯王的部分封地，划归中央政府直接管辖，引起诸侯王的强烈反对。吴王刘濞联合楚王刘戊、赵王刘遂、济南王刘辟光、淄川王刘贤、胶西王刘昂、胶东王刘雄渠等刘姓宗室诸侯王，以"诛晁错，清君侧"为名发动叛乱。

前元七年（前150年），刘彻被立为太子后两个月，景帝免除了陶青①丞相之职，任周亚夫为丞相，可见景帝对周亚夫极为倚重，也有了让他辅佐刘彻的想法。然周亚夫生性过于耿直，不会讲究政治策略。又是平叛的功臣，渐生傲慢之情，时常惹景帝不快。有一次，窦太后想让景帝封王皇后的哥哥王信为侯，景帝召周亚夫商量，周亚夫坚决反对。据史料记载，当时周亚夫说，高祖说过不是刘姓不能封王，没有功劳不能封侯，如果封刘信为侯，就违背了先祖的誓约。景帝"默然而止"。后来匈奴王唯徐卢等人来投降，景帝想给他们封侯以吸引其他匈奴人来降，周亚夫又极力反对道："这些人背叛他们的主子来投降陛下，陛下给他们封侯，那么陛下怎样来指责那些没有操守的大臣呢？"景帝当时就火了，气愤地说："丞相的意见迂腐不可用。"之后不顾周亚夫的反对，执意封唯徐卢等人为列侯。周亚夫不愿屈从，于是托病辞官，景帝也没有挽留，批准他告病回乡。

　　尽管周亚夫辞了官，但景帝还想进一步试探他。一天，景帝召周亚夫入宫赴宴，周亚夫高高兴兴地来了，可是坐到桌前一看，桌上只有一块肉，再没有别的食物，连双筷子也没有。周亚夫心里直冒火，便让尚席②给自己拿筷子。景帝一直看着他，见此情形便哈哈大笑起来，说："这些还不能让将军满意吗？"其实景帝这样做就是想惩戒一下周亚夫。周亚夫听了景帝的话，羞愤难当，不情愿地下跪谢罪，景帝刚说了个"起"字，他便立马站了起来，没等景帝再说什么，就很不高兴地走了。

　　景帝目送他出去后，便说："这样怏怏不服的人，是不适合做太子的臣子的。"这件事发生后，景帝就有了除去周亚夫的心思。

　　后来，周亚夫的儿子见周亚夫年老体衰，便悄悄买了500件工官盔甲和盾牌，打算在他去世时发丧用。当时工官工场的产品不允许出售，

---

① 陶青：西汉开国功臣开封侯陶舍的儿子，景帝二年（前155年）被汉景帝拜为丞相，袭封开封侯。

② 尚席：古代官名，掌管皇帝宴席。

甲楯也禁止个人买卖，因此此举很快被人举报，说周亚夫意图谋反。负责这件案子的官员去责问周亚夫，周亚夫始终缄口不言。景帝听说后很生气，便下令逮捕周亚夫。刑讯时，廷尉问周亚夫为何要谋反，周亚夫说他儿子买的都是丧葬品，为什么要说是谋反呢？廷尉讥讽道："将军就算不在地上谋反，也会在地下谋反。"周亚夫不甘受辱，愤而绝食身亡。

景帝除掉周亚夫后，任命刘舍为丞相，卫绾为御史大夫。这两个职位是皇帝的左膀右臂，用人得当与否极为重要。刘舍，楚国项地（今河南项城）人，项燕的孙子，项羽的堂弟，他的父亲项襄追随刘邦南征北战，立下赫赫战功，被赐刘姓，封桃侯。项襄去世后，刘舍袭封桃侯，景帝前元五年（前152年），刘舍任太仆①，后升御史大夫。

在丞相、御史大夫以下的职位上，景帝也大多任用为人忠厚、办事谨慎之人。据《史记·万石张叔列传》记载：

张叔者，名欧，安丘侯说之庶子也。孝文时以治刑名言事太子。然欧虽治刑名②家，其人长者。景帝时尊重，常为九卿。

文中的"长者"指的就是忠厚持重之人。后元元年（前143年），景帝罢除刘舍丞相位，任卫绾为丞相。卫绾在做太子太傅时就以忠厚著称，担任丞相后也谨守职分，景帝认为他敦厚忠诚，可以辅佐少主，对他十分信任，时常赏赐财物。

卫绾升任丞相后，景帝任卫尉直不疑为御史大夫。直不疑，南阳（今河南南阳）人，汉文帝在位期间曾担任侍郎。有一次，一个侍郎告假回乡，误拿了另一个侍郎的金子，金子的主人发现金子丢失后，怀疑是直不疑偷了，直不疑就买了同等的金子交给失主。等到请假的侍郎回

---

① 太仆：官名。秦、汉秩中二千石，列位九卿，掌管皇帝专用车马，有时亲自为皇帝驾车，地位亲近重要。兼管政府畜牧业。

② 刑名：指战国时以管仲、李悝、商鞅等为代表的法家学派，主张循名责实，慎赏明罚。后人称为"刑名之学"。

来后，才发现是他拿错了。丢失金子的侍郎羞惭难当，向直不疑道歉，而直不疑丝毫没有怨言。所以，时人皆称赞其忠厚。文帝也非常欣赏他并给予了提拔，直不疑逐渐升至中大夫。有一次，有人诽谤直不疑与嫂子私通，直不疑听说后，分辩说："我没有兄长。"再无他言。直不疑为官持重，不求名声，颇受景帝赏识。

景帝对官僚队伍的调整，为日后刘彻顺利接班扫除了障碍，铺平了道路，可谓用心良苦。

在景帝的百般呵护之下，刘彻快乐地成长着，并受到了多种学术思想的影响。在窦太后控制下的宫廷氛围里，他接受了黄老思想的熏陶；从景帝那里，又受到刑名思想的影响；卫绾和王臧又正式教授给他儒学的精髓。这种纷繁复杂的思想大熔炉，对少年刘彻产生了深刻的影响，也是他思想倾向和历史活动呈现复杂多变性的主要根源。

除了跟老师学习以外，刘彻还从身边的同伴身上学到了不少知识。其中韩王信①的曾孙韩嫣，是刘彻小时候的伙伴。当年韩王信因受围困投降了匈奴，其子孙因此一直生活在匈奴。汉文帝前元十四年（前166年）春，韩王信的儿子韩颓当回归祖国，韩嫣也一起到了长安。韩嫣出生在匈奴，精于骑射，而且走南闯北，多见多闻，尤其了解匈奴的情况。于是刘彻便向韩嫣学习骑射，了解匈奴的情况，以此增强了抗击外侮的信心，为日后抗击匈奴，奠定了坚实的信念。

皇宫是文化的集中地，丰富的皇家藏书和良好的文学气氛，使刘彻自幼便对文学艺术产生了浓厚的兴趣。他喜欢读儒家经书，也喜欢吟诵辞赋。辞赋是汉代最流行的一种文学体裁。它上承楚国大诗人屈原的《离骚》，是一种半文半诗的混合文体，具有文采光华、结构宏伟和语汇丰富的特色。刘彻很喜欢这种文体，对枚乘②等人的作品产生过浓厚

---

① 韩王信：名韩信，战国时期韩襄王姬仓的庶孙，初随张良入关中，拜太尉。西汉初年被刘邦封为韩王，后来投降匈奴，公元前196年与汉军作战时被杀。

② 枚乘：字叔，西汉辞赋家。原为吴王刘濞的郎中，因在七国之乱前后两次上谏吴王，不纳，后拜在梁孝王帐下。

的兴趣,后来还用这种文体写出了《悼李夫人赋》《秋风辞》等具有一流文学水平的作品。

时光飞逝,刘彻很快成长为一个英俊的少年,他文武兼备,有胆有识,思想活跃,心境开阔,为他未来的事业打下了良好的基础。

景帝后元三年(前141年),景帝病重。景帝知道自己将不久于人世,于是颁布了一道加强农业生产的诏令,重申重农抑商的基本国策。他还为16岁的刘彻举行了非常隆重的冠礼,并嘱咐刘彻:等他百年后,赐诸侯王以下至黎民为人父者爵一级;全国每户100钱;放出宫人让她们回家。安排好这一切后,景帝于这年正月的一天在未央宫病逝,享年48岁。

不久,刘彻即皇帝位,是为汉武帝,从此开启了中国历史上一个辉煌的时代。

第二章　少年天子显身手

一、思想抉择

登上皇帝宝座，就意味着掌握了国家的最高权力，可以尽情施展自身的雄才大略。然而，汉武帝刚上台就面临着一个重大的抉择——确定自己的治国思想。

秦朝时期，秦始皇选择法家思想来治理国家，对统一六国起到了积极作用。但是统一之后，他没有根据新的形势及时转变统治手段，而是继续推行法家的暴力统治，施行繁重的徭役、征收沉重的赋税，将社会经济推到了崩溃的边缘，而焚书坑儒事件，加速了秦朝的覆灭。秦末连年的战乱对社会经济产生了巨大的破坏力。刘邦建国时，整个社会满目疮痍，民不聊生，就连当时的达官贵人也穷困潦倒。据《史记·平准书》记载，汉高祖刘邦建国时，"自天子不能具钧驷，而将相或乘牛车，齐民无藏盖"。意思是说，皇帝出行都配不齐毛色相同的4匹马，而高级将领与文官有的只能坐牛车出行，民穷财尽，毫无积蓄。足见当时经济衰败、百姓困苦的程度。汉初君臣来不及享受胜利的果实，他们必须首先解决当下的问题——恢复发展生产，使饱受战争之苦的百姓休养生息。在这种形势的要求下，清静无为的治国思想应时而出。

首先将这一思想贯彻到治国实践中的是汉初丞相曹参。曹参，沛县（今江苏沛县）人，跟随汉高祖刘邦在沛县起兵反秦，屡立战功。刘邦称帝后，对有功之臣论功行赏，曹参功居第二，赐爵平阳侯，任齐国

（治所在今山东临淄）相国。当时齐国因秦末战乱，破坏相当严重，曹参到任后首先做的就是安抚百姓。他邀请了诸多有名望的儒生来商讨安抚百姓的策略，但儒生们众说纷纭，莫衷一是。后来，曹参听说胶西（今属山东）有一位姓盖的老先生，是黄老学派的大家，便出重金把盖老先生请到相府。盖老先生给曹参讲了一通治国安民的道理，中心思想是"治道贵清静而民自定"。曹参听了深受启发，他把相府正堂让给盖老先生居住，以礼待之，并开始在齐地推行"无为而治"的治国策略，时经9年，齐国安定，人们都称赞他是贤明的丞相。

惠帝二年（前193年），萧何病重。临终前，孝惠帝问他谁可代他为相，萧何表示曹参为最佳人选。

萧何死后曹参继任丞相，这时的汉王朝政治体制已经初具规模，曹参便在这个基础上推行无为而治，举事无所变更，一遵萧何约束。他还整顿了相府官吏，辞退了那些言语文字苛求细微末节，且一味追求声誉的官员，选拔了一些质朴而不善言辞的厚道之人。他本人则天天喝酒玩乐，不问政事。谁来劝阻，还没等来人开口，曹参就先把对方灌醉了。上行下效，属吏也无所事事，以喝酒为乐。

公卿大臣对曹参的行为很不理解，就连惠帝也不明所以，认为曹参这样无所事事、不理政事是看不起自己。当时曹参的儿子曹窋是中大夫，在宫中侍从惠帝。一天，惠帝让曹窋劝一下曹参。曹窋回去后遵照惠帝的意思劝说父亲，结果惹恼了曹参，他打了曹窋二百板子，并怒斥道："赶快入朝侍奉皇帝，天下之事不是你应该议论的。"

等到朝见时，惠帝责怪曹参："你为什么要责打曹窋，是我让他那样劝你的。"

曹参摘下官帽，谢罪道："陛下认为，您与高帝比，谁更圣明果敢？"

惠帝说："朕哪敢与先帝相比呢？"

曹参又问："依陛下看，我的才干与萧何相比，谁更贤能？"

惠帝答："你好像比不上他。"

曹参说："陛下说得很对。高帝与萧何定天下，法令都已明确，现在陛下垂衣拱手而治，臣等谨守职责，遵从法令，不要违背，这样不是挺好吗？"

惠帝终于明白了，说："好，您可以休息了。"

至此，君臣达成共识，共同推行"无为而治"，使之成为百官公卿的统一思想。

曹参继相三年后病逝。两年后，年仅23岁的惠帝驾崩，但"无为而治"的黄老思想并没有随之而废止。后来的文帝、景帝都奉行黄老学说，景帝的母后窦氏更是好黄老之言，谁要是轻视黄老无为思想，就会遭到其重责。文景两代39年间，君臣均以无为而治、休养生息的温和政策来治理国家，使政局大体稳定，经济恢复，文化发展，从而创造了安定繁荣的"文景之治"。到汉武帝即位之时，社会经济空前繁荣，人口激增，社会形势与汉初已不可同日而语。

《史记·平准书》对文、景二帝留给汉武帝的遗产有所记载：

都鄙廪庾皆满，而府库余货财。京师之钱累巨万，贯朽而不可校。太仓之粟陈陈相因，充溢露积于外，至腐败不可食。众庶街巷有马，阡陌之间成群。

继承了如此丰厚的物质遗产，汉武帝本可躺在先祖的功劳簿上继续无为而治，但他没有选择做一位守成的帝王，他决心用自己的才智开拓进取，创建自己理想的社会。

汉武帝聪明过人，爱好广泛，又受过名师指导，对各派学术思想均有所了解。他敢作敢当，一即位就开始寻求治国方针，尤其对实行王道、称霸天下兴趣高涨。因此，他即位后所做的第一件事就是召集天下人才到朝廷策问。

当时，董仲舒的对策备受汉武帝推崇。董仲舒，广川（今河北景县广川镇）人，少年时期就熟读《春秋》，景帝时任博士，讲授《公羊春秋》，收了很多学生。董仲舒曾刻苦研读儒家经典，深谙儒家思想的精华，并把儒家思想结合汉代的现实进行阐述。

元光元年（前134年），汉武帝在未央宫宣室召见了董仲舒，问道："朕有些问题百思不得其解，想请先生解释一二。从前三皇五帝的时候，天下太平，到后来王道衰微，国家灭亡，这是不是天命如此呢？朕想取法上古，向尧舜看齐，但不知这样做有没有用？夏商周三代受天命而兴起，它们的祥兆又是什么呢？世界上的灾异变化为什么会出现？人的年岁有寿夭，天性有好坏，究竟是什么道理呢？还有，朕现在希望淳朴的风气在社会上畅流，法令能执行下去，刑罚减轻，奸佞改过。朕也希望百姓和乐，政治清明。朕该如何修治整饬，以达到雨露滋润，百谷丰登，享受上天的保佑和鬼神的阴骘，使德泽足以施及天下众生呢？"

董仲舒对年轻的汉武帝能提出这么多深刻的社会问题，不由大感惊讶。幸好他多年讲学研究，早已形成了一套儒家治国的理论，而且回答这种问题正是他所擅长的，于是一一回答了汉武帝提出的问题。

董仲舒说："陛下问到天命和情性，愚臣不易回答，但臣根据《春秋》的记载，看到天人相应的情况，确实使人敬畏。"

汉武帝一听其中道理很是奥妙，催促道："请说下去。"

董仲舒接着说："国家如有乱事发生，上天会先用灾害怪异来进行警告，但只要这个时代不是太离道，上天还是愿意扶持、成全的，当然自己也要强力勉励才行。强力勉励于学问，则闻见博而智益明；强力勉励于道，则德见隆而功日大。这些都是可以马上见效的事情。"

汉武帝微微点头，董仲舒又接着说："所谓道，是国家走向大治的途径。仁义礼乐，又是推行道的工具。古代的圣王已经辞世，而他们的子孙都能够长久安宁几百年的时间，这都是礼乐教化的功效。从前厉王、幽王的时候，周道衰败了，但这并不是道忘失，而是厉王、幽王不遵循周道。宣王思念先王的德政，复兴已经停滞的事业，补救时弊，弘扬文王、武王的功业，于是周道又粲然复兴起来，所以说治乱兴废在于自己，不是天命不可挽回，而是厉王、幽王行为荒谬，失去道统的缘故。"

董仲舒说到这里，见汉武帝若有所思，便放慢语速说道："臣按照《春秋》的本义，寻求王道的出发点，那就是个'正'字。作为一个帝王，要上承天意，纠正自己的所作所为；要任用德教，不要专用刑罚，因为刑罚不可能治理好天下。《春秋》上讲过'一元'的问题。'一'是万物之始，元是大。一元就是万物开始于大，只有开始于大，才能正本清源。所以做君主的要正心以正朝廷，正朝廷以正百官，正百官以正万民，正万民以正四海。四海正，则远近之处莫不统一于正，这样才能实现王道。

"如今陛下贵为天子，富有四海，行高恩厚，智明意美，爱民好士，可以称为很好的君主。但是天地未应，祥瑞不至，这是因为教化不立、万民不正的缘故，秦代的遗毒到现在还没有完全清除，法令公布了而奸佞横生，已经到了不得不改弦更张的时候。自从汉朝取得天下以来已有70多年了，先帝们常想搞治道，而至今没有成功，主要原因就在于应该变更教化而没有采取实际行动。"

董仲舒这一次策对，适应了当时汉朝从政治、思想上巩固封建统治的需要，句句打动了汉武帝的心，这位年轻的君主早就酝酿了许多宏伟的想法，只是还没有系统化、理论化，还处于朦胧状态。听了董仲舒的策对，他感到大为惊异，想不到汉家天下竟有这样难得的人才，当即发出"相见恨晚"之感慨。

汉武帝还没有从第一次策对的兴奋中平静下来，又紧接着下了第二道诏书，命董仲舒将其政见写成文章，提出明确的意见。董仲舒受宠若惊，连忙写了第二道策对，进一步总结了三代以来的历史经验教训，特别指出秦朝以刑法治天下，赋敛无度，以致因触犯刑律而被处死的人比比皆是，犯奸作乱的人也遍地横生，从而提出应以德治天下。为了培养德治人才，他建议设立太学，作为教化的根本场所。

董仲舒在这道策对的最后写道："陛下若能通过考试和策问的方式招徕天下英才，就可以实现三代的至治局面，圣上的英名也就能与古代的明君尧、舜媲美。"

一心想要成就一番事业的汉武帝，被董仲舒的策对深深地打动了。他觉得董仲舒系统而完整地讲出了自己想说的话。

随后，汉武帝第三次写诏书给董仲舒，表示很欣赏其天人感应的观点，他说："朕听说善于谈天的人必有人间的事作为佐证，善于说古的人必在当世有应验，所以朕虚心地询问天人相应的关系，接受历史的教训，改正以往的所作所为。先生既谈论了治国的大道理，陈述了历史上大治和大乱的原因，请再讲得透彻一些，朕将亲自阅览思考。"

两次对策都获得了皇帝的赞许，董仲舒感到十分荣幸，接到这第三次诏书，便马上上了第三道策对，郑重提出自己思考多年的哲学观点和政治思想，以求得到皇上的进一步赏识。

董仲舒写道："治国之道出于上天。天不变，道亦不变。"这是他希望汉武帝坚持不变的天道。在不变的天道下，让君臣、父子、夫妇、兄弟之间遵守严格有序的上下尊卑关系，使贵贱有等、衣服有别、朝廷有位、乡党有序，以保持永恒的封建秩序。

在这次策对的最后，董仲舒重点提出了政治上的大一统思想。他说："大一统是天地间正常的轨道，自古到今通畅无阻的大义。而今负责教化的人来源不同，各人的议论见解又迥然不同。100家学派就有100种治理国家的方法，结论也不相同，以至于在上位的统治者不能坚持一个方向，法令制度屡屡改变；在下位的人又苦于不知道如何遵循。臣很愚钝，但臣认为凡是不在儒家的经典六经——《易经》《礼经》《乐经》《诗经》《书经》《春秋》之内的其他学派的学说，尤其是与儒学相违背的学说，都应该根绝，不允许它们与儒家学派并存。那些邪恶荒唐的思想消灭后，道统和纲纪才可以统一，法令才可以明白，人民才知道遵从正道，这样百姓也就好统治了。"

董仲舒排斥百家、着重一统的观点正合乎汉武帝独霸天下的心思。他把董仲舒大大地称赞了一番，马上委任他为江都国（治所在广陵，即今江苏扬州西北）丞相，辅佐自己的异母兄长江都王刘非。刘非一向骄傲凶暴，董仲舒对他以礼教辅佐，不时规劝几句，很受他的敬重。

随后，汉武帝又任命推崇儒家学义的外戚窦婴和田蚡为丞相和太尉，儒生赵绾为御史大夫，王臧为郎中令①。这些举动充分表明，汉武帝已经选择了儒家学说作为治国思想。

二、尊儒受挫

汉武帝选择儒家思想为治国指导思想后，开始兴致勃勃地按照儒家的要求执政。儒家讲究礼仪教化，崇尚古代圣王业绩。有大臣推荐80多岁高龄的诗学大师申公。汉武帝素闻其名，于是派人去鲁国（治所在今山东曲阜东北）将申公接到长安。一见到申公，汉武帝接连问了几个问题来讨教治国之道，出乎他意料的是，申公极为平淡地说："治理国家，不在多说话，而在多做事。"武帝听了颇为不解，但也没有再继续追问下去，封他为太中大夫，参与研究有关兴建明堂、厘定天子出巡规章、改变历法及服装颜色等事宜。如此一来，儒家势力在朝廷中迅速强大起来，众尊儒大臣积极地用儒家思想来执掌朝政，处理国家事务。然而，好景不长，朝廷中轰轰烈烈的尊儒活动引起了窦太后的不满。

窦太后喜欢黄老之言，所以她要求景帝与诸窦氏子弟必须读黄老之书，并遵从其中的道理。

景帝时，有一位研究《诗经》的博士叫辕固②。一天，窦太后将他召来问《老子》，辕固说："这不过是些平常的言论罢了。"窦太后听了愤怒不已，就让辕固入兽圈刺杀野猪。

景帝知道后既无奈又着急，无奈太后已然发怒，他不好拂太后的意思；着急的是辕固本无罪过，如果这样死了，实在可惜。景帝情急之

---

① 郎中令：官名。秦朝置，为郎中长官，执掌宫廷戍卫，侍从皇帝左右，参与谋议，职甚亲重。西汉沿置，秩中二千石，列位九卿，凡郎官皆属之。武帝太初元年（前104年）改名光禄勋。

② 辕固：又名辕固生，西汉齐（今山东淄博）人，汉景帝时为《诗经》博士，后任清河王刘乘的太傅。

下，只得赐给辕固锋利的兵器。辕固在兽圈中奋勇一刺，将野猪刺死。窦太后没有理由再治辕固的罪，只好作罢。但由此可见窦太后对黄老之学的重视程度。

因为窦太后的缘故，景帝执政期间，诸位儒家博士都是居官待问，没有一个受到重用。

并且窦太后从封后到当上太皇太后已有数十年之久，在朝廷中有很大的势力。她虽然年事已高，且双目失明多年，但仍把持朝政，凡军国大事都要向她奏报，如果她不赞成，便绝对实行不了。向来说一不二、不容他人忤逆的窦太后又怎能容忍汉武帝推翻自己的黄老之学、任性而为呢？于是，她开始进一步干预朝政，皇权和后权因此产生了很大的冲突。

当时，窦太后和汉武帝的母亲王太后都住在未央宫东侧的长乐宫，为了方便窦太后听政，汉武帝和大臣商议国政通常也在长乐宫。窦太后不仅享有最高决策权，而且还握有生杀大权，她如果让一个人死，即使是汉武帝也救不了。据说有一次太仆灌夫与长乐卫尉①窦甫喝酒，灌夫醉酒后打了窦甫。窦甫是窦太后的堂弟，汉武帝担心灌夫因此事死于太后之手，赶紧将他派到远在北疆的燕国（今北京）做国相。此事足以说明窦太后的专断与霸道。

自汉武帝尊崇儒学开始，大臣窦婴、田蚡、赵绾、王臧等人开始酝酿以儒学治国的策略，他们知道这样做必然会引起窦太后的不满，所以行事十分谨慎，先从一些小事做起。他们奏请汉武帝设立明堂以朝诸侯；解除关卡禁令，让诸侯都回到自己的封地去，按照礼法的规定统一服饰，试图以这些办法来治理国家，使之安定太平；又检举窦氏外戚及宗室中品行不端之人，将他们从所属的族谱上除名。这些改革措施有些具有儒家色彩，有些则完全是针对时政，打击部分权贵势力，重点打击外戚势力。当时各家外戚多被封为列侯，打击外戚势力，一定程度上就

---

① 长乐卫尉：官名。掌长乐宫警卫，不常置。

是打击列侯势力。窦婴虽是窦氏外戚，但他看不惯窦太后独揽朝政大权，对其滥用权力袒护窦氏外戚更是鄙夷；田蚡也是外戚，并且并且多年来与窦氏外戚争权夺利。因此这两个不同集团的外戚权贵一起整肃朝纲，强化皇权，打击外戚、列侯势力，首当其冲的就是窦氏外戚。

窦太后听说此事后很不高兴，加上列侯们都不愿意离开京城到自己的封地去，所以天天跑到窦太后跟前告状，谤毁窦婴、田蚡等人，说他们要以孔子取代老子，诸般种种。再加上窦太后喜好黄老学说，而窦婴、田蚡、赵绾、王臧等竭力推崇儒家学说，贬抑道家之言，因此引起了窦太后的强烈不满。

窦婴等人当然清楚窦太后的态度，他们担心窦太后破坏自己的大事，决定先下手为强。建元二年（前139年），赵绾出面上书武帝，请朝政大事自行决断，不要再向东宫报告。东宫是窦太后居住的地方，赵绾建议汉武帝这样做，无疑是想夺窦太后的权。

窦太后听说赵绾建议要剥夺她的监国大权，勃然大怒，质问赵绾："难不成你想当第二个新垣平吗？"

新垣平是文帝时期的一个方士，靠骗术取得了文帝的信任。他先是对文帝说长安东北有五彩神气，应该建祠庙，祭上天，以表明上天显示与人事相应之兆。文帝便在渭河与泾河的交界处建了一座五帝庙，第二年在此郊祀①；又让博士们作《王制》，谋议巡狩封禅事宜。新垣平因此得到汉文帝的宠幸，官拜上大夫。后来，新垣平让人在一只玉杯上刻上"人主延寿"四个字，诡称是一个仙人送给文帝的。文帝想求长生，对这些鬼话竟一点也不怀疑。

新垣平靠骗术爬上了大夫的官位，可谓荣宠至极。他还请文帝做两件大事，一是改换年号，二是进行祭祀天地的封禅大礼。这两件事与汉武帝的这些儒生的想法有一定的相似之处，因此窦太后就把赵绾和新垣

---

① 郊祀：古代帝王祭祀天地的活动。因祭祀天地神祇之所设在郊外，故称郊祀。郊祀祭天是中国古代君王举行祭祀活动的重要组成部分。

平联系到一块了。

新垣平在文帝面前装神弄鬼,屡屡得逞,甚为得意。人在得意时必会显出嚣张之气,新垣平也不例外。这引起了丞相张苍①等人的关注与不满,张苍联合廷尉张释之暗中派人去监视新垣平的行动,果然查出了那个在玉杯上刻字的工匠。

张苍和张释之让人上书,告发新垣平满嘴谎言,并呈上证据。文帝看着眼前的证词与证据,仔细回想新垣平的所作所为,终于醒悟过来,后悔自己的糊涂,痛恨方士的可恶,他马上革去新垣平的职位,并把新垣平交送廷尉张释之审问。新垣平一见张释之的威严,吓得魂飞天外,在证据面前他无法抵赖,只好把前后欺诈的经过和盘托出。张释之以大逆不道的重罪灭其三族。

现在,窦太后把赵绾等人比作新垣平,可见她对这些人的痛恨程度。她命人找出赵绾、王臧的罪证,要求武帝重惩他们。太皇太后下了令,汉武帝也不敢违抗,马上把赵绾、王臧二人投进大牢,后来这两人自杀身亡。窦婴、田蚡因是外戚没有被杀头,但也被罢了官。申公则被打发回了老家。

此后,朝中儒家集团解散,一切又恢复了老样子。尊儒活动进入低谷,这对年轻的汉武帝来说是一个极大考验,让他更清楚地认识到黄老学说的不可行,更加肯定了大一统作为治国方针的合理性,同时也看到了旧势力的强大,他知道一味抗争不会有好结果,反正祖母已经年迈,日后江山还是自己的,等祖母百年之后再大展拳脚也不迟。因此,他决定暂停尊儒活动,藏起自己的锋芒,非常顺从地起用了一批窦太后喜欢的人来辅政,任命柏至侯许昌②为丞相、武强侯庄青翟③为御史大夫。

---

① 张苍:河南郡阳武县(今河南原阳)人,西汉初期丞相、历算学家。曾校正《九章算术》制定历法。

② 许昌:汉高祖功臣柏至侯许温的孙子,原为太常柏至侯,因支持太皇太后窦氏的黄老治国思想,接替窦婴为丞相,后被免职。

③ 庄青翟:汉高祖时武强侯庄不识之孙,汉文帝时袭爵武强侯。武帝时任御史大夫、太子少傅,丞相。

至此，汉武帝踌躇满志推行的新政全部被废除，奉行儒学的初次尝试以失败而告终。

三、邂逅子夫

尊儒活动受挫后，生性好动的汉武帝利用这个机会，抛开朝政不管，到外面游猎散心去了。正是在这段尽情游乐的时期，他偶遇了一段佳缘，结识了对大汉江山做出重大贡献的卫子夫。

建元二年（前139年），汉武帝去灞上祭祀先祖，祈福除灾。回宫时，他顺道去看望已经嫁给平阳侯曹寿的姐姐平阳公主。

姐弟二人见面后，相互寒暄了几句，平阳公主便吩咐开宴。酒过三巡，平阳公主让10多位精心装扮的美女出来侍奉皇上。这些女子虽各有姿色，但武帝一个也没看中。平阳公主知道他喜爱音乐，便示意让侯府的歌女登堂献唱。随着一阵优美的乐曲，几个美人簇拥着一位绝色美女走了进来，即使见惯了后宫众多美女的汉武帝也顿觉眼前一亮。这位美女便是卫子夫。

卫子夫，河东平阳（今山西临汾）人，她出身贫寒，自幼于平阳公主府中学习歌舞。她不仅天生丽质，身姿绰约，而且嗓音极好，被平阳公主选为歌女。

向来心思缜密的平阳公主见汉武帝一直盯着卫子夫看，连酒洒到衣服上都不自知，不由心中暗喜。她在府上培养诸多美人正是为武帝预备的，她见皇上与陈皇后成婚数年，依然没有子嗣，于是效法馆陶公主，择良家女子以进献皇上。

汉武帝说要回轩车（有盖的载人小车）上更衣，平阳公主便让卫子夫前去侍奉。到了车中，汉武帝便临幸了卫子夫。回到宴席上，汉武帝非常高兴，赐给平阳公主黄金千斤。汉武帝要回宫时，平阳公主趁机奏请让卫子夫入宫侍奉皇上，武帝欣然应允。

临别上车的时候，平阳公主对卫子夫说："走吧，到了宫中要照顾好自己，好好自勉努力。将来如果富贵了，希望你不要忘了我的引荐之功。"卫子夫"扑通"一声跪倒在地，向平阳公主一再叩拜，并哭着说："小女哪敢忘记公主的养育之恩！"

卫子夫的入宫引起了皇后陈阿娇的嫉恨，并引发了一连串的宫廷内斗。

刘彻能当上皇帝，除了景帝对他的偏爱外，陈阿娇的母亲馆陶长公主刘嫖起了很大的作用。所以，刘彻母子对陈阿娇母女充满感激，先是把陈阿娇娶为太子妃，然后册立她为皇后，其中既有对阿娇的喜爱，但更多的则是对馆陶长公主的感恩。因而这桩具有政治色彩的联姻是十分脆弱的。

但陈阿娇一直养尊处优，处处受宠，撒娇耍性子惯了，从来不知道什么叫忧愁，更不知道要谦让别人。一向霸道骄横的她并没有意识到这一点，仍然自恃母亲有恩于武帝，言行举止丝毫不知收敛。加上成亲多年，她一直没能生育子嗣，这让汉武帝的态度产生了变化。慢慢地，他发现过去那个光彩照人的阿娇只是一个任性刁蛮的贵族女子，和她在一起常常觉得很不轻松，甚至有些厌恶。

王太后看出了汉武帝的情绪，担心得罪馆陶长公主，连忙向他发出警告：

汝新即位，大臣未服，先为明堂，太皇太后已怒。今又忤长主，必重得罪。妇人性易悦耳，宜深慎之！

王太后的担心不是没有理由，她从馆陶长公主除掉刘荣，把刘彻推上太子之位一事，深切地领教了馆陶长公主的手段。于是，在母后的劝告下，武帝被迫继续宠爱陈阿娇。

当汉武帝带着卫子夫高高兴兴地回到皇宫时，陈皇后见他带回来一个如此漂亮的女子，顿时妒火中烧，质问道："这是什么人，好大的面子，竟敢跟皇帝同辇？"

汉武帝无奈地回答说："她只是朕从平阳公主家买的歌女，带到宫里来解闷的。"

陈皇后蛮横地说："那把她送到冷宫去，让她永远不得见皇帝面。"汉武帝想到母亲的嘱咐不愿得罪阿娇，只得照办，于是，卫子夫刚一入宫就被送到冷宫独对青灯。

一年后，汉武帝让人将宫中失宠的宫女打发出去，卫子夫也在其中。卫子夫再次见到武帝，哭拜在地，说："贱妾进宫一年多，不得侍奉陛下，自觉无德无才，不足以充陛下后宫，愿请陛下斥退。"说着，已经是呜咽不能成语。

汉武帝见卫子夫虽然比以前清瘦了些，但仍不失风采，不由得触动前情，又觉对不住她，便召她侍寝。

卫子夫出身卑贱，不像陈皇后那样傲慢，举手投足间尽是女子的温柔，这让早已厌烦陈皇后的汉武帝发自内心地喜欢卫子夫。不久，卫子夫有了身孕。汉武帝一直没有子嗣，得知卫子夫有了身孕，不由欣喜若狂。从此，卫子夫日益受到宠幸，而陈皇后则更受冷落。

陈皇后为此愤懑难抑，开始向卫子夫发难。不管武帝在不在场她屡屡怒骂卫子夫。卫子夫已怀身孕，武帝哪容陈皇后造次，便百般维护。陈皇后更加妒忌，多次暗下杀手，想置卫子夫于死地，但都没能得逞。无奈之下，陈皇后只得向母亲救助。馆陶长公主也为女儿鸣不平，明目张胆地报复卫子夫的家人。她听说卫子夫有个兄弟叫卫青，便派人去害他以恐吓卫子夫。

卫青是卫媪①和到平阳侯家中做事的县吏郑季私通所生的孩子。因为生活艰苦，卫青被送到亲生父亲郑季的家里，但郑季看不起这个儿子，让他放羊；郑家的儿子也不把卫青当成兄弟，像对待奴仆畜生一样虐待他。卫青稍大一点后，不愿再受郑家的奴役，便回到母亲身边，做

---

① 卫媪："媪"是老妇的意思，姓名不详，原为平阳侯府仆人，因嫁卫姓男子，称为"卫媪"。卫子夫、卫青的母亲，霍去病的外祖母。

了平阳公主的骑奴①。

一天，卫青正在驯马，馆陶长公主派来的几个恶汉突然骑马而至，不容分说便将卫青打倒，捆上马背就跑。幸亏卫青的朋友骑郎②公孙敖③相救，卫青才幸免于死。

汉武帝得知此事后大怒。卫子夫的故主平阳公主见馆陶长公主欺人太甚，也进宫向汉武帝控诉，她火上浇油地说："卫青是子夫的弟弟，是我的家仆，这分明是没把皇上放在眼里，更没把我这个公主放在眼里，总要给她们一个教训才是。"

其实，汉武帝也想借此压一压馆陶长公主母女的气焰，于是宣卫青觐见，当着陈皇后的面，任命卫青为建章监，加衔侍中。连同卫子夫的同母兄弟姊妹也得到了加封。卫子夫的大姐君孺被许给舍人公孙贺④为妻，武帝又升公孙贺为太仆；二姐少儿与曲逆侯陈平的曾孙陈掌私通，当时陈掌因兄长犯罪，被削夺爵位封邑，只是一个寻常小吏，于是汉武帝封陈掌为詹事，让他娶少儿为妻。太仆、詹事都是位列九卿之官，秩禄中二千石⑤。就连公孙敖也因抢救卫青有功，被升任为中大夫。数日之内，武帝赏赐卫青多达千金。接着，汉武帝又封卫子夫为夫人，升卫青为中大夫。真可谓一人得势，全家升天，像卫子夫一家这样的殊荣，在汉武帝执政时期仅此一例。

陈皇后这次可以说付出了惨重的代价，但她此后仍不知收敛，反而继续想方设法陷害卫子夫，直到被废打入冷宫，最后抑郁而终。

---

① 骑奴：骑马随从的奴仆。
② 骑郎：担任骑兵的郎中，秦置，西汉延用，秩比三百石，属骑将。
③ 公孙敖：西汉将领，义渠县（今甘肃宁县西北）人。起初为景帝的骑郎，武帝时，多次出击匈奴，因两次失败被废为庶人。后因妻子牵涉巫蛊案受到牵连，被处以腰斩，全家惨遭灭门。
④ 公孙贺：字子叔，义渠（今甘肃宁县）人，少为骑士，数有军功。武帝即位，因妻为卫皇后之姊，迁至太仆。元光中，为轻车将军。后从卫青出战有功，元朔五年（前124年）封南窌侯。太初二年（前103年）代替石庆出任丞相，封葛绎侯。
⑤ 中二千石：汉代官吏秩禄等级，中是满的意思，中二千石即实得二千石。凡太常、光禄勋、卫尉、太仆、廷尉、大鸿胪、宗正、大司农、少府等中央机构的主管长官，皆食禄中二千石。

四、扩建御苑

除了后宫的一些小风波,朝中基本无事,汉武帝继续当他的逍遥皇帝。当时汉武帝年轻气盛,尤其喜好打猎,有时还亲自搏杀狗熊、野猪,追逐野兽和飞禽,这些都是随时可能丧生的冒险活动,但他乐此不疲。

建元三年(前138年),汉武帝再次乔装打扮,化名平阳侯,带着一群年轻的侍卫到终南山出游,他们射鹿逐狐赶兔,在农田里往来驰奔,践踏庄稼。当地百姓一怒之下告了官,县官们便带人把汉武帝等人围了起来。侍从们见群情激愤,担心这次要受皮肉之苦,只得亮出皇帝的信物。

刚开始县官们还以为遇到了骗子,但后来看到许多东西的确是皇家之物,而且此地离京城又不远,这才知道自己惹了祸。他们担心自己人头不保,赶紧跪在农田里叩头请罪。

汉武帝挥了挥手,让县官们马上把人撤下去,并没有责罚他们。各位官员忙叩头谢恩,并把百姓们斥责一顿,这才领着手下退去。农夫们听说被包围的竟是当今皇上,都吓得浑身战栗不已,刚才厉声大骂的几个农夫脸上更是直冒冷汗,幸好汉武帝也意识到自己有错在先,没有追究。

这件事过后,汉武帝仍然和这帮侍从四处游猎,而且越走越远。他们游猎的范围,最北到陕西泾阳县,最西到陕西兴平市黄山宫,最南到陕西周至县的长杨宫,最东到陕西西安东南的宜春宫。有时兴致一来,他们还会突破这个范围。

有一次,汉武帝一行追逐野兽,不知不觉天色已晚,半夜时竟然闯入柏谷(今河南灵宝)境内,这是他们游猎最远的一次。想要连夜返回皇宫不太现实,汉武帝心里盘算了一阵,决定让侍从们找个客栈暂时住下。众人来到一个小客栈里,马嘶人喧,傲慢无礼,大声吆喝着让客栈老板出来，向他索要汤水。

客栈老板也是个有脾气的人，他见这帮人嚣张无礼，不愿接待他们，于是生气地说："没有汤水，尿倒有。"

侍从们平时仗着皇帝的威仪霸道惯了，哪里受得了这个气，有人当时就火了，想上前动手。汉武帝于是眼神一扫，制止了这个想要爆发的手下。

客栈主人见这些人挎刀带箭，怀疑他们不是盗贼就是无赖匪徒，生怕动起手来自己吃亏，就悄悄出去召集镇上的一些年轻人来帮忙。这些年轻人把汉武帝等人围了起来，准备把他们捉住。

客栈的老板娘倒有些眼力，她见为首的汉武帝长相与众不同，即使布衣打扮也掩盖不住他的富贵之气，断定这些人来头不小，便劝她的丈夫说："我看那个领头的准是个贵公子，不像是强盗。再说，他那些随从个个膀大腰圆，手都握在刀柄上，想必有所准备，你可千万别乱来。"

客栈老板认为这纯属妇人之见，执意要动手。老板娘见状，就对丈夫说："现在这些人有所准备，要动手最好等到夜深时，那样把握更大。"

客栈老板觉得此话有理，于是暂时没有动手。随后，老板娘拿出一壶好酒，说是给丈夫壮壮胆子。她边陪边劝，把老板灌得烂醉，呼呼睡去。

老板娘怕丈夫酒醒了再闹事，就找了条绳子将丈夫绑在床上。之后，她又劝镇上的青年们回家睡觉，然后杀鸡宰鸭，殷勤招待这群不速之客。

本来汉武帝等人一看本地人人多势众，恐怕今晚要吃亏，心想要是被捆送衙门，那可就丢脸了。后来他们看到老板娘灌醉老板，劝走镇上的人，这才放下心来大吃了一顿，饭菜虽不及宫中的讲究，倒也香甜可口。

第二天，汉武帝一早便打道回府，回宫后，他马上派人召见客栈的老板娘入朝，说她护驾有功，赏赐钱财。汉武帝还认为客栈老板警惕性很高,于是把他召到宫中,让他做了宫廷里的禁卫官。

经过这次冒险,汉武帝开始修建供自己出猎时歇脚的行宫,从宣曲宫往南一共建了12处。这以后,他出去游猎晚了,就不再住民家客栈。

然而,修建行宫后,汉武帝仍然不太满意。首先道路太远,出去游猎一次,十分辛苦,好几天解不了乏。其次,游猎的地方大多有农田,身为皇帝,亲耳听到村野鄙夫对自己厉声大骂,他心里实在是不好受。

经过一番苦思冥想,汉武帝终于想出了一个主意,那就是把终南山和皇家御苑之间的农田全部划为御苑,这样既可以直接从皇宫向南出猎,又可以避免四处骚扰农夫。

汉武帝命太中大夫吾丘寿王①负责此事,先让他登记阿城以南、周至以东、宜春以西这个范围之内农田的总亩数,估计价格,准备全部划入御花园上林苑之中,这样御苑就可以直接连着终南山了。

为了解决这个地区百姓的生计问题,汉武帝又下令长安城的官吏呈报辖区内的荒田数,准备将户县(今西安南鄠邑)和杜县(治所在今西安西南杜城)的农民全部迁到荒地上去。

这样一来,终南山和临近的山林、河道及农田都被圈了起来,原来的民房一律拆去,然后在四周砌上围墙,就可以修成一个庞大的上林苑。吾丘寿王上奏了自己的计划,并表示这样做完全可行。汉武帝十分高兴,心想在这么大的御苑里打猎,再也不会遇到什么麻烦了。

恰好这一年黄河大堤决口,齐地的庄稼全部被淹,饿死了很多老百姓,甚至出现了人吃人的现象。当时汉武帝只顾着玩,而且皇宫内的仓库还是那么充实,所以他根本没有把水灾放在心上,一心一意要修他的上林苑。

汉武帝的任性妄为引起了一些大臣的不满,带头反对的是有"滑稽大王"之誉的东方朔。

---

① 吾丘寿王:字子赣,赵(今河北邯郸)人。少年时因善于下棋被召为待诏,跟董仲舒学《春秋》后任侍中中郎、光禄大夫侍中,武帝常令其与大臣辩论国事。

东方朔，平原厌次（今山东陵县东北，一说山东惠民东）人，他从小用功读书，喜欢讲些笑话，是个正派人。他在汉武帝身边几十年，担任过常侍郎、太中大夫，曾多次进言。他知道汉武帝好动爱玩的脾气，认为跟他一本正经地讲道理是行不通的，于是就发挥他爱说笑话的才能，用滑稽的方式来讲一些严肃的道理。这其中发生过不少有趣的事。

最初，他到长安想求得一官半职，但很长时间也没有人推荐他。他就毛遂自荐地写了一封信给汉武帝，想得到皇上重用。

东方朔在信中写道："我叫东方朔，从小父母双亡，靠着兄嫂拉扯大，13岁开始读书，3年就学好了文史，而且足够使用。15岁时学剑法。16岁时读《诗经》和《书经》，能背诵22万字。19岁时又学习孙子和吴起的兵法，又背了22万字。臣已经能背诵44万字的东西了。臣今年22岁，身长九尺三寸，眼睛像一对夜明珠，牙齿像两排洁白的贝壳。臣的勇敢、灵活、廉洁和信义就像古时候最勇敢的孟贲①、最廉洁的鲍叔②、最讲信义的尾生③和最敏捷的庆忌④一样。像臣这样的人可以做皇上的大臣了吧？"

汉武帝一边读这篇自吹自擂的自荐信，一边忍不住哈哈大笑起来。他当即吩咐下去，叫东方朔暂时住在公车令⑤处，即当时的官方招待所，准备任用他。但他很快就把这件事忘得一干二净。东方朔等了很长时间也没见到诏书的影子，心里不免着急。

当时同住在公车令处的一帮侏儒正准备留着被宫中选用，东方朔眼珠一转，想到了一个鬼点子。他故意对那帮侏儒说："你们快要死了，

---

① 孟贲：战国时期勇士，因举鼎而获罪，被诛九族。
② 鲍叔：鲍叔牙的别称。以知人并笃于友谊称于世。
③ 尾生：古代传说中坚守信约的男子，他与某女子约定在桥上相会，久候女子不到，水涨，乃抱桥柱而溺死。
④ 庆忌：春秋时吴国人，吴王僚的儿子。他出身将门，自幼习武，力量过人，勇猛无畏。
⑤ 公车令：官名，即公车司马令。中国封建时代中央九卿之一卫尉的属官。掌宫殿中司马门的警卫和接待工作。

知道吗？"

这帮侏儒觉得很奇怪，忙问为什么。东方朔胡编道："你们什么用处都没有，成天白吃白喝，皇上要把你们都杀了。朝廷让你们到这里来，就单等你们进到宫中，再慢慢地杀掉你们，这样也好掩人耳目，给国家节省点粮食。"

侏儒们成天不愁吃不愁穿，日子过得悠闲自在，哪里受得了这种恐吓，一个个眼泪汪汪，恳求东方朔给他们出个主意。

东方朔装着挺有办法的样子，对他们说："你们等皇上坐着车出来，就挡在车前磕头求饶。皇上问你们为什么，你们就推到我身上，剩下的事由我来解决。"

这帮侏儒好像见到了大救星一样，对东方朔感恩不尽，于是，他们在宫门外恭恭敬敬地守候着，汉武帝的车子刚出宫门，他们就齐刷刷地跪在道边，磕头大哭不止。

汉武帝见侏儒们一副如丧考妣的模样，觉得很奇怪，就让侍从叫他们过来询问原委。

侏儒们七嘴八舌地将事情原委讲了一遍，汉武帝听后终于明白了个大概，追问道："谁说朕要杀你们？"侏儒们齐声回答："东方朔。"汉武帝回宫，并派人去召东方朔，要办他造谣生事之罪。

东方朔到后还没行礼，汉武帝就责问道："你为什么要吓唬那些侏儒？"

东方朔不慌不忙地行了一礼，缓缓说道："那帮矮子身长3尺，每月领一口袋粟米，240个钱。臣身高9尺多，也不过领一口袋粟米，240个钱。他们这些矮子吃着撑得慌，而臣却饿得要命。要是臣可以被任用，就应让臣有不同于他们的待遇；如果不能用臣，那就放臣回去，省得臣等这些高个、矮个总是在长安城里待着浪费粮食。"

汉武帝听了忍不住大笑起来，当即拜东方朔为郎中，并时常让东方朔陪伴左右，讲些笑话解解闷。

还有一次，汉武帝猎获一头野猪，为了显示皇恩浩荡，他传令让大臣们到宫中来领肉。

大臣们按时来到宫殿里，野猪肉已放在席上，但主持分肉的太官丞①还没来。大家从早上一直等到中午，夏天天气越来越热，汗越流越多，只见苍蝇嗡嗡嗡地飞来飞去，太官丞始终不见人影，大家都心生怨念，但又敢怒不敢言，只得咬着牙坚持等下去。这时，东方朔忍不住了，他走出队列，拔出剑割了一块野猪肉，回头对大家说："这大伏天的太热，应该早点回去睡午觉，还不如自己动手，拿了肉就回家去吧。"他边说边提着那块肉，头也不回地走了。

其他官员都觉得东方朔做得痛快，但又没有胆量像他那样做。他们耐着性子又等了好长时间，才见那个太官丞晃晃悠悠地从后门踱进殿中。

太官丞按名单往下发肉，发现单单缺了东方朔，一问才知道东方朔自作主张，已经把肉拿回家了。太官丞气得直跳脚，怒气冲冲地说："东方朔不把我放在眼里，就等于不服从皇上的命令，我要告他个不敬之罪。"说完拂袖而去，到汉武帝那里告状去了。

汉武帝一听东方朔不按规矩办事，就让人把他召来。他倒要看看东方朔这一回又有什么道理可讲。

汉武帝没等东方朔站稳，便劈头盖脸地喝斥道："朕赐肉给你们，你不等太官丞到场，就擅自抽剑割肉回家去了，你可知罪？"太官丞得意洋洋地站在一边，等着看东方朔的倒霉下场。

东方朔摘下官帽，跪在地上向汉武帝赔罪。汉武帝也不想治他的罪，就对他说："你自己就这件事认个错吧。"

东方朔又行了个礼，然后说："东方朔呀东方朔，受赐肉不等诏书，这多么不讲规矩呀！你拔剑割肉，这多么豪壮呀！割下的肉不多，这多么廉洁呀！回去后把肉送给老婆，这又多么仁义呀！"

汉武帝听着听着，忍不住大笑起来，说："朕让你自己责备自己，

---

① 太官丞：古代官名，又叫大官丞，秦汉少府属官，太官令副贰。

你反而恬不知耻地自己夸上自己了。照你这么说，你不但无过，反而有功了。"汉武帝没有再责备东方朔，反而又赐给他一石酒、100斤肉，让他拿回家去送给老婆。

像这样关于汉武帝与东方朔之间的趣事，史书记载还有很多。但这次汉武帝采纳吾丘寿王的建议，要修建庞大的上林苑，东方朔知道后，一改以往嘻嘻哈哈的样子，一本正经地对汉武帝劝谏了一番。

东方朔说："圣上千万不要扩建上林苑。终南山是屏障关中的天险。汉王朝兴起，放弃老都城洛阳，迁居到泾水和渭水之南的长安。这里正是所谓天下富庶之地。秦王朝正是利用这里的便利条件，西吞西戎蛮夷部落，东吞六国。

"可以说，终南山就是一座宝山，不但出产木材，而且出产金、银、铜铁和玉石，工匠们从中得到手工业的原材料，百姓们也靠它维持生计。而且圣上划定的地区出产稻米、黍以及梨树、桑树、麻类和竹子。土地里有薯类，水塘里有蛙类和各种鱼。穷苦人家靠这些自然物产就可以维持温饱，而不再忧虑饥寒。所以当地人都把这块地方看作是最好的土地，每亩田价达到黄金一斤。

"而今圣上把终南山和附近的土地一股脑地圈到上林苑中，根绝了百姓林产渔业的利益，又使百姓离开肥沃的土地，减少了国家的赋税收入，使人民陷入困苦的境地。这是不可以这样做的第一个理由。

"废掉农田，以致遍地荆棘、杂草和林木，拼命扩张野兽活动的领域，毁坏人家祖先的坟墓，拆去百姓的房屋，有多少人思念他们的故土，悲泣他们被驱逐的命运。这是不可以这样做的第二个理由。

"这么大的上林苑，先是在四周砌上围墙，工程已经够大的了。这里又没有可以走车马的平道，而且地面又遍布乱石和深沟。为了一时的快乐，忘了有随时倾覆的危险。这是不可以这样做的第三个理由。"

东方朔滔滔不绝地说了许久，抬眼一看，只见汉武帝仍然面无表情、无动于衷，于是他又加重语气说："当初，殷朝的君王纣在他的皇宫里设置九市，做起了买卖，最后各封国都背弃了他。楚灵王盖章华台，以豪华富丽夸于诸侯，结果楚国民心离散。秦王朝兴筑阿房宫，天下大乱。臣这么随口乱说，违背皇上的心意，真是罪该万死，只是希望皇上能够体察愚臣的一片赤胆忠心。"

汉武帝听到这里，也有些汗颜，认为东方朔言之有理，便把东方朔夸奖了一番，提升他为太中大夫，另外又赏给他一百金。

然而，汉武帝毕竟年轻好胜，虽然当时听进去了东方朔的谏言，但很快就忘了，仍然我行我素。东方朔离开没多久，他就派人将吾丘寿王召来，命他主持上林苑工程，并马上动工。

东方朔白费了一番口舌，他觉得又好气又好笑。不过，他虽然没有劝谏成功，却升了官职，受了厚赏，可见汉武帝还是挺喜欢他的。他只得自我解嘲地对别人说："古时候的贤人有逃避人世躲到深山里去的，我就厚着脸皮，暂时隐居在朝廷里吧。"

上林苑扩建工程开始于建元三年（前138年），没用多长时间就竣工了。

扩建之后的上林苑周围有200多里长，其中的离宫有70多座，佳木果树茂盛，奇花异草丛生，怪兽杂集，禽鸟群栖，山岭旷野相连，溪涧深池相通，如仙境一般。

从此，年轻的汉武帝在这里驰骋狩猎、休憩、敬神、研读和创作文学作品，表面上无所事事，实际上则暗中积蓄力量，等待时机。

五、兴立太学

建元五年（前136年），窦太后病重，再也没有精力干预朝政，汉武帝趁此机会建立五经博士，算是正式承认了儒家的独立地位。

建元六年（前135年）五月，窦太后去世，当时信奉黄老学说的旧派势力失去了后宫的支持，渐渐偃旗息鼓，汉武帝终于真正掌握了朝政大权，尽情施展自己的雄才大略。

"博士"一词由来已久。先秦时期，博士是对一般博学之士的通称；战国末期，齐国初置博士官；到秦汉，博士就成了一种官称。开始时，博士的人选只看学识是否渊博，不问学派出身，到了秦朝，在众博士中，儒家学派占了多数。秦朝时，博士可在朝廷需要时议典礼政事。汉承秦制，博士官予以保留。但汉高祖刘邦是在马上打下的江山，不喜欢儒生与经学。幕僚陆贾经常在他面前称赞《诗》《书》，引起了他的反感，他说："朕在马上打下了天下，根本用不着《诗》《书》。"

陆贾说："在马上能得到天下，能在马背上治理天下吗？商汤、周武用武力夺取天下，然后都用仁义治理天下，所以天下才长治久安。如果秦国统一天下后能施以仁政，效仿古代的圣贤君王，陛下您还有机会得到天下吗？"

刘邦听了深以为然，便请陆贾为他写出秦失天下、他得天下的原因，以及古代君王成败的原因。于是陆贾作《新语》，大致记述了国家存亡的原因，刘邦对其著作称赞有加。

西汉文景时期，儒学博士有所增加，达到70多人。比如，张生、晁错①等属于《书》博士；申生、辕固、韩婴等属于《诗》博士；胡毋生②、董仲舒等属于《春秋》博士。建元五年（前136年），汉武帝设置五经博士，即《诗》《书》《礼》《易》《春秋》博士。当时《乐》已经失传，儒家六经只剩下五经，而《诗》《书》《春秋》三经已设置博士，现在要设的只是《礼》《易》两经。

当时五经博士的主要职责是钻研儒家经典，参与朝廷议论典礼政事，相当于皇帝的顾问，归太常③所管。

五经博士初立时，因为窦太后尚在人世，汉武帝不敢将其他诸子博

---

① 晁错：颍川（今河南禹州）人，西汉政治家、文学家。
② 胡毋生：字子都，西汉齐（今山东临淄）人，汉景帝时担任博士，与董仲舒同业。受业于公羊高的玄孙公羊寿，口传《公羊春秋》，使其得以留传后世。
③ 太常：古代官名，西汉景帝中元六年（前144年）由奉常改名。秩中二千石，位列九卿之首，官居清要，职务繁重。主管祭祀社稷、宗庙和朝会、丧葬礼仪，管理皇帝陵墓、寝庙所在县邑，每月巡视诸陵，兼管文化教育，博士和博士弟子的考核，荐举、补吏亦由其主持。

士废黜。窦太后去世后，汉武帝再举贤良，董仲舒应"天人对策"，提出"罢黜百家，独尊儒术"，从此以后，儒家之外的诸子博士才被罢黜，博士一职被儒家垄断。博士官不仅是精通儒家经典的议政官、礼官，而且具有学官的身份。这就从根本或体制上保证了经学的统治地位，使儒家的五经成为汉王朝政治生活和行为道德的基本标准。

五经博士的设置，是儒学进一步发展的结果，为以后的举孝廉、兴太学等兴儒措施开辟了道路、打下了基础。到元朔五年（前124年），汉武帝下了一道兴学诏，在全国上下掀起了一股兴办学校的风潮。

兴办太学并非汉武帝首创，据典籍记载，中国在夏、商、周时期就有太学，只是称谓各不相同。五帝时期的太学称"成均"，夏朝称"东序"，商朝称为"右学"，周朝称"上庠"。汉代的国立大学被称为太学，是在汉武帝时期创办设立的。郡国地方办的学校称为庠序，在汉武帝兴办太学之前就已经设置。汉武帝时期采纳董仲舒的建议，诏令天下郡国都设立学校，学校逐渐普及全国。

兴办国立太学是董仲舒在策对中提出的建议，他说：

太学者，贤士之所关也，教化之本原也。今以一郡一国之众，对亡应书者，是王道往往而绝也。臣愿陛下兴太学，置明师，以养天下之士，数考问以尽其材，则英俊宜可得矣。

董仲舒在此建议汉武帝兴太学，并提出了兴办学校的具体措施：一是"置明师"，就是设置儒家思想之师，即汉武帝设置的五经博士；二是"养天下之士"，即培养来自全国的学生；三是"数考问"，即考察学生的能力。这样国家就能得到"英俊"之才。

汉武帝立即采纳了董仲舒的建议，下了兴学诏，其中讲了制礼作乐、进行教化的重要性，命令太常商议为博士置弟子的事情，以使乡里能崇尚教化，达到历练贤才的目的。

董仲舒首先提出了利用学校教育来传播统治阶级思想的主张，而同样推崇儒学的丞相公孙弘则努力将这一主张付诸实施。

公孙弘，菑川薛县（今山东寿光南）人，年轻的时候曾在家乡做狱吏，后来因触犯法律而被免职。失去职务的公孙弘没有了经济来源，只好到海上去养猪。他40多岁时才开始学习《春秋》，后来又研究当时非常流行的《公羊春秋》。汉文帝前元元年（前179年），因通晓《诗》《书》而闻名郡国，并与同龄的贾谊①同被征为博士，一年之中升任太中大夫。

汉文帝虽然喜好刑名学家的言论，但在贾谊的建议下，他开始慢慢尝试任用一些儒学之士，并初设一经博士。

后来，汉武帝派遣公孙弘出使匈奴，因复命之言不合心意，他认为公孙弘没有才能。公孙弘因此称病，被免官后回到家乡。元光五年（前130年），公孙弘再次以贤良被推举。

公孙弘拒绝了这次举荐，他说："我已经被推举一次，西行至长安，能力不足，未能称职，所以才回来了。还是推举别的先生吧。"但大家仍坚持推举他。

汉武帝策诏群儒，请教天命废兴的道理。公孙弘策对，回答了治民之本，强调"礼仪""赏罚"的重要性。

当时策对的有100多人，太常把公孙弘的策对列在下等，汉武帝阅读之后，将其提升为第一，又亲自召见公孙弘，再一次拜其为博士，留其待诏②金马门③。

公孙弘是汉武帝时著名的儒官之一，他生活简朴，谙于世故，为人谦虚谨慎，历任左内史、御史大夫，于元朔五年（前124年）拜相封侯。全国各地贤士多来投奔他，口碑极好。

为响应汉武帝下达的兴学诏，公孙弘与太常孔臧、博士平（史失其

---

① 贾谊：洛阳（今河南洛阳东）人，著名政论家、文学家，世称贾生。汉文帝时任博士，迁太中大夫，受大臣周勃、灌婴排挤，贬为长沙王太傅。3年后被召回长安，为梁怀王太傅。曾多次上疏，批评时政。
② 待诏：官名。初指应皇帝征诏随时待命，以备谘询顾问。后渐演变为官名。
③ 金马门：汉代宫门名，在未央宫内，即学士待诏处。

姓）等商议，决定采取以下措施：

一、办好中央官学，把京城树立成"首善"典范；

二、修缮旧房，设成学校，为博士官设置50位正式弟子，免除他们的徭役；

三、学满一年后，无论是太常所补博士弟子，还是郡国所选弟子，都要考试，考取者可补文学掌故①的缺额，成绩优秀者可当郎中，由太常列名上奏；

四、选取博士弟子中的优秀者，俸禄二百石以上及俸禄一百石而能通一种以上经典的官吏，任命为左右内史或大行属下的卒吏，俸禄一百石以下者任命为郡太守属下的卒吏，每郡各2人，边郡1人；

五、各项措施条文以法规形式著录，其他仍按照旧律。

公孙弘等人的兴学措施，明确了生源、师资、考法和分配等各项规定，从而建立了我国教育史上第一所具有完备规章制度、有史实可考的官办学校。这些措施得到了汉武帝的认同，从此，公卿大夫和一般官吏都是文学之士了。

太学里主要讲授经学，以汉武帝的五经博士的经书为准。

太学的生源主要有两种，一是太常遣派的博士弟子50人，二是郡国选送、经太常批准的地方派遣生。学生学满一年后将进行严格考核，然后按学习成绩优劣分派到皇帝身边做郎官或被委派到中央一些机构和郡国守相②下做属吏。成绩不及格者将被罢除。

据记载，太学的教师也被称为博士，主要职责是掌教弟子，同时在国有疑事时参加议政。另外，还有奉命出使及巡视地方政教等工作。众

---

① 文学掌故：官名，西汉置掌故，属太常，秩百石。又有文学掌故、太史掌故、治礼掌故等。掌礼乐制度等典章故事，备咨询。武帝时，丞相公孙弘请博士弟子，一岁皆试，能通一艺以上，补文学掌故，又择文学掌故补郡属曹史。后为定制，岁课甲、乙、丙三科。

② 郡国守相：汉朝官名。为郡太守和王国相之合称。太守掌其郡，王国相统王国百官，后掌治民。

太学博士之上设置首席长官仆射①，总领太学事务。

西汉太学博士多由熟读经书的名流担任，采用征拜或举荐的方式选拔，也有诸科始进或他官迁任的。汉代太学向来有"严于择师"的传统，博士必须德才兼备，博学多识，能够明于古今、通达国体，所以太学的教师多为修养高深的儒学大师。

汉武帝兴办太学后，博士弟子名额逐渐增加，到昭帝时增加到100人，宣帝时增加到300人，元帝时增到上千人，成帝末期增至3000人，东汉末年已经达到3万人。

公孙弘本来拟定太学生为18岁的青年，但实际上既有60岁以上的白首翁，也有12岁的有道德、有才能的儿童。由太常选送的太学生为正式生，享受俸禄，其他途径入学的则费用自理。

太学的兴立，有效促进了民间积极向学的风气形成，对于文化的传播起到了很大的推动作用，同时使大官僚、大富豪子嗣垄断官位的情形有所改变，一般中产家庭子弟入仕的门径得以拓宽，一些出身社会下层的"英俊"之士也得到了入仕的机会。

兴办国立太学的举措也带动了地方办学。汉朝最早在地方办学的是景帝后期的文翁。文翁是庐江郡（今安徽舒城）舒县（今安徽庐江西南）人，自幼喜欢读书，通晓《春秋》，担任郡县小官吏时被考察提拔。景帝后期，他担任蜀郡守，仁爱并喜欢教导感化人民。

文翁见蜀地民风野蛮落后，就打算诱导教化，加以改进。他选出张叔等10多个聪敏有才华的郡县小官吏，亲自告诫勉励，遣送他们到京城太学中学习。为了减少郡守府中开支，他还购买蜀刀、蜀布等蜀地特产，委托考使送给太学中的博士。等这些学生学成回到蜀地后，文翁让他们担任要职，按顺序考察提拔，有的人甚至成了郡守刺史。

后来，文翁又在蜀地修建学宫，招属县子弟为学生，并免除他们的

---

① 仆射：秦、汉置，为侍中、谒者、博士等诸长。依其职事为称，如侍中之长称侍中仆射等。

徭役，学习成绩好的任命为郡县官吏，其次为孝悌力田[①]。

为了鼓励学生积极上进，文翁还采取了许多奖励进学的方法，将地方官学办得有声有色，产生了十分广泛的社会影响。

汉武帝听说文翁办学的事情后，极为赞赏，认为这是一个推广儒学的好办法，于是下诏："天下郡国皆立学校官。"全国这才普及了地方办学，初步建立了地方教育体系。

汉武帝置五经博士、兴办太学、普及地方办学，促进了教育与儒学的发展，并使儒生得以进入官宦集团，这种现象一直维系了2000多年，对中国古代的政治、文化、生活以及经济都产生了重要影响。

六、外儒内法

从建元五年（前136年）设五经博士到元光元年（前134年）武安侯田蚡"黜黄老、刑名百家之言"，再到元朔五年（前124年）汉武帝下兴学诏，这十余年间，汉武帝进行了不少尊儒活动，也取得了不错的成效。比如，使儒学取代黄老之学成为治国理政的指导思想，以儒家伦理道德作为约束人们的行为准则，甚至以《春秋》决狱，把儒家经典当法典用；在国立太学中，只设儒家五经博士，其他诸子传记博士皆被罢除，并不断从太学中选拔弟子加入官宦集团。

不过，汉武帝在尊儒的同时并没有彻底"罢黜百家"，而是在保证儒学的官方学术、政治主导思想的地位的前提下，"悉延百端之学"。正如司马迁《史记·龟策列传》中记载：

> 至今上即位，博开艺能之路，悉延百端之学，通一伎之士咸得自效，绝伦超奇者为右，无所阿私。

[①] 孝悌力田：汉代选拔官吏的科目之一，用以劝导风化，始于汉惠帝，名义上是奖励有孝悌德行及能努力耕作者。中选者经常受到赏赐，并免除一切徭役。

在尊儒的过程中，汉武帝允许其他学派的著作被收藏、流传，供人学习、研究，甚至把法家、道家、纵横家甚至方术之士的杰出人物通过公车上书、征召、任子、赀选①等方式网罗到身边委以重任。比如：梁国成安人韩安国曾在邹县田生那里学习过法家韩非和杂家学说，一直赋闲在家，汉武帝先后任命他为北地（今甘肃庆阳西北）都尉、大农令、御史大夫、卫尉等；杜陵（今陕西西安东南）人张汤自幼学习决狱文书律令，是法家的忠实信徒，汉武帝命他与赵禹②共同编定律令，后官至御史大夫。就连张汤赏识的酷吏杜周也深受汉武帝器重，官至廷尉。崇尚法治、信奉管商的法家桑弘羊是汉武帝重用的理财专家，他大力推行盐铁、均输、平准等措施，昭帝时为御史大夫。

汉武帝不仅从儒、法两家选择官吏，也从其他学派中选拔官吏，比如纵横家。元朔元年（前128年），主父偃③、严安、徐乐一同上书，汉武帝御览后马上召见了这些人。其中汉武帝非常赏识主父偃，主父偃早年学"长短纵横"辩士之说，企图像苏秦、张仪那样游说诸侯，从而取得功名。他在齐国广泛结交了各个学派、各个领域、各个阶层的人物，但没有人赏识他，给予他施展才华的机会，而且当地的儒生还极力排挤他。后来，他听说菑川人公孙弘以儒学获得了功名，于是改学儒家经书及百家之言，但是仍然没有找到出路。当时他家非常贫寒，又没有后台，在齐地混不下去，只得到燕、赵、中山（治今河北定州）等诸侯国游说，结果同样遭到了别人的冷眼。

在连连碰壁的情况下，主父偃按下心中的惆怅分析天下形势，发现在诸侯国很难找到施展抱负的机会，也许京师才有属于自己的一片天地。元朔元年（前128年），主父偃来到长安，投奔到大将军卫青门下。当时卫青是汉武帝身边的大红人，位极人臣，他非常欣赏主父偃的才

---

① 赀选：选官制度。亦作资选。
② 赵禹：西汉扶风斄县（今陕西武功西南）人，著名司法官。武帝时，以刀笔吏积劳，迁御史，至中大夫。曾与著名酷吏张汤一起制定汉代律令。
③ 主父偃：临淄（今山东临淄）人，初至长安上书，被武帝召见，从郎中到中大夫，一岁之中四迁。武帝采纳其建议，下"推恩令"。后为齐相。

干,多次向汉武帝举荐。

但是,汉武帝似乎看不上这位学习纵横之术的人才。主父偃既伤感又着急,但他没有灰心丧气,内心的功名欲望促使他孤注一掷,上书自荐。

元朔二年(前127年)的一天,主父偃经过深思熟虑,鼓起勇气提笔写下自己的平生所识以及对时政的看法,并直接送进了中宫。据史书记载,他"所言九事,其八事为律令,一事谏伐匈奴"。

这些谏言顿时让汉武帝改变了对他的看法,"朝奏,暮召入见"。召见后大有相见恨晚之意,立即拜他为郎中。

主父偃从此尝到了上奏章的甜头,每隔几天就会上奏,而且每次上奏都能说中汉武帝的心思,以致一年之中被汉武帝破例提拔了4次,从郎中到谒者、中郎,再到中大夫,成为汉武帝的心腹之臣。

汉武帝即位后,黄老学说的地位大大降低,但是并没有完全禁绝,汉武帝仍然任用学黄老之术的人做官。比如汲黯[①],他以黄老之学起家,景帝时曾为太子洗马[②],武帝时先后任荥阳令、中大夫、东海太守。淮阳陈人郑当时也是黄老学派的代表人物之一,同样受到武帝的重用,历任济南太守、江都国相、大司农、丞相长史、汝阳太守等。

对于杂家、术数家,汉武帝也不排斥,并加以重用。滑稽大王东方朔就是一个典型的例子。东方朔是一位杂家,正如他自己所说:"讽诵《诗》《书》,百家之言,不可胜数。"他曾上书陈述农战强国之计,其中用的都是商鞅、韩非之语。东方朔还是一位善卜筮、占候、起课的术数家,据说汉武帝曾在宫中玩一种名为"射覆"[③]的游戏,令各术数家猜度,东方朔说自己学过《易》,请求猜度,结果屡猜屡中。

总之,只要是对统治有利的,不管是哪种思想、哪家学说,汉武帝都会采用,而不是用一种思想学说来压制另一种思想学说。他这种兼收

---

① 汲黯:字长孺,西汉濮阳(今河南濮阳)人。汉武帝初为谒,后出为东海太守。召为主爵都尉,列于九卿,称他为"社稷之臣"。
② 太子洗马:太子出行为前导的官员。西汉属太子太傅、少傅。
③ 射覆:古代游戏,将物件预为隐藏,供人猜度。

并蓄众家之长的做法，不但没有削弱君主专制中央集权统治，反而使其进一步强化。

当然，汉武帝悉延百端之学，并不是对各学派都平等对待，而是把各学派分层次地加以兼用。他把儒家学说作为国家的指导思想，把法家的以法治国作为治国方针、制度，此外又兼用各家。所以说，重法治也是汉武帝的一大特点。有人说他外儒内法，有人说他儒法兼用，不管怎样，汉武帝重法治是毋庸置疑的事实。

汉朝重法治是有传统的。汉文帝一方面无为而治，约法省禁；一方面又依法办事，严格执法。有一次，文帝出巡经过长城城北的中渭桥，突然从桥下窜出一个人，惊吓了文帝的驾舆。文帝大怒，下令捉住那人治以重罪。廷尉张释之说此人按律当处以罚金，然后释放，文帝不同意，张释之解释道："法律是天子和天下人共同遵守的，现在法律就是这样规定的，如果非要改变，加重处罚，这样的法律就不能取信于民……现在既然把此人交给廷尉，廷尉是天下公正执法的带头人，稍一偏失，天下执法者都会任意而为，或轻或重，老百姓岂不是手足无措？愿陛下明察！"文帝沉思良久，说："就按廷尉所说的办。"

汉武帝继承汉初执法公平、不别亲疏、不殊贵贱的传统，坚持以法治国。武帝的妹妹隆虑公主之子昭平君，又是武帝女儿夷安公主的丈夫，犯法理应处死，隆虑公主临终前，以金千斤、钱千万为其赎罪。按照汉朝的法律，犯了法可以以钱赎罪，所以武帝批准了。隆虑公主死后，昭平君又犯了死罪，因为是公主之子，廷尉不敢做主处决他，便请求武帝亲判其罪。武帝为此垂泪叹息，良久才说："这些法令是先帝制定的，如果因为妹妹的缘故破坏先帝之法，朕有何面目进先祖高庙？而且这样做也对不起黎民百姓啊！"于是批准廷尉的请求，将昭平君处死，但是他仍然悲痛难忍。东方朔则上前祝贺道："我听说贤明的君王治理国家，奖赏不避仇，惩罚不避亲。《书》说'不偏向，不结党，君王的大道坦荡平直'，这两项原则是五帝所重视的，而三皇却难以做到，现在陛下做到了，这是天下的幸运啊！"这件事在很大程度上体现了汉武帝重法的思想。

为了严明法纪，促进国家的发展，元光五年（前130年），汉武帝命张汤、赵禹条定律令。这次条定的法令文深而严酷，而且法令条文繁多而严密，各种法律形式的条文都有所增加，律令共有359章，死刑有409条，涉及1882种情形，死罪案例的汇编共13 472件，以致法律条文和讼狱案卷堆满了橱架，掌管的人也不能全看完。

汉武帝不仅重视法治，而且远比秦始皇高明。秦始皇只是一味地重法，最终沿着严刑苛法的道路走向了灭亡。汉武帝汲取秦始皇的教训，将"重法治"与"尊儒术"结合起来，既以法治国，又施行德政。

《春秋》维护君臣、父子、夫妇的纲常伦理，其大一统思想有利于维护专制主义中央集权，因此，汉武帝以"《春秋》决狱"，比如，董仲舒的弟子吕步舒①官至长史，手持符节出使，去决断淮南王刘安②谋反一案，他对诸侯王敢于自行裁决而不加请示。因为他根据《春秋》经义公正断案，连汉武帝也认为很对。汉武帝开创的"《春秋》决狱"的先例，不仅有力地镇压了诸侯王的叛乱，而且以此严格规范臣下的行为，对后世产生了深远的影响。比如成帝时，丞相乐安侯匡衡③非法扩大封邑400顷，收租谷千余石，按照《春秋》中诸侯不得专地的经义，匡衡被判专地盗土的罪名，并免为庶人。

汉武帝在位时多次大赦天下、赦刑徒，还时常赦免某一地区、某一事件中的罪人。赦免罪人刑徒通常发生在新皇即位、有重大礼仪活动、祥瑞出现、皇帝驾临某一地区时，目的是给罪人、刑徒一个重新做人的机会，是皇帝关心百姓疾苦、施行德政的重要表现。

从以"《春秋》决狱"及不断赦免罪人刑徒来看，汉武帝重法治是与尊儒术结合在一起的，这正是他的高明之处。

---

① 吕步舒：汉朝经学家，董仲舒的弟子，随董仲舒到长安担任博士，官至丞相长史。

② 刘安：汉高祖刘邦之孙，淮南厉王刘长之子。曾招宾客方术之士数千人，编写《鸿烈》（亦称《淮南子》），它是中国思想史上划时代的学术巨著。

③ 匡衡：字稚圭，东海郡承县（今山东枣庄）人，西汉经学家，以说《诗》著称，汉元帝时官至丞相。

第三章 中央集权施铁腕

一、三削相权

为了加强中央集权，除了尊儒尚法之外，汉武帝决定改革官制，拿相权开刀，以独揽朝政大权。

在中国古代封建社会，丞相乃百官之长，是封建朝廷中唯一能与皇权相抗衡的势力。

秦朝时正式设置丞相官制，设有左右丞相。丞相掌紫色绶带金印，帮助皇帝处理朝廷各种事务。丞相表面上要秉承皇帝的旨意办事，实际上则是国家的负责人。

皇帝在宫廷内接见大臣，处理国政，称为"内廷"；宫廷之外的事，都由丞相掌握，称为"外廷"。丞相参与政事的决策、法令的制定、百官的管理等事务，甚至有权决定其他官吏的生死。

西汉建立初期，丞相一职大多由开国功臣担任，如萧何、曹参、陈平等。对于这些帮助自己夺取江山的有功之臣，汉高祖刘邦向来敬重有加，而百官们对之也是恭谨从命。当时的丞相，相当于现在掌握实权的总理大臣。丞相终身在位，必然分散皇帝的权力。据史籍记载，文帝有一位宠臣叫邓通①，在文帝面前很随便，时常与文帝开玩笑。有一次，

---

① 邓通：蜀郡南安（今四川乐山）人，汉文帝宠臣，官至上大夫，凭借与汉文帝的亲密关系，依靠铸钱业广开铜矿，富甲天下。汉景帝即位后被革职，没收家产，最后饿死街头。

邓通又跟文帝开玩笑，文帝丝毫没放在心上，但丞相申屠嘉①知道这件事后，想要治邓通对皇帝不恭敬之罪。文帝说："不用太较真，我很喜欢他。"

申屠嘉当时没说什么，回到相府后就命人将邓通召来，斥责他说："你这个贱臣，竟然拿皇帝寻开心，真是胆大包天，这是对皇帝的大不敬，按律当斩！"邓通吓得一个劲地叩头认罪，后来还是文帝出面讲情，邓通才免于一死。

汉武帝即位时，朝廷正处于屈君伸臣、君弱臣强的局面中，对于朝中大臣甚至像内史这样的高官，只要丞相认为有过失，就可以先斩后奏。与皇帝商议国事时，丞相的意见也是备受尊重，丞相推荐的官员甚至一出任就可以担任九卿郡守品级的大官。而且丞相没有大的过错，是不能随便更换的。

汉武帝的第一任丞相是卫绾，卫绾忠厚老实、谨小慎微，没有太大的权力欲，而且他是武帝幼时的老师，与武帝没有什么矛盾冲突，但窦太后不喜欢他，要免其相职，汉武帝就做了个顺水人情，以体弱多病为名免了卫绾丞相之职。建元二年（前139年）、建元六年（前135年），汉武帝相继免去魏其侯窦婴和柏至侯许昌的相职。汉武帝6年中连免三相，无疑是对相权的重大打击。

建元六年（前135年）六月，汉武帝任命武安侯田蚡为丞相。田蚡背后有王太后撑腰，又结交了诸侯来扩大自己的权力，使丞相的权力又一次得到了助长，百官都对他趋迎奉承。

田蚡身材短小，相貌丑陋，为人奸诈贪婪，无德无才，他之所以能登上相位，完全是因为他是王太后的弟弟。朝中政务均由他所豢养的宾客为他谋划。田蚡自恃有王太后为靠山，非常骄横、奢侈。

据《史记》记载，每次进宫奏事，田蚡总是讲个没完没了，不达

---

① 申屠嘉：梁国睢阳（今河南商丘）人，汉朝开国功臣，西汉丞相。一生经历汉高祖刘邦、汉惠帝刘盈、汉高后吕雉、汉文帝刘恒、汉景帝刘启五朝。汉景帝二年（前155年），因晁错之事气愤吐血而亡，谥号"节侯"。

目的誓不罢休，因而武帝只得一一采纳他的奏请。除此之外，田蚡还独揽任官除吏的大权，根本不把年轻的皇帝放在眼里，甚至将平民一下子升为俸禄二千石的高官。惹得大小官员都纷纷向田蚡示好，就连在郡国任事的学士们也陆续攀附他。

汉武帝对田蚡的专横跋扈本就十分不满，而今他竟变本加厉，把持朝政，使自己大权旁落，更令汉武帝无法容忍，伺机夺回权力。

有一次，田蚡又拿来一大串任官的名单，汉武帝终于忍无可忍，问道："你要任命的人员说完了吗？如果说完了，朕也想要任命几个呢！"

于是，汉武帝把丞相"主臣"用人的权力收了回来。作为朝廷首脑，丞相最主要的权力就是主臣和除吏。汉武帝的做法使丞相失去了人事任免权，至此，丞相一职就与奉行天子旨意的传话员、大管家、幕僚长没什么区别了，而汉武帝也从一名垂拱无为的国家元首变成了过问一切政事的统治者，成为真正的政府首脑，走上了皇权专制统治的道路。

待田蚡死后，汉武帝不再任用任何外戚为相，开始从"贤良文学"以及直接上书的文士中选拔贤才，又将少府①属下主管文书档案的机构"尚书"作为审阅公文、谋划政事、起草诏令的日常工作机关，与侍中、中书组成中朝。这里聚集了大批智囊人物，如才华卓著的严助②、朱买臣③、吾丘寿王、主父偃、严安等人。在他们的本职工作以外，汉武帝又任命他们担任侍中、常侍、给事中等职，让他们出入宫廷，随侍左右，商量朝中大事。汉武帝还任用宦官为中书，掌尚书之职。内政官吏掌握着所有文书、奏章、政令等事宜，而丞相只是奉旨行事。九卿不再通过丞相而直接上奏给皇帝，由此，以丞相为首的政权机关完全成了空架子，丞相的权力和地位大大削弱。这是汉武帝对丞相制度的第一次改革。

---

① 少府：官名。秦、汉列位九卿，秩中二千石，职掌帝室财政，如皇帝私府。
② 严助：著名辞赋家，会稽郡吴县（今江苏苏州）人。武帝初，郡举贤良对策，提拔为中大夫。后迁会稽太守，复归长安，为侍中。
③ 朱买臣：字翁子，吴县（今江苏苏州）人。汉武帝时为中大夫，后为会稽太守，曾任主爵都尉，位列九卿。

元朔五年（前124年），汉武帝对丞相制度进行了第二次改革。

汉武帝这次改革主要是为了改变军功贵族专权的情况。西汉建立初期，通常以列侯为丞相，因为列侯有的是功臣，有的是功臣之后，拥有食邑，凭功劳升迁为丞相是很自然的事情。这样的丞相以自己的功臣势力为政治、权力背景，又拥有强大的经济实力为基础，导致汉初出现了相权过重的现象。丞相田蚡死后，薛泽担任丞相。薛泽是高祖功臣广平侯薛欧之孙，景帝对他十分恭敬，不敢苛责一二。

汉武帝对于这种列侯世袭、顽固不化的不合理体制感到不满，于是决定任用"文德"的儒生为相，而没有爵位、出身贫寒的儒生公孙弘正是一个理想的人选。汉武帝先任命公孙弘为丞相，按照西汉先前的制度，丞相需由列侯担任，于是又封其为平津侯。

公孙弘本是一介贫民，一没有宫廷、列侯背景，二没有雄厚的经济基础，没有可以依恃的贵族心理，也没有傲人的功臣气魄，这种人的地位功过完全由皇帝说了算。公孙弘显然也有自知之明，因而首先向皇权低了头，他一上任，就顺从皇帝的旨意，用诗书礼乐的词句来文饰政事，不与皇帝争权。也因此，他的丞相生活，过得十分憋屈。

一天，公孙弘奉汉武帝之命去赴宴。进宫后，他马上发现武帝穿着不整，而且没有戴冠冕，心里明白自己跟天子远没有亲近到这种程度，这一定是武帝在嘲讽和鄙视自己。宴会开始后，他坐了一会儿便给武帝敬酒，但武帝假装没看见，只和别的官员谈笑。随后，武帝又命宫廷乐手奏乐，舞女们也出来献舞。

沉浸在声色中的汉武帝，忘了丞相公孙弘的存在。待到月上中天，他才好像刚刚明白过来，说道："丞相，你怎么还在这里作陪？"公孙弘听了，马上磕头告退。回到府中后，他当即气得口吐鲜血，却只能是"哑巴吃黄连——有苦说不出"。

第二天，有下属的郡国到丞相府来汇报工作，公孙弘看完，叹息道："你们先回去吧，过几天我批后就给你们消息。"

来人一走，公孙弘马上穿上朝服，坐轿直奔皇宫，以便把上书亲自交给汉武帝。这时的公孙弘已失去了以往由丞相直接控制地方长官的职权。他觉得自己毫无价值，就像一个玩物，任凭皇上揉捏，什么时候天子玩腻了，就会把他丢弃，说不定还会摔碎后丢弃，仕途一片渺茫。他想称病辞职，回老家过一段安安稳稳的日子。但是他也只能想想而已，等见到皇帝，他丝毫不敢流露半点内心的真情实感，仍然卑微地叩首，恭敬地说道："卑臣愿在有生之年为皇上效犬马之劳。"汉武帝说："朕看你脸色不太好，是不是想养病了？"公孙弘赶紧回答："臣没有病，只是为国事担忧。"汉武帝见公孙弘如此谨小慎微，很是高兴："难得你一片忠心，为奖赏你的功劳，以后有什么重大的文书，就直接送到朕这里好了。你可以回去了，但要牢记你的丞相之位是谁封的。"公孙弘跪地叩拜道："当然是陛下封的。"汉武帝听了哈哈大笑。公孙弘步履蹒跚地回到家，一下子瘫倒在地，不久就忧劳成疾，一命归西了。

可以说，从公孙弘担任丞相开始，丞相制度便从列侯拜相制，转变成先拜相再封侯，相权被大大削弱，必须绝对地服从皇权，不能有丝毫逾越。"屈君伸臣、君弱臣强"的局面终于不复存在，变成了"仰君屈臣、君强臣弱"。

元封五年（前106年），汉武帝第三次改革丞相制度。他在泰山明堂朝见诸侯王、列侯，接受郡国上计①。西汉初期，接受郡国上计是丞相的一项职责，如今转变成由皇帝亲自受计，可以说是一项重大变革，也是对相权的一种削弱。由此，汉武帝不但亲自掌握了全国的经济命脉，而且可以直接控制郡国长吏②及其佐治官吏，这两方面的权力原本属于丞相，现在则由皇帝亲自掌控。

自从汉武帝对丞相制度进行第二次改革后，丞相便不再参与朝廷大

---

① 上计：秦汉时地方官府定期向朝廷呈报施政情况，作为官吏考课依据的制度。汉朝上计制分两级，县（道）令长将该县户口、垦田、赋税征收，钱谷出入等编的计簿，呈报郡国。再由郡守、国相汇总呈报中央丞相，或由皇帝亲自受计，皇帝据此考察地方官政绩。上计地点一般在京师，如皇帝出巡，则临时指定地点。

② 长吏：指地位较高的官员。秦、汉一般指秩六百石以上的官吏。

事，公孙弘死后，李蔡、庄青翟、赵周①、石庆②、公孙贺相继担任丞相，这一时期的丞相府变成了"客馆丘虚而已"，丞相没有权力召除官吏，更不能参与政事的决策，完全失去了匡救时弊的作用。

至此，相权愈发低弱，皇权则越来越强大，丞相别说有效约束、抑制皇权，就连自己的相位、性命都无法保障。据说公孙弘经常打着"天子的病在不广大，臣子的病在不俭节"的口号，与主爵都尉汲黯一同面奏皇帝。汲黯性格耿直，每次上奏都直言不讳，搞得汉武帝对他十分忌惮。所以，每次廷奏，公孙弘都让汲黯先发言，而后才进行附议。汲黯上奏时，他就在一旁观察汉武帝的脸色，揣度其心意。如果汲黯的进言不合帝意，他就主动奉迎汉武帝的心意，以讨皇帝欢心，避免触犯龙颜。公卿们为此经常骂公孙弘背信弃义，但从公孙弘这样的做法中也可以看出此时丞相对天子的顺从程序。

尽管丞相没有了实权，但他毕竟是百官之长，是仅次于皇帝的大臣，相应的责任还是要担的。所以，每逢天下有事，汉武帝都要循名责实，将罪责归于丞相。这样一来，丞相成了名副其实的替罪羊，各任丞相都承受着极大的心理压力。公孙弘就时常处于惊恐不安之中。元狩元年（前122年），淮南王刘安和衡山王刘赐③举兵谋反后，他吓得赶紧上书引咎辞官。石庆也是如此，由于不参与议政，他想归还丞相印和侯印，告老还乡，结果被汉武帝骂得狗血淋头。由此可见，汉武帝时期的丞相再也没有了汉初的八面威风、权高位重，只剩下胆战心惊与小心翼翼。

到汉武帝后期，丞相不仅没有任何实权，更是成了死亡的代名词。

---

① 赵周：赵夷吾之子，以父功封高陵侯，任太子太傅，武帝元鼎二年（前115年）任丞相。

② 石庆：河内郡温县（今河南温县西南）人，石奋之子，武帝建元二年（前139年）为内史，后历任太仆、齐相、沛郡守、太子太傅及御史大夫等，元鼎五年（前112年）担任丞相，封为牧丘侯。

③ 刘赐：汉高祖刘邦之孙，淮南厉王刘长第三子。文帝时，先后封为阳周侯、庐江王。景帝时封衡山王。与兄长淮南王刘安谋反，武帝元朔六年（前123年）事发被治罪。

汉武帝之前有13位丞相，他们中有5人寿终正寝，2人降为太子太傅，5人被免职，1人留任到武帝时期，没有一人被诛杀，而纵观汉武帝时期的丞相们，基本都被以不同的罪名而斩杀处死，只有石庆免于一死。这是因为石庆只有虚位，不参与政事，汉武帝无罪可治。但即便如此，石庆也时常遭受汉武帝的责骂。

太初二年（前103年），汉武帝任命公孙贺为丞相。公孙贺是将门之子，与汉武帝有旧交，汉武帝当太子时，公孙贺为太子舍人，经常随侍左右，汉武帝即位后提升他为太仆。而当侍者将相印捧到公孙贺面前时，公孙贺吓得连连后退，不肯接受，而后"扑通"一声跪倒在地，痛哭流涕，不住磕头，声称自己只是边地骑马射箭的粗人，才能鄙陋，难以担当丞相重任，请求皇帝另择贤人。汉武帝不置可否，只是说："把丞相扶起来吧。"公孙贺闻言，跪在地上怎么都不肯起身。汉武帝见状拂袖而去，只留下公孙贺呆呆地跪在那里。公孙贺无奈，只得接过相印。走出殿门后，他摇头叹息道："我命忧矣！"果然，没过几年，公孙贺就因儿子犯罪受到株连，父子双双死于狱中。

由此可见，汉武帝时期的丞相如履薄冰，所以丞相虽然为百官之首，但谁也不愿担此重任。

就这样，通过三次改革丞相制度，汉武帝极大地巩固了自己的地位，完成了他走向皇权专制统治的第一步。

二、建立内朝

汉武帝竭力剥夺相权，将朝政大权总揽到自己手中，但军国大政总要有人来处理，所以，为了保证国家机器正常运转，又不让大权旁落，他重新组织了一个决策班子——内朝。其实，内朝是与削弱相权相伴相生的，也是汉武帝裁抑相权的一种手段。

内朝又叫中朝，是指汉武帝从民间选拔出一些优秀儒生作为侍从，让他们预闻政事，侍奉于皇帝左右，因商讨政务主要在内廷，所以称之为内朝。与之对应的外朝，指以丞相为首的公卿百官。

虽然西汉初期，皇帝身边便有中大夫之类的官员，参与一些军国大政的讨论，但这类官员人数很少，而且隶属于三公九卿系统，还不是一个独立的机构。因此，内朝算是汉武帝首创，它具有两个特征：一是自成体系，直接听从皇帝的命令；二是参赞机要，帮助皇帝决策。

当时整个朝廷划分为两个系统：一是国家政务官，即丞相实际领导的政府官员，后来称为外臣；一是官署设在宫内、专管宫廷事务的皇室私务官，后来称为内臣，或天子近臣。

丞相、御史大夫、太尉并称三公，是秦汉官制中的上层结构，是外臣系统的官长。卿为中层结构，但大部分为内臣系统，其中掌管刑法治狱的廷尉、掌管谷货田租供给朝廷公费的治粟内史、掌管宫门以外的警卫及维持京师治安的中尉三卿，都属于直接供职国家的朝廷官员；太常、郎中令、少府、内尉、太仆、典客、中正七卿都是听从皇帝直接下达命令，实际上是皇帝的奴仆、差使。其中，郎中令和少府后来成为汉武帝建立内朝的秘密机构。

建元初年，汉武帝召用原为郎中令属员的诸大夫和诸郎、宫中的文学之士严助、司马相如①、枚皋②、东方朔等人，担任他的高级顾问和私人助理，帮助他直接控制、驾驭和驱使全国上下的文武官员，并配合他侵夺相权、总揽朝政，与丞相领导的外廷分庭抗衡。这样一来，朝廷分为内外二廷，丞相随之从百官之长变成了不治宫中的外廷首长，原为内臣的列卿们也渐趋外廷化。

内朝是建立了，但这些内臣只是皇帝身边的辅臣，没有真正的官职，并没有正式脱离正常官制的列卿系统而完全摆脱丞相的管治和影响。为了使内朝合法化、系统化、制度化，汉武帝设置脱离正常官制系统的加官制，使内臣参与政治决策合法化。

---

① 司马相如：字长卿，蜀郡成都（今四川）人，西汉辞赋家。
② 枚皋：西汉辞赋家，字少孺，淮阴（今属江苏淮安）人。枚乘之子，武帝时为郎。后长期担任汉武帝的文学侍从。

所谓加官，就是本官外再加官职，本职外再兼差。从称谓上即可推知，受加官者以本官为主职，加官为辅职。如《汉书·百官公卿表》记载：

> 侍中、左右曹、诸吏、散骑、中常侍，皆加官。所加或列侯、将军、卿大夫、将、都尉、尚书、太医、太官令至郎中，亡员，多至数十人……给事中亦加官，所加或大夫、博士、议郎，掌顾问应对，位次中常侍。中黄门有给事黄门，位从将大夫。皆秦制。

也就是说，汉武帝的加官是承秦制，但他对秦加官制也做了很大的修改。因为秦朝根本没有内朝制，秦始皇完全是由自己衡石量书，亲自理事，直接让丞相和诸大臣们皆受成事，倚办于上。汉武帝设置的新加官制，就是针对《汉书·百官公卿表》中提到的原先多为内臣的官职，使之脱离公卿系统，然后再作为特殊职称，由他本人直接赐授亲信的官员。汉武帝通过加官大大加强了自己在朝廷中的发言权和控制权。

加官制度始设于建元中期，加官的人有严助、主父偃、徐乐、严安等人，他们经常在一起诘难大臣。这些人原本官卑职小，就连其中位次最前的侍中也不过是皇帝家奴，为天子分掌乘舆服物的宫廷贱臣，有捧唾壶的，有管溲器的，随从左右服侍。据《通典》记载：

> 汉侍中为加官……直侍左右，分掌乘舆服物，下至亵器虎子之属。武帝时，孔安国为侍中，以其儒者，特听掌御唾壶，朝廷荣之。

不过，汉武帝通过加官所形成的内朝，其性质与作为官职的内臣并不相同。比如，桑弘羊13岁为侍中，霍去病①18岁为侍中，这里的侍

---

① 霍去病：河东平阳（今山西临汾西南）人，武帝卫后姊少儿之子，名将卫青的外甥，善骑射，用兵灵活，注重方略。

中是本职，而非加官。加官内臣并不帮皇帝做拿唾壶这样的杂事，而是为皇帝出谋划策、参议朝政，被视为皇帝的心腹，是内臣系统中的高层结构。侍中入侍禁中，常伴皇帝左右，脱离相府的控制，地位得到了迅速提升，以内朝臣的身份越权而治，这使原来品位森严的朝廷中又树立起了一支直接承接皇帝意旨的新生力量。

汉武帝充分利用近侍内朝，参与政事，左右政局，从而掌握了朝政大权，垄断了决策程序。这样就把以丞相为代表的"外朝"逐步降为完全伏首听命、忠实贯彻皇帝意志的单纯的"执行机关"。

汉武帝设置内朝，从组织形式上加强了中央集权。

为了使内朝制度更趋健全，汉武帝又设置中书令，总揽政务。

尚书始置于战国，或称掌书。秦于少府内设尚书，职掌收发文书。西汉沿置尚书有尚书令，秩六百石；尚书仆射，署尚书事。如果尚书令不在，尚书事务就由尚书仆射负责。尚书其实是皇帝的收发吏，只是职权较重。大臣上书都要一式两份，一份为副本交由尚书处，由负责尚书事务的官员检查上书的内容，如果发现所言不宜或不当，就可摒弃，不上呈皇帝。这样一来，尚书就可以在大臣上书中做文章，给权臣们蒙蔽皇帝留下了空子。

为了改变这种情况，直接控制章奏事宜，汉武帝决定让宦官担任尚书令，美其名曰"中尚书令"，又称中书令。中，即禁中，以前章奏先送到宫中的尚书处，再由尚书转交禁中，现在则直接送到禁中。由于中书令深居禁中，与外臣鲜有联系，这就减少了内外勾结的可能性。

尚书本无大权，只是从事管理收藏诏书等低级的工作，但是汉武帝对之加中书令官，大大提高了其权力和地位。

尚书受到加官，自然就要从少府中分离开来，不再受公卿的任何束缚。从此，尚书可以与众多内臣一起参与议政，分曹理事。汉武帝身边又多了一个可以委以重任的专门参政、办事的心腹。

内朝制度的建立完善，在中国政治制度史上具有重大意义。汉武帝不再需要像对田蚡那样，亲自出面与丞相争权，皇权与相权的冲突完全可以采取隐蔽的非正式的形式解决。在这种情况下，外朝的独立性日渐衰微，对皇权的依附性则逐渐加强。汉武帝将处理政务的实权由外朝转移到自己直接控制的内朝，大大加强了皇权专制统治。

三、打击豪强

在加强皇权专制统治的同时，汉武帝对地方豪强也进行了严厉的打击和削弱，以缓和阶级矛盾，巩固西汉的政权。

豪强，又称豪族、强宗大姓、豪民、豪右等，是指那些横行不法、鱼肉百姓的地方势力。有的豪强本身就是贵族、官僚；有的虽然无官无职，却占有大量土地和宗族、宾客等依附人口；有的还从事冶铁、煮盐、铸钱等工商业活动。

这些豪强势力一般都是聚族而居，仗着自身强大的势力，违法乱纪，以致谋反中央，成为中央政权的极大隐患。

为了稳定政权，汉武帝决定采取两种措施来对付地方豪强：一是迁徙，二是诛杀。

迁徙豪强势力到关中，调整关中与关东地区的人口结构，是西汉之初的一项基本国策。

西汉建立初期，齐国卢县（今山东济南长清）人刘敬建议刘邦把六国贵族后裔和豪强大族强行迁到关中地区，这样做，当国内平安无事的时候，可以依靠他们防备匈奴；如果所封诸侯发生叛乱，也能率领他们进行讨伐。不过，当时高祖迁徙的主要对象是齐国的田氏各族，楚国的昭、屈、景三大宗族，韩、赵、魏、燕等国的后裔以及开国元勋、豪门名族的家族。高祖时期，这些人被迁入关中，安置在长陵邑（今陕西咸阳东北）。但是，汉初禁网疏阔，减轻刑罚，地方豪强仍然大有发展，各地出现了一批横行乡里的地主恶势力、横行霸道的强宗豪右和地方官僚。他们有的与诸侯王相勾结，利用封建宗法关系，拉帮结伙，招纳宾客，独霸一方。这种现象的出现必然不利于中央集权统治，不利于朝廷政策的实行和社会安定。

建元二年（前139年），汉武帝开始为自己修建茂陵。第二年，他效仿先祖的做法，将一批人迁至茂陵邑（今陕西咸阳），并下令赐给每户钱二十万、田二顷。元朔二年（前127年），主父偃建议迁豪强大族于茂陵，据《史记·平津侯主父列传》记载：

> 茂陵初立，天下豪桀并兼之家，乱众之民，皆可徙茂陵，内实京师，外销奸猾，此所谓不诛而害除。

汉武帝欣然表示同意，并于当年夏天下诏将郡国豪强及家资在三百万钱以上的迁到茂陵。这是汉武帝第一次迁徙关东豪强，后来还有两次，一次是在元狩五年（前118年），迁天下奸猾之人到边地。所谓奸猾之人，是指贪官污吏、巨富、游侠之类的人。另一次是太始元年（前96年），又迁郡国吏民豪杰到茂陵、云阳（今陕西淳化西北）。

在汉武帝往关中迁徙豪强的过程中还发生了一件非同寻常的事情，即对游侠郭解的迁徙与诛杀。

郭解，河内轵县（今河南济源南）人，他的父亲也曾是一位游侠，在文帝时被杀。他身材矮小，但是生性残忍，蛮性十足。既能为朋友两肋插刀，也能残忍地杀害朋友。且屡屡窝藏亡命之徒，又私自盗铸钱币、偷掘坟墓盗取殉葬财物，是一个无恶不作的江湖浪子，令官府头疼不已。虽然随着年龄的增长，郭解性格有所改变，学会了以德报怨，常常给人以无私的帮助，有时救了人也不夸耀自己的功劳，但是他的内心仍然残忍狠辣，为了小事怨怒行凶的事依然会发生。

元朔二年（前127年），汉武帝接受主父偃的建议，迁徙关东豪强及家资三百万钱以上者到茂陵。郭解的家财本来达不到迁徙的标准，但是地方官都害怕郭解，便把他列入迁徙名单。郭解不愿背井离乡，迁往外地，于是托将军卫青向汉武帝求情："郭解家中贫寒，根本够不上迁徙的标准。"但是汉武帝却摇头说："一介草夫竟然能让将军替他说请，说明他家不贫，而且还挺有势力。"由此可见，汉武帝迁徙豪强并不是以钱财为标准，而是以势力为标准。像郭解这种人，虽然家业不大，但是他的势力和影响却远比那些家资三百万钱以上的富翁大得多，这种人正是汉武帝重点打击的对象。

最终，郭解全家被迁以了茂陵，后来郭解了解到自己之所以被迁徙，是因为轵县杨季主在县里当官的儿子从中捣鬼，但他还没来得及动手，他的侄子就把杨季主的儿子杀了。从此，郭、杨两家结下了仇怨。不久，杨季主又被人杀害。杨家的人去京城告状，也在宫前被杀死。汉武帝得知此事后，下令逮捕郭解。郭解将家属安置在夏阳（今陕西韩城境），自己逃到临晋（今陕西大荔境）。过了很长时间，郭解终于被官府抓住，经追查他的罪行，发现他所犯的案子都在大赦以前，不能降罪，只得作罢。

有一次，河内轵县有个儒生陪同前来查办郭解案件的使者闲坐，其中有人称赞郭解为人仗义，这个儒生说："郭解专做作奸犯科、违背律法的事情，怎么称得上是贤士呢？"这话被郭解的同伙听到，几天之后，人们在街头发现了这个儒生的尸体，不仅脑袋搬了家，连舌头也被割掉了。郭解也不知道是谁杀了儒生，官府追查不到凶手，只得判郭解无罪。但御史大夫公孙弘说："郭解以平民身份为任侠，玩弄权诈之术，因为一点小事就杀人，进行报复。这件事郭解虽然不知道，但是比郭解亲自杀人还要严重，说明他已经成为地方上的严重隐患，应该判大逆不道之罪。"汉武帝觉得公孙弘言之有理，于是下令诛灭郭解全家，郭解本人也被腰斩①于城门之下。

郭解作为一个典型例子，给豪强们敲响了警钟，其他如郭解那样的人不得不收敛自己的行为。

西汉一朝共迁徙过八次豪强，其中，高祖一次，武帝三次，昭帝一次，宣帝三次。他们把移民迁到关中，赏赐钱、田宅，并从中选拔有才

---

① 腰斩：古代一种极其残酷的刑罚，从腰部把身体斩为两截。

之士到朝廷中任职，使他们成了西汉朝的支持者、拥护者。据史料记载，汉武帝期间的许多重要官员就是从这些移民后裔中选拔的，比如袁盎，原是楚国盗贼之子，迁到安陵后，历任陇西（今甘肃临洮南）都尉、齐相、吴相。

统治者将关东地区的豪强、富户等迁到关中后，这些人大部分转化成维护汉王朝统治的坚实力量，同时也使关中地区的劳动力、经济实力等都得到了明显的增长。事实证明，迁徙豪强这一政策对加强中央集权是非常有利的。

迁徙关东豪强到关中算是打击地方势力的一种柔和政策，而任用酷吏诛杀豪强就残酷的多了。

景帝时，济南大族瞯氏奸猾不法，令郡守头疼不已，又无可奈何。于是，景帝任命酷吏郅都为济南郡守。郅都一到任便采取以暴制暴的手段，诛杀瞯氏首恶，杀一儆百，济南从此大治，郡中路不拾遗。汉武帝决定学习父皇的做法，任用酷吏打击奸猾不法的豪强大族。

义纵，河东郡（今山西夏县西北）人，年轻时是一名强盗。他的姐姐义姁精通医术，受到王太后赏识。武帝秉承母后之意，召义纵为中郎，不久便让他到上党（今山西长子）做县令。义纵以严刑峻法管理治所，县无逋事，后又到长陵当县令，再调长安令。这两个地方有很多贵戚近臣，但义纵毫不畏惧，执法不避贵戚，依法收捕了王太后的外孙、汉武帝的姐姐修成君之子——修成子仲。汉武帝见他忠诚能干，提拔他为河内（今河南武陟西南）都尉。义纵到任后族灭了穰氏等豪强大族。接着，汉武帝又提拔他为南阳太守。南阳也是一个很难治理的地方，义纵上任后仍以杀伐立威。当时有一个同样颇负盛名的酷吏叫宁成，他非常富有，购山田千余顷，又转租给贫民，从中获取丰厚的利润。宁成罢官居家时，仗着强大的财力横行乡里，威重郡守。义纵到任后依法诛灭宁成全家。另外两家豪强大族孔氏、暴氏听说之后仓皇逃往外地，再也不敢为非作歹。

与义纵同一时期的王温舒也是一位酷吏。王温舒是阳陵（今陕西咸阳东北）人，年轻时也是个打家劫舍的强盗，后来被县令任命为亭长，累官至广平（今河北鸡泽东南）都尉。他在郡中选了十几个勇士为手下，让他们追捕盗贼，谁不愿意就灭其宗族，于是，很快广平便安定下来。汉武帝听说王温舒的事迹后，派他到河内担任太守。

王温舒在广平都尉任内便知道河内有不少豪奸之家，他到达河内后，准备了驿马50匹，设置从河内到长安的驿站，他采取以前的手段，逮捕郡中豪猾，连坐千余家。与此同时，他还上书请示"罪大的灭族，罪小的处死，农产全部没收偿赃"。由于他事先准备好了驿马，这次从上奏到审批仅用了两天时间。皇上的奏折刚批下来，王温舒就将案犯处死，行动极为迅速，以致那些想走后门托关系的还没来得及行动就人头落地了。王温舒这次杀的人很多，以至于"流血十余里"。经过这次重击，河内的治安明显好转，郡内再无盗匪出现。

打击地方豪强势力，就是打击分裂割据势力的社会基础，是从政治、经济上加强中央集权的不可缺少的措施。汉武帝对于豪强的打击，不仅在政治、经济上加强了中央集权，而且对社会安定、缓和阶级矛盾、削弱地方豪强对农民的压迫和盘剥等方面都起到了积极作用。

四、推恩削藩

除了地方豪强，地方诸侯也是一个不安定的因素。

西汉建立初期，刘邦论功行赏，先后封了8个异姓王，占据汉王朝的半壁江山，由此埋下了诸多祸根。天下安定后，朝廷与异姓王互相猜忌，矛盾四起。

汉高祖五年（前202年），燕王臧荼起兵谋反，刘邦亲自领兵平叛；高祖六年（前201年），刘邦亲征韩王信，韩王信兵败逃往匈奴；高祖八年（前199年），赵王张耳的儿子张敖被贬为宣平侯；高祖十一年

（前196年），淮南王英布谋反；同年秋刘邦又派人攻打燕王卢绾①，卢绾败走匈奴……7个诸侯王或灭或贬或逃，只有长沙王吴芮势力薄弱，平安传到第五代吴著时无嗣而绝。

铲除异姓王后，刘邦杀白马，与诸位大臣歃血为盟，声称："非刘氏而王者，与天下共击之。"然后又分封了几个同姓王：楚王刘交②、齐王刘肥③、荆王刘贾、赵王刘如意④、淮南王刘长、淮阳王刘友⑤、梁王刘恢⑥、代王刘恒、燕王刘建。一时间，诸侯占据全国大片领土，其中齐、楚、吴⑦土地最大，几乎与中央平分天下。当时，全国54个郡，诸侯国占39个，归朝廷管辖的只有15个。这样一来，在西汉的领土中，中、西部的一小半地区听命于朝廷，而北、东、南的大片地区则归属诸侯。

汉高祖这样大分天下，而且"非王姓不封"，是想依靠亲情和血缘来坚固汉室江山，使社稷永存。然而现实很残酷，刘邦的美梦很快就破灭了。

这些诸侯王被分封时，有的年纪小，有的势力弱，都构不成威胁，但是到文帝时，诸侯王的势力迅速发展壮大起来，大的藩镇横跨州郡，连着数十城，藩王营建的宫室、设置的百官等与朝廷的规制一样。有的诸侯国甚至不再使用汉法，而是自立法令，跟天子没什么区别。这种情

---

① 卢绾：沛郡丰邑人，汉高祖刘邦的同乡，且与刘邦同一天生日。随刘邦起沛，后入汉为将军。楚汉战争时官至太尉，西汉建立后被封为燕王。公元前196年谋反，失败后奔走匈奴，后死于匈奴。

② 刘交：字游，沛郡丰邑（今江苏徐州丰县）人，汉高祖刘邦同父异母弟。汉高祖元年（前201年），封楚王。

③ 刘肥：汉高祖刘邦庶长子，汉惠帝刘盈异母兄。汉高祖六年（前201年），受封齐王，定都临淄，统辖73城，成为西汉最大的诸侯国。

④ 刘如意：汉高祖刘邦第三子，汉惠帝刘盈异母弟，母亲为戚夫人。汉高祖七年（前200年）封代王。九年（前198年）改封赵王。

⑤ 刘友：汉高祖刘邦第六子，汉惠帝刘盈异母弟。汉高祖十一年（前196年）受封淮阳王。

⑥ 刘恢：汉高祖刘邦第五子，汉高祖十一年（前196年）受封梁王。

⑦ 吴：指吴国，公元前195年，刘邦因担心江东人士不服皇权，故封刘濞为吴王，并改当年刘贾所封的荆国为吴国。

况严重影响了封建王朝的统一，削弱了中央集权。

随着诸侯势力的逐渐增强，朝廷与地方诸侯的矛盾日益激化，朝野上下人心浮动，惴惴不安。文帝时，贾谊痛陈天下形势之弊端，认为必须立即削弱诸侯势力，在原有诸侯王的封地上分封更多的诸侯，从而分散削弱他们的力量。文帝采纳其言，将齐国一分为六，淮南一分为三。景帝时，晁错提出"削藩"口号，企图削弱诸侯国的势力，各路诸侯对此十分不满，打出"清君侧"的旗帜，蓄意谋反，由此引发"七国之乱"。战乱平息后，景帝采取了一系列措施来钳制诸侯的势力。

但是，诸侯的势力仍然不可小觑，令大臣们心有余悸。汉武帝即位后，大臣们推行前朝抑制、打击诸侯王的政策，经常汇报和揭发诸侯王的过失和劣迹，有时还叫来诸侯王的部下，迫使他们检举诸侯王的罪过，以进一步削弱诸侯王的势力。自贾谊、晁错以后，大臣们一致认为，要强化皇权，就必须削弱诸侯国。这一形势着实令各诸侯王心惊胆战，惶惶不可终日。

建元三年（前138年），代王刘登、长沙王刘发、中山王刘胜、洛川王刘明来京朝见汉武帝，汉武帝设宴加以款待。在宴会上，刘胜突然放声痛哭，向武帝哭诉官吏侵夺、欺凌诸侯王的种种恶行。

刚刚继承皇位的汉武帝，既要限制诸侯王势力的膨胀，防止他们对自己的帝位造成威胁，又要利用血缘关系来维护统治。为了笼络宗室，他故作深受感动的样子，当即下诏优待诸侯王，废除有关官吏检举诸侯王不法行为的文书，以示天子对宗室的亲属之情。对此，诸侯王们心中甚为欢喜。

然而，正是在汉武帝这个恩惠政策的怂恿和鼓励下，有些诸侯王的内心又骚动起来，开始进行不法活动，交结公卿，觊觎皇位，在封国不奉汉法，淫佚乱伦，残杀无辜，造成了社会的不安、皇权的动摇。汉武帝既愤懑，又忧心，他知道要想加强中央集权，必须继续削弱封国的权力。元朔二年（前127年），他采纳主父偃的建议，颁布推恩令。

在主父偃的奏书中，最打动汉武帝的是下面的一段内容：

古者诸侯不过百里，强弱之形易制。今诸侯或连城数十，地方千里，缓则骄奢易为淫乱，急则阻其强而合从以逆京师。今以法割削之，则逆节萌起，前日晁错是也。今诸侯子弟或十数，而適嗣代立，余虽骨肉，无尺寸地封，则仁孝之道不宣。愿陛下令诸侯得推恩分子弟，以地侯之。彼人人喜得所愿，上以德施，实分其国，不削而稍弱矣。

意思是以"推恩"的方式来分化、削弱诸侯王。其实，主父偃的主张并非新创，文帝时贾谊就曾提出"欲天下之治安，莫若众建诸侯而少其力"的建议，文帝纳之分齐为六、分淮南为三；景帝继续推行这一政策，分梁为五。主父偃的主张其实与贾谊如出一辙，只不过他冠以"推恩"的美名，使之不再那么残酷罢了。

汉武帝一直在为诸侯王的事情而头疼，眼看着诸王为非作歹，危害皇权，又无计可施，如今这一大难题竟然被主父偃一封奏书就解决了，而且这个提议很合乎汉武帝"外施仁义"的策略，因此，他欣然接受下来，很快下诏："诸侯王中有人想推广自己所享受的恩惠，分封领地给众子弟者，可一一奏报，朕将亲自给他们确定封邑的名号。"

诏令颁布后，在汉武帝的暗示下，梁王刘襄、城阳王刘延首先做出表率。

元朔二年（前127年），梁王刘襄、城阳王刘延共同上书，上奏请愿将部分属邑分给其弟。汉武帝马上予以批准。有人带头，各诸侯王也纷纷跟随，请求推恩。按照推恩制度，他们的子弟必须由皇帝以"推恩"的名义授封，封土是从诸侯王的领地中分割出去的，而不是朝廷直接掌握的县邑。如此推恩，推到后来，诸侯封地自然越分越小，诸侯的势力日益削弱，再也不足以与朝廷抗衡，只能心甘情愿地接受朝廷的控制和支配，才能生存下去。

从元朔二年（前127年）至征和二年（前91年），汉武帝共推恩分封王侯178人。有的诸侯王国最多分封为33个侯国，一般的也分封为10多个侯国。

推恩令名义上是皇帝施以恩德，实际上是剥夺了诸侯王的政治、军事权力，缩小了诸侯王的地盘，此后"大国不过十余城，小侯不过数十里"。推恩分封的小侯国，只能"衣食租税"，不再享有政治特权。这就使很多有权有势的诸侯王的势力大为减弱，对加强中央集权起到了很大作用。

然而，要想让诸侯王自行消失，不是一件短期能做到的事情，需要经过几代人的时间。但汉武帝可没这么大的耐心，他要立竿见影，想在自己有生之年解决诸侯王国的问题。因此，他在对待诸侯王的问题上做了两手准备，一边推恩，一边对反抗推恩令的诸侯王施以重锤，一击置之于死地。

淮南王刘安是汉武帝的堂叔，也是抵制推恩令的诸侯王之一。他有两个儿子，太子刘迁和庶长子刘不害，刘迁是法定的王国继承人，但刘不害却因父亲的不推恩得不到半寸封地，内地十分不满。刘安之所以不推恩，是因为他正图谋不轨，相机举事，想保存实力。早在"七国之乱"时，刘安就想要发兵响应，只是因为操作失误才侥幸逃过一劫。景帝去世后，他以汉武帝的长辈自居，以好读诗、善鼓琴、礼贤下士来收拢人心、求取名声，广致四方宾客几千人，并积极著书立说，编成《淮南子》一书，大谈道家神仙、修身养性之术，这显然是想与尊儒的武帝唱对台戏。

起初，汉武帝对这位博学善文的堂叔非常谨慎，每每朝见宴会，都是礼遇有加；凡发往淮南的诏令赐书，多由司马相如过目审读后再发出，以免出现纰漏。但刘安一直有夺位之心，他门下的宾客也是经常妄言鼓吹。建元六年（前135年），东方出现彗星。有门客对刘安说："先前吴军起兵时，彗星出现仅长数尺，而兵战仍然血流千里。现在彗星长至满天，天下兵战应当大兴。"刘安听了十分心动，下令加紧训练人马，制造兵械，联络四方。同时派聪明过人、能言善辩的爱女刘陵入长安，做汉宫内应，他自己则日夜与谋士加紧策划、布置。

刘安的同胞兄弟衡山王刘赐也与刘安串通，企图借支持刘安夺取皇位来为自己谋求江淮一带的地盘。他们甚至私下刻制了登基用的天子玉玺和文武百官的印绶，但这次叛乱还没来得及发动就被人告发，而告发人正是因刘安拒绝推恩而怀恨在心的孙子刘建。

元狩元年（前122年），淮南、衡山二王谋反之事彻底败露，汉武帝召集群臣商议此事，大臣们都认为谋反者应该伏法。结果，刘安、刘赐畏罪自杀，二国被除，淮南国改为九江郡，衡山国改为江夏郡，均收归朝廷。当时卷入叛乱阴谋的株连者达数万人。

经过这一场空前株连大狱，有谋逆迹象的诸侯全部被肃清。汉武帝意识到有必要加强对诸侯王的控制，于是重申《左官律》《阿党法》《附益法》，用以限制和打击诸侯王国势力。

在《左官律》等三法的限制下，诸侯王国的经济实力越来越弱，人才资源趋向枯竭，再也构不成对中央朝廷的威胁。不过，汉武帝仍然不敢掉以轻心，又进一步采取了削弱诸侯王国势力的措施。

元鼎五年（前112年），南越发生叛乱，齐相卜式上书给武帝，愿父子从军，效死疆场。汉武帝下诏表扬卜式，并封他为关内侯，布告全国，号召各诸侯向他学习。但是没有几人响应，全国几百列侯无一人要求从军。汉武帝非常生气，在这一年进行年度祭祀时，他利用"酎金事件"，又进一步消弱了诸侯王的势力。

当时，按照汉朝制度，皇帝每年八月都要到宗庙主持大祭，叫作"饮酎"。"酎"是一种在正月开始酿造，到八月饮用的醇酒。饮酎时，所有参加祭祀的诸侯王，都要奉献助祭的黄金，称为"酎金"。

酎金的成色与份量是有严格规定的，且数量以百姓人口数计算，每千口奉金4两，人口越多，酎金量越大，这对诸侯王来说是一种沉重的负担。为了减轻负担，诸侯王便开始以少充多，以次充好。酎金最终进入国库后不会再筛选，朝廷也不曾在此事上深究。因此，这种偷工减料的做法，诸侯王屡试不爽。

在元鼎五年（前112年）的祭祀中，诸侯王又如法炮制。但正伺机而动的汉武帝这次不会让诸侯王蒙混过关,他严查酎金份量并立即抓住此事作为口实。西汉以孝治天下,对祖宗祭祀不诚是最大的不孝,这一罪名不容小觑,王侯们大惊失色,面面相觑,但一切已无可挽回。

抓住真凭实据后,汉武帝宣布夺去"献黄金酎祭宗庙不如法"的106位王侯的爵位,收其封国归于汉郡。

另外,因无嗣而除国的也有很多,比如清河王刘乘、山阳王刘定、胶西王刘端等。侯国越来越少,到武帝太初年间,高祖刘邦当年封的100多名列侯已寥寥无几。

这样看来,汉武帝不愧是个谋略家,他恩威并施,有效地解决了延续近一个世纪的诸侯王问题,巩固了中央集权的体制。

五、选贤用能

汉朝建立初期,选官制度还很不完善,官吏通常从封建诸侯、军功贵族集团中选拔。比如丞相的选用,从高祖到景帝,汉朝12任丞相都是由列侯一类的军功贵族来担任。御史大夫也一样,除晁错是博士出身外,其余大部分都是列侯。这样的选官制度称为选贵制。

当时的官吏选拔还有任子制和赀选制。所谓任子制,是指凡俸二千石以上的高级官员,且官龄满三年以上的,可以恩荫子弟一人选入中央郎署为郎。这种制度就是一种变相的世袭制,根本没有改变封建贵族世代为官的现象,甚至有愈演愈烈的迹象。

赀选制是指根据家庭财产多少而选官的制度,高赀为郎,低赀为吏。这种制度是文帝兴起的,当时的赀选标准为十算,即家产10万钱。到景帝后元二年(前142年),赀历选取标准降为四算,即家产4万钱。从当时的情况来看,10万钱相当于中产之家,4万钱则是中产以下。一些家境相对贫寒的人也有机会被选拔为官。

以上三种以贵、亲、富为原则的任官制和选官制虽然也选拔了一些公卿名臣,但始终没有改变选拔人才参差不齐、官吏制度滋生弊病的整体现象，还造成了众多具有真才实学的人被埋没乃至流失，终身得不到重用的后果。

不过，汉初几代帝王总的来说还是秉承选贤择能的用人传统，比较尊贤重士。比如高祖十一年（前196年），刘邦下求贤诏说："上古时代称王称霸、有所作为者如周文王、齐桓公等，都是依赖于贤能之士的帮助。现在汉朝建立不久，需要大批人才帮忙治国安邦，而且到处都有贤能，大家踊跃地站出来为我们出力吧，国家不会亏待大家的。"他这样说的目的是想从社会上广泛选举贤士。

求贤诏由相国转发至各诸侯王，由御史中丞转发到各地郡守，命令他们在自己的辖区发掘人才，必要时还应亲往劝勉，并举荐到相国府，后用公车送到京师，入朝为官。这就是察举制与征召制的雏形。

汉文帝时期，察举制度大体形成。汉文帝前元二年（前178年），文帝下诏："举荐才能出众、品行端方、能以正直的言论进谏之人。"汉文帝前元十五年（前165年），他又下诏："由地方郡守和诸侯王考察荐举贤能之人到中央来。"并且定下了考试和等第标准。

但是，由于汉初招贤举士没有被制度化、常规化，因此自高祖以后到武帝即位的几十年间，只举贤良两次、选孝廉两次。直到汉武帝时，察举制才完备，相继推出各种规定。

汉武帝从小受过良好的教育，极为重视贤士大夫的选用，他刚即位就派使者用安车蒲轮①征召文学家枚乘入仕，只可惜枚乘年迈，死于途中。随后，汉武帝又召枚乘之子枚皋到京城，让他担任只有贵族和高官子弟才有资格担任的高级侍卫郎官。由此可见，少年天子想改变朝廷中的官员构成，打破军功贵族垄断政权局面，向贤士大夫、文人术士敞开入仕的大门的决心。

为了巩固皇权、加强中央集权，汉武帝大胆改革用人制度，直接或

---

① 安车蒲轮：安车是古代用一匹马拉的小车，车上可以安坐。蒲轮是车轮用芳香的蒲叶包裹着。汉代皇帝在征召年高的贤者入朝时，就派出安车蒲轮接送，以使车马平稳缓驰而不颠簸，表示朝廷对老者的关怀与礼敬。

间接地把选拔官吏的权力掌握在自己手中。他屡下诏令,并采取有效措施,废除旧日取贵、积久致官的陋习,彻底打破列侯拜相制,逐渐建立起了一套完备的选官系统。这套系统包括两种选官制度:一是察举制,二是太学养士制。

察举制由周代的乡举里选"秀士"和诸侯每岁"贡士于天子"的制度演绎而来,类似于后来的选举制,是通过朝中文武百官的选举与考试相结合的一种选官制度。察举制初分贤良与孝廉两科。

贤良科重学识才干,为优秀人才;孝廉科重德行,为模范人才。贤良科通常只在国家有大事时,比如旧主去世或新主初立,或有大庆典、大灾荒等的时候卜诏各地选举贤良,是不定期选举。孝廉科则定期举行。

察举贤良孝廉都是由天子下诏举行的,所以又称为"制选",因一切考核科目均由天子确定,又叫"科选"。无论是皇亲国戚还是布衣平民,不管是治经还是治诸子百家说,只要经过诸侯王、公卿、郡守的推荐,便可被推举,取得入选竞争权,然后经过上层机构的审查,合格者便可被选任录用。被举的孝廉,多在郎署供职,由郎迁为尚书、侍中、侍御史,或外迁任县令、长、丞、尉,再迁为刺史、太守等。

刚开始时,孝廉科并不被郡守重视,全国各郡中竟然没有一个孝子、廉吏被举进京,汉武帝为此十分恼怒,于元朔元年(前128年)下诏,要求把举孝廉定为郡守考核内容,不举孝便是不奉诏,将以不敬罪论处;不察廉便是不称职,将处以罢官免职的惩罚。从此,各郡国再也不敢懈怠,察举制度终于可以顺利推行。

汉武帝以法律的形式规定官员不荐贤有罪,荐贤有赏,使察举制度进一步得到了完善,渐渐成为汉代选拔官吏的主要途径。他还将举贤良孝廉限定为四科:一是德行,二是经学,三是法律人才,四是行政人才。如此一来,汉王朝的官僚机构成了一个德才齐备的强大部门。

元封五年(前106年),汉武帝又增加了茂材异等科。因为当时杰出的军事将才卫青、霍去病及朝中重臣董仲舒、公孙弘等相继去世,而新选拔上来的官员又经验不足、良莠不齐,因此造成了全国大多数官员能力素质下降,国家缺少栋梁之材的局面。汉武帝之所以新设茂材异等科,正是为了选拔特异人才。汉武帝认为,凡要建立不平常的功业,一定需要不平常的人才。有的马虽然骑上它时狂暴踢人,但是它能驰达千里;有的士虽然被世俗嘲讽看不起,但他能建功立业。对于这样的人才,关键在于如何驾驭。因此,他下令州郡察举才干足以担任将相及出使绝远国家的茂材异等。察举茂材异等成为两汉时期一种不定期的选官制度而流传下来。

汉代选官制度还有一种叫征召制。征召制其实就是聘任制,朝廷可直接征求召见贤才高士,凡是入围应征的,皇帝都要亲自召见,不需要经过策试便可授职录用,进京为官。当时汉武帝对人才的征召主要有两种形式:普通征召和个别征召。

普通征召就是从社会上征召有某种特长和品德高尚的人。比如元光五年(前130年),汉武帝向各地征召明晓当世政务、熟知古代圣王治国之道的人到朝廷任职,由地方官府供给伙食,并令其随上计的官吏一起到京师;元狩六年(前117年),汉武帝下诏,派博士褚大、徐偃等6人循行天下征召,推举特立独行的君子,到皇帝巡狩所在的地方。这种征召通常一次不止一人,可能有几人、几十人,甚至更多。皇帝亲自面试被征召的人,了解其特长、志趣,然后授予其官职。

个别征召是指征召有特长之人,如枚乘、枚皋、司马相如、鲁申公等人就是如此。

此外还有太学养士制、公车①上书制等一系列的选官制。太学养士制是通过国立太学尽数延揽天下之士,选拔培养郎吏,是一种教育与选官相结合的制度。汉武帝对吏民上书极为重视。吏民的上书质朴、直白,能够针砭时弊地提出朝廷中存在的问题。汉武帝在宫中设置了专门

---

① 公车:官署名,是卫尉的下属机构,长官为公车司马令。

机构，以接待这些吏民上书。此事由卫尉一级的公车司马令受理，有时汉武帝还亲自召见公车上书的人。

通过公车上书，汉武帝掌握了许多隐匿的下情，加强了与臣民之间的联系，并且发现、收罗了许多优秀人才，如东方朔、主父偃、朱买臣等贤臣都是这样挖掘出来的，此外还有一些精通医、卜、音律、历算、方术方面的人才。

察举制、太学养士制是汉代常规化的入仕之道，察举侧重选举与考试，太学侧重读经与考试，能够择优选官。但是，这两种制度存在一定的局限性，那就是普通百姓不可能有机会上太学、被察举，这样就容易造成人才流失，而征召制和公车上书制恰好能弥补察举与太学养士制度的不足。

在汉武帝的选官制度成形完备后，任子制与资选制被淘汰出局，察举制中的贤良和茂材异等成为郎吏的主要来源，这些贤良官员长期接受皇权至上的熏陶与培养，对君主绝对忠诚。汉武帝根据自己的需要，量才录用，派他们去中央和地方官府任职，为至高无上的皇权效劳，有效充实和加强了中央及地方的封建统治机构，对当时社会政治、经济、文化的发展起到了一定的推动作用。比如经学家董仲舒、政治家主父偃、文学家司马相如、军事家卫青，加上公孙弘、韩安国、郑当时等，共同构成了牢固的以皇权为中心的官僚机构，出现了"汉之得人，于兹为盛""兴造功业，制度遗文，后世莫及"的兴盛局面。

汉武帝一朝，大体上完成了由"功臣政治"向"贤臣政治"或"能臣政治"的转变。

六、加强监察

汉武帝通过改革选官制度，牢牢掌握了选拔官吏的权力，为自己选拔、培养了一大批从中央到地方的忠诚官员。但是，随着职位、权势的变化以及时间的推移，对官员的监督也成了加强中央集权的一部分。为此，汉武帝除了命郎署对官员们进行特殊的忠诚教育和训导外，还增设监察机关，建立了严密的督责系统，以加强对各级官吏的有效控制。

秦始皇统一天下后，在中央设置御史大夫，下设御史中丞、侍御史等属官，接受公卿奏事，行使监督、检查、弹劾权力；在地方各郡设置监御史，负责监察所辖一郡之官吏士民。这样全国便形成了一个由御史大夫领导的自上而下的监察体系，虽然不尽完备，但业已初具规模。

汉承秦制，在朝廷中仍建立御史系统来执行监察职责。

在三公中，御史大夫的官秩最低，丞相、太尉秩皆万石，而御史大夫仅为中二千石；丞相、太尉均佩金印紫绶，御史大夫只佩银印青绶。虽然如此，御史大夫的职权却很大。

秦汉时期的御史大夫具有两种职能：一是作为副丞相，协助丞相处理政务；二是"典正法度"，即监督百官。皇帝的诏书首先下发给御史大夫，然后由御史大夫发给丞相，这就充分体现了他的监察权。皇帝的诏书下达后，百官负责执行，至于他们是否执行、执行得如何，由御史大夫负责监督、审查。很多史料记载，重大案件都要上报丞相、御史大夫处理；百官的治绩也由丞相、御史大夫负责评定。在这些事情上，丞相拥有决定权，但丞相权力的使用、事务处理的过程和结果，都要由御史大夫监督。

为了便于自己直接控制，皇帝往往让御史大夫在殿内办事，而别居殿中的御史中丞是御史大夫最为重要的属丞。御史中丞执法中殿，实际上是最高专职监察官，负责纠察百官和丞相，其办公地点设在宫廷中的兰台①。御史中丞居于殿内，接近天子，无形中便有了接受公卿奏事的特殊权力。在武帝之前，天子诏书先经御史大夫下达丞相，再经中丞下达郡守，因此御史大夫就有了为天子监察百官之责。

但是由于西汉初期，社会几近凋敝，高祖、惠帝、文帝、景帝都实行无为而治，丞相总揽朝政，在中央虽有御史大夫，但在地方上却不设

---

① 兰台：西汉皇宫中收藏图书秘籍之处。

监御史，地方监察事务改由丞相根据实际情况，不定期派人深入各地随机调查，由此对地方官吏的监察权完全落入了丞相手中。比如，汉惠帝三年（前192年），在丞相提议下，朝廷先在三辅①地区、后又在其他州恢复监察御史；文帝前元十三年（前167年），因为御史不守法规，下面的官员不能完成职内的任务，文帝便派丞相长史出任州官并督察监察御史。

在无为而治政策的治理下，当时社会平静，百姓富庶，郡国并行，似乎也没必要对全国进行监察，但是到汉武帝时期情况发生了变化。汉武帝连年兴兵，大兴土木，造成财政窘困；地方诸侯、豪强也已经成长起来，势力逐渐增强；吏治败坏，官商勾结，甚至连朝廷派出去的监察人员也被牵扯进权钱交易中，许多地方民不聊生，怨声载道。人祸加上天灾，部分地方的农民破产严重，流民遍地，阶级矛盾日益尖锐。

鉴于这种情形，汉武帝决定改革监察制度，加强对臣僚的督责。他首先集中监察权，取得对文武百官的直接控制权，即在加官内朝制度中，设"诸吏得举法"，削弱御史中丞的权力，让御史中丞不再经手天子诏书、天下奏章。

诸吏是一种加官，任何官职加上诸吏，就成了监察官，职责与御史中丞相同，可以纠举百官。御史中丞秩仅千石，而诸吏秩中二千石，位高权重。诸吏不定员，可多可少，根据现实需要而定。

汉武帝通过诸吏居中检举不法，将监察大权直接掌握在自己手中。但是，随着形势的发展，情况变得愈来愈复杂，诸吏一职已经无法满足现实的需要。内朝干政、诸吏居中举不法，使御史中丞处处受到掣肘，要职无职，要权无权，原本稳固的御史监察系统出现摇摆，无法正常发挥监察百官的作用。结果，豪强趁机而起，二千石长史相互勾结，相互偏袒，结党营私，横行霸道，最终导致社会动荡、人心惶惶，皇权专制

---

① 三辅：西汉治理长安京畿地区的三位官员京兆尹、左冯翊、右扶风，亦指其所辖地区。

统治出现了严重危机。汉武帝设置监察机构，本来是想将之作为天子耳目，没想到层次增多，反而导致高度的官僚化，使之耳目失灵，群情壅蔽。为了适应越来越迫切的监察需要，汉武帝增设了新的监察机构。

一是绣衣直指。绣衣直指，又称绣衣御史，简称直指、使者，是御史系统中的新职。绣衣直指的具体设置时间没有明文记载，不过班固的《汉书·食货志》中有这样一段话：

> 自造白金、五铢①钱后五岁，而赦吏民之坐盗铸金钱死者数十万人……犯法者众，吏不能尽诛，于是……直指夏兰之属始出。

白金币铸于元狩四年（前119年），五铢钱则铸于次年，5年后，即元鼎四年（前113年），夏兰等人被指命为绣衣直指，负责查办盗铸金钱的人。

天汉二年（前99年），在泰山（治所位于今山东泰安东北）、琅琊（治所位于今山东诸城）一带，徐勃等带领农民起义，汉武帝指派绣衣使者暴胜之率军镇压，督察郡国。

继暴胜之后，出任绣衣直指的还有江充等人。武帝下诏让江充负责督察三辅盗贼，监察贵戚近臣奢侈逾礼的行为。事实上，江充对一切违法之事都可以纠举。这是为了加强对京师和三辅的控制而采取的非常措施。

不过，绣衣直指并非常设机构，只是在遇到大案要案时才临时指派人担任，事情结束后就罢免。

二是丞相司直。西汉初期，丞相府的最高官吏是史，秩四百石。汉文帝前元二年（前178年），新设长史，为丞相府的总管，秩千石。史和长史的官位都较低，如同丞相的仆人。

元狩五年（前118年），汉武帝新设司直，为丞相属官，协助丞相检举不法，实际上也有监察丞相的作用，司直秩比二千石，是秩二千石

---

① 铢：古代重量单位。24铢为旧制一两。

中档次最低的一级，上面还有二千石、直二千石、中二千石。但是每次朝会，司直却位居中二千石之前，即位于丞相、御史大夫之后。丞相司直拥有与御史中丞同等的权力，无所不纠。

三是司隶校尉。征和四年（前89年），汉武帝增设司隶校尉，秩比二千石，持节，率领中都（治所在今山西平遥西南）官徒1200人为司隶兵，捕巫蛊，督察大奸猾，负责三辅、三河（河南、河内、河东）、弘农地区（今河南灵宝东北黄河沿岸）的监察。

汉武帝之所以设司隶校尉，是因为征和元年（前92年）丞相公孙贺父子、阳石公主等贵戚都陷入巫蛊案，第二年卫皇后、太子刘据也陷入巫蛊案，为了查明案情，才特设此职。司隶校尉督察的对象包括贵戚、丞相等高官，具有直属皇帝、直接受皇帝指挥的特殊身份，因而可以无所不纠。

绣衣直指、丞相司直、司隶校尉三者共同组成了中央监察系统，且相互鼎立，相互监督，同时又都受制于内朝诸吏，这样，汉武帝就严密地控制了百官的一言一行。

此外，为了加强对地方的监察、控制，强化中央集权，元封五年（前106年），汉武帝设置十三部刺史，即除京师附近七郡外，把全国分为13个监察区域，每区由朝廷派遣刺史一人，专门负责巡察该区境内的吏政，检举不法的郡国官吏和强宗豪右。

十三部刺史，禄六百石，按照皇帝诏令中规定的条文来监察州郡，内受御史中丞的总领督责，其管区称为刺史部。

据相关史料考证，汉武帝时期，全国有司隶校尉和十三州刺史共十四部，其中司隶校尉部辖京师附近七郡，其余十三州刺史部所监隶的郡国，分别是：

豫州刺史部，监三郡一国，即颍川郡、汝南郡、沛郡、梁国，辖境约相当于今淮河以北、伏牛山以东的豫东、皖北地。

徐州刺史部，监三郡四国，即琅琊郡、东海郡、临淮郡、泗水国、广陵国、楚国、鲁国，辖境相当于今江苏长江以北和山东东南部地区。

青州刺史部，监六郡三国，即平原郡、千乘郡、济南郡、北海郡、东莱郡、齐郡、胶东国、高密国、菑川国，辖境相当于今山东东部、北部和河北吴桥县地。

兖州刺史部，监五郡三国，即东郡、陈留郡、山阳郡、济阳郡、泰山郡、城阳国、淮阳国、东平国，辖境相当于今山东省西南部及河南省东部。

冀州刺史部，监四郡六国，即魏郡、巨鹿郡、常山郡、清河郡，广平国、真定国、中山国、信都国、河间国、赵国，辖境相当于今河北中南部、山东西端及河南北端。

荆州刺史部，监六郡一国，即南阳郡、江夏郡、桂阳郡、武陵郡、零陵郡、南郡、长沙国，辖境相当于今湖北、湖南两省及河南、贵州、广东、广西的一部。

益州刺史部，监八郡，即汉中郡、广汉郡、巴郡、蜀郡、犍为郡、越巂郡、牂柯郡、益州郡，辖境相当于四川折多山、云南怒山、哀牢山以东，甘肃武都、两当和陕西秦岭以南，湖北郧县、保康西北、贵州除东边以外地区。

扬州刺史部，监五郡一国，即庐江郡、九江郡、会稽郡、丹阳郡、豫章郡、六安国，辖境相当于今安徽淮水和江苏长江以西及江西、浙江、福建三省，湖北英山、黄梅、广济，河南固始、商城等县地。

朔方刺史部，监四郡，即朔方郡、五原郡、西河郡、上郡①，辖境相当于今银川至壶口的黄河流域，北托阴山南北，南迄陕西宜川、宁县一线。

交趾刺史部，监七郡，即南海郡、郁林郡、苍梧郡、交趾郡、合浦郡、九真郡、日南郡，辖境相当于今广东、广西的大部和越南的北部、

---

① 上郡：秦代治所在肤施县（今陕西榆林东南）。西汉时辖境相当今陕西北部及内蒙古乌审旗等地。

中部。

凉州刺史部，监十郡，即安定郡、北地郡、陇西郡、武威郡、金城郡、天水郡、武都郡、张掖郡、敦煌郡、酒泉郡，辖境相当于今甘肃、宁夏和青海湟水流域，陕西定边、吴旗、凤县、略阳等县。

并州刺史部，监六郡，即太原郡、上党郡、云中郡、定襄郡、雁门郡、代郡，辖境相当于今山西大部和内蒙古、河北的一部。

幽州刺史部，监九郡一国，即渤海郡、上谷郡、渔阳郡、右北平郡、辽西郡、辽东郡、玄菟郡、乐浪郡、涿郡，广阳国，辖境相当于今河北北部、辽宁大部分及朝鲜大同江流域。

以上十三州部刺史与司隶校尉所监三辅、三河、弘农共103个郡国，形成了一张严密的监察网，使全国上下的文武百官都处于监察之中。

《汉官·典职仪》中对十三部刺史监察的具体内容有记载：

刺史班宣，周行郡国，省察治状，黜陟能否，断治冤狱，以六条问事，非条所问，即不省。

所谓六条问事，是指在规定的六条范围内，刺史有权监察、询问有关事项。这六条的大意是：

第一，强宗豪右所占田地、住宅超过规定，以强凌弱，借众欺寡者，可问；

第二，二千石大官不遵照皇帝诏书和国家典章制度，损害民众利益以满足私利，侵犯百姓，聚敛为恶者，可问；

第三，二千石大官不认真审理有疑问的案件，草菅人命，仅凭自己喜怒滥施刑罚，冤假错案频发且发生了灾害却瞒报者，可问；

第四，二千石大官在选拔人才时徇私舞弊，任人唯亲，蔽贤宠顽，埋没贤才者，可问；

第五，二千石大官的子弟凭借父辈的权势，在地方上横行不法，罪有所不罚者，可问；

第六，二千石官员不尽心公职，反而与当地豪强勾结，收取贿赂，贪赃枉法者，可问。

从以上六条可知，其针对性很强，十三部刺史的监察对象主要是二千石级别的郡国守相及其子弟、豪强大族。但六条规定之外的事，刺史不得过问，否则就是越权。

刺史们每年秋八月乘传车①巡行所属郡国，搜集到不法官吏作奸犯科的真凭实据之后，于年底返回京师报告。

十三部刺史脱离了皇帝的诏命就难有作为，说明他们是皇帝的忠实爪牙，只能俯首听命，没有一点独立性。汉武帝通过对监察制度的加强和完善，在中央和地方都制定了专门的监察、法规，将整个国家收入他的掌控之中，大大强化了中央集权。

七、严刑峻法

前206年，刘邦入关后废秦苛法，并与民"约法三章"：杀人者死，伤人者抵罪，盗窃者也要判罪。由此刘邦得到了百姓的拥戴，建立了西汉王朝。西汉建立后，面对新的政治形势，刘邦认为"三章之法不足以御奸"，便命丞相萧何参照秦六律，即《盗律》《贼律》《囚律》《捕律》《杂律》《具律》制订新法。萧何在秦六律的基础上增加《户律》《兴律》《厩律》三章，共九章，称《九章律》。这是汉朝一部重要的法典，是整个汉律的核心和主干。此后，为了弥补《九章律》的不足，刘邦还命叔孙通制订朝仪方面的专律《旁章律》、韩信制订"军法"、张苍定"章程"。

刘邦至汉武帝时期，由于统治者贯彻"无为而治"的治国方针，

---

① 传车：指古代驿站的专用车辆。

律法相对简单稳定,没有较大变化。汉武帝即位以后,由于连年征战,社会矛盾和阶级矛盾日益激化,为了加强司法镇压,开始大规模增修法律。汉武帝命张汤制定有关宫廷警卫的《越宫律》27篇;命赵禹制定有关朝贺制度的《朝律》6篇。这两部法连同《九章律》、《旁章律》合计60篇,后统称汉律。

此后,汉武帝还制订《沈命法》及《通行饮食法》来加强对农民起义的镇压;制订《左官律》和《附益之法》削弱和打击诸侯王的势力;制订《腹诽之法》加强对思想言论的控制。致使汉律内容大增,体系庞杂,刑罚严苛。《汉书·刑法志》记载:

> 律令凡三百五十九章,大辟四百九条,千八百八十二事,死罪决事比万三千四百七十二事,文书盈于几阁,典者不能遍睹。

由此可见,汉武帝虽以尊儒术和重法治相结合的方法来治理国家,但他的治国思想从某种程度上讲是"外儒内法",即披着儒家"仁义道德"的外衣,行"严刑峻法"之实。

此外,为了使汉律能够彻底执行,强化中央集权,汉武帝选拔了一大批铁腕人物来执法,用以打击诸侯王的叛乱,以及豪强、商人、农民的起义活动,这些人就是酷吏。

张汤便是酷吏的代表人物之一。张汤是杜陵人,他的父亲曾经担任长安丞。有一次父亲外出,让张汤在家看门,回来后发现家里的肉被老鼠偷吃了。于是大发雷霆,用鞭子责打了张汤。事后张汤掘开老鼠洞,抓住了偷肉的老鼠,又顺势找到了老鼠吃剩的肉,竟立案拷打审讯起这只老鼠,且认真记录审问过程,进行彻底追查,最终将老鼠及其吃剩的肉都取来,确定罪名,将老鼠在堂下处以磔刑①。

他的父亲看到这一情景,又见判决辞如同办案多年的老狱吏所写,

---

① 磔刑:古代的一种酷刑,将犯人分裂肢体后,悬首张尸示众。

非常惊讶，于是让他学写断案的文书。父亲死后，张汤做了长安小吏。后因与周阳侯田胜有交情，被引见给多位贵族，任给事内史，为宁成掾。因办事无误，又被推荐给丞相田蚡，调任茂陵尉。田蚡将其推荐给武帝，补任为侍御史。

元光五年（前130年），汉武帝命张汤治陈皇后巫蛊案。所谓巫蛊，即祈求鬼神加害于人，或以邪术使人迷惑昏狂。历代均以严刑惩治。张汤极善察言观色，揣摩上意，明白汉武帝不仅是疑心陈皇后，同时想借此机会将其废掉。于是他火速缉拿涉案人等，严刑拷问，用尽所有手段，终于得到口供。他将带血的供词连夜呈送皇宫，汉武帝看后点头赞许，当即下令将陈皇后的亲属等一并擒获。最终300多人被处死，陈皇后被废，贬入冷宫。张汤也因此受到汉武帝赏识，升为太中大夫。

此后，为了讨取皇帝的欢心，张汤更加仔细揣摩皇帝的意图，以皇上的好恶为是非准绳，玩弄刀笔，随意解释法律条文。如果汉武帝有意宽释某人，他就交给平和的监吏审理；如果汉武帝有意严惩某人，他就交给苛酷的监吏审理。遇有疑难案件，他必然事先向汉武帝报告，并为之理清头绪，得到允许后再书于法令《谳法挈令》，以作为日后量刑的标准。

元朔三年（前126年），汉武帝拜张汤为廷尉，掌司法平狱，审断郡国议定报请的疑罪。当时汉武帝正醉心于儒术，一心提倡经学，且董仲舒已致仕，汉武帝多次派遣张汤亲自到董仲舒家中咨询天下得失。董仲舒以万能的《春秋》为审案依据，作《春秋决狱》二百三十二事，然后提供给廷尉作为决狱的标准。张汤由此受到启发，奏请汉武帝以博士弟子补廷尉史，附会《尚书》《春秋》经义治狱量刑。

《尚书》《春秋》经义集中体现了统治者的道德观念和统治意志，以此为标准来治狱，也就抛开了一切法律束缚，可以随心所欲地镇压臣民。汉武帝认为这是一个颇有新意的创举，于是马上将其制度化。

所以，"阳儒阴法"的汉武帝没有将先秦法家"不别亲疏、不殊贵贱、一断于法"的精神发扬光大，而是将儒家的"亲亲、尊尊"的血缘宗法观念与法家以严刑峻法治民的思想结合起来。

在审理淮南王、衡山王、江都王三大谋反案中，张汤穷究党羽，任意杀戮。他最痛恨地方豪强，对其罪行必舞文巧诋，而对羸弱之民往往呵护有加。他拜访诸公卿大僚不避寒暑，对故人子弟为吏者及其"穷兄弟"，也给予很多照应。因此，张汤虽然用法苛酷，仁义之声却传于朝野，与"阳儒阴法"的精神完全一致。这也使张汤越来越得到汉武帝的赏识，他将儒、法这一软一硬的两把刀子挥舞得非常娴熟，忠心耿耿、绞尽脑汁地为君王翦除异己、镇压百姓，在君王的周围架起了一座密不透风的刀山。

元狩二年（前121年），汉武帝提拔张汤为御史大夫。当时山东水灾、旱灾连发，百姓流离失所，生活苦不堪言，皆靠县银度日，没过多久，县库空虚，县官便上奏汉武帝，请求朝廷赈灾。

张汤见灾情紧急，便奏请汉武帝：铸造银钱和五铢钱，垄断天下的盐铁经营权，打击富商大贾，发布告缗令①，铲除豪强兼并之家的势力。

在张汤的建议下，汉武帝广开财路，大发利市。但也并非一帆风顺，富商大贾、豪强大族纷纷表示反对，许多奸吏也趁此机会贪赃枉法，侵吞获利。

因此，汉武帝授意张汤严厉镇压。大司农②颜异③对铸造实际价值与名义价值相差很大的皮币④持反对意见，颜异的宾客也曾在颜异面前批评汉武帝的这些措施，而颜异身为九卿，见措施中有不当之处，却不入朝当面阐述自己的意见，反而加以"腹诽"，汉武帝为此很不高兴。

---

① 告缗令：汉武帝时，奖励告发隐匿财产不报或少报者，以被告人财产的一半奖赏告发者余半入官。

② 大司农：中国古代官名，汉置，负责执掌全国的财政经济。

③ 颜异：西汉琅琊临沂（今山东临沂）人，复圣颜回第十世孙，颜产之子。初为济南亭长，汉武帝时任大司农，因廉洁正直官至九卿，后以腹诽罪被杀。

④ 皮币：白鹿皮币。西汉武帝元狩四年（前119年）发行的货币。因汉苑多鹿，于是收集鹿皮作币材，改鹿皮方尺，缘以藻缋为币，值40万钱。因其作价太高，不久即废止。

张汤察觉了汉武帝的心意，便以腹诽罪论定颜异死罪。

此事震惊朝野，白发苍苍的汲黯质问张汤："你身为朝廷九卿之一，上不能继先帝的功业，下不能化天下之邪心，让你这样的人来当政，百姓们真是没法过日子了。"

张汤不理他，径自走了。后来，有人启禀汉武帝，问大司农位居九卿被张汤判为腹诽罪处死的原因是什么，汉武帝便让张汤自己回答。

张汤说："皇上，腹诽罪就是论心定罪，臣问大司农颜异对皇上颁布的农桑法令有何意见，他嘴唇动了动，虽然话未出口，但臣可以断定他心里对朝廷不满，所以判他死罪。"这以后就出现了"腹诽之法"。办案量刑根本不用证据，只需要说你"腹诽"君主就足够横尸东市。

酷吏中还有一个叫杜周，杜周出生南阳杜衍（今河南南阳西南）。他为张汤服务，被张汤欣赏，然后举荐为御史中丞。后擢升为廷尉。杜周一年办理上千个案件，大的案子能同时逮捕株连几百人，小的案子也要牵连几十人，远者几千里，近者数百里。被拘捕到廷尉府的人，凡是不服的，都要加以掠笞刑讯，按事先规定的罪状认供，大部分被诬告为"不道"以上的罪名，判以死刑。

一时间，朝野上下布满了血腥之气，百姓有冤无处申诉，苦不堪言。大臣们更是不敢多言，只有敢作敢为、刚直不阿的汲黯，仍然对朝政大胆地提出不当之处。虽然被张汤和公孙弘排挤出朝，但仍然公开宣言：御史大夫张汤对皇上极尽溜须拍马之能事。

当然，汲黯一个人的抗议根本无济于事，酷吏们因为有天子撑腰，依然肆意而为。张汤奏事时喋喋不休，汉武帝听得入迷，竟然连饭都忘了吃。汉武帝处理内政外交时只听张汤一个人的意见，酷吏政治完全形成，君主专制稳若磐石，安如泰山。

这样一来，丞相就名存实亡，再加上汉武帝为了加强中央集权，有意削夺相权，并实施监察制，导致汉武帝时期的丞相乃至百官出现的刑狱案件最多。据《资治通鉴》记载：

> 上招延士大夫，常如不足。然性严峻，群臣虽素所爱信者，或小有犯法，或欺罔，辄按诛之，无所宽假。

这段话意思是说，汉武帝招揽天下人才，常感觉不足用。他性格严厉、刻薄，大臣之中有些人虽一向受到信任和爱护，但只要犯点小错，或有所欺瞒，就立刻诛杀，一点也不宽容。汉武帝时期，法令严密，官吏动辄触禁且量刑偏重，往往处以极刑。所杀官员，有的罪有应得，有的却罪不至死，这一点在诛杀丞相上表现得最为明显。

先说丞相李蔡。李蔡是陇西成纪（今甘肃秦安西北）人，名将李广的堂弟。文帝时期，李蔡与李广同为郎官，到景帝时官至二千石，汉武帝即位后被拜为代国国相。元朔五年（前124年），李蔡被任命为轻车将军，随卫青北伐匈奴，因功被封为乐安侯。李蔡从此弃武从政，于元狩元年（前122年）被任命为御史大夫，位列三公，授银印青绶。次年丞相公孙弘病逝，李蔡替补为丞相。李蔡上任后虽碌碌无为，但其任职第四年，汉武帝还是赏赐了阳陵附近一块20亩大小的墓地给他。阳陵是景帝的陵墓，汉武帝这样做是把李蔡看成先帝旧臣，让他死后入葬阳陵墓区，这对臣子来说是一种极大的荣耀。但李蔡不知珍惜，反而起了贪念，趁机偷占了3顷土地，卖了40万钱。后来他又在阳陵神道旁边私自圈占了1亩土地，作为他的墓址。汉武帝知道后大怒，下诏将李蔡关进大牢。李蔡不愿接受审讯，接到诏书后马上自杀了。

从李蔡宁可自杀也不接受审讯这件事可以看出，当时律法之严苛，酷吏执法之残暴。李蔡死后，汉武帝晋升庄青翟为丞相。如果李蔡是罪有应得，那庄青翟则是含冤而死。

元鼎二年（前115年），文帝的陵园被盗，汉武帝大怒。庄青翟深觉此事自己难逃干系，便同御史大夫张汤一起向汉武帝请罪。但张汤一直认为是庄青翟夺去了本应属于他的相位，一直耿耿于怀，到了汉武帝面前不肯承担罪责，且尽推至庄青翟身上，并利用职务之便给庄青翟加了一个"见知故纵"的罪名。庄青翟一时惊恐万分，这个罪名按汉律与窃贼同罪。如果罪名成立，他就死罪难逃了。

当时庄青翟手下有三位长史——朱买臣、王朝、边通，这三个人过去的官职都比张汤高，张汤升为御史大夫后屡次兼任丞相职务，常常借机欺负压制他们。因此，他们内心都很怨恨张汤，现在见丞相庄青翟即将受到张汤的诬陷，他们认为报仇时机已到，就去见庄青翟，并将手中掌握的一些张汤不轨的证据，比如张汤把一些国家机密泄露给身边的田信等人，田信又把这些机密卖给商人，赚了钱后与张汤平分，等等，呈给庄青翟，并对他说："张汤先用宗庙之事控告你，是想取代你做丞相啊。"于是，庄青翟决定先发制人，与三位长史一起上奏揭发张汤。汉武帝大为震怒，责问张汤，起初张汤不服罪。这时，御史中丞减宣①也上奏揭发张汤的不法行为。汉武帝更加恼火，认为张汤狡猾奸诈，竟当面欺骗自己，便多次派人按记录在案的罪证审问张汤，张汤仍然说自己没有罪。汉武帝派赵禹审问张汤，赵禹一见张汤便责备道："皇上哪能不知道情况？你办理案件时，有多少人被诛灭家族？现在人家告你的罪状都有证据，皇上难以处理你的案子，想让你自己想办法，何必狡辩呢？不如就此自决，还可保全家族。"

张汤这才彻底绝望，提笔给汉武帝写了最后一道奏疏："张汤没有尺寸之功，起初只是一个文书小吏，承蒙陛下厚爱才得以位列三公，今无法推卸罪责，然而阴谋陷害张汤的罪人是三位长史。"写完张汤就自杀了。张汤死后，他的子弟想厚葬他，他的母亲则愤怒地说："张汤是天子的大臣，遭受恶言诬陷而死，为什么要厚葬呢？"于是就用牛车拉着棺材，没有外椁，草草安葬了。汉武帝得知此事后，说："没有这样的母亲，生不出这样的儿子啊！"他对张汤的死深感惋惜，下令追查此案，将三位长史全杀了。丞相庄青翟也因牵连被迫自杀。

同样冤死的丞相还有公孙贺。公孙贺当初在被迫接受丞相印时就曾

---

① 减宣：杨县（今山西洪洞西南）人，先在河东太守府任职，后到京城任御史、御史中丞，因做事公正，多次得到升迁。后为右扶风守。以敢于判决疑难案件而闻名。

感叹自己性命堪忧，结果不幸被他言中。太初二年（前103年），公孙贺出任丞相，他的儿子公孙敬声升为太仆。这是一个地道的纨绔子弟，自以为父亲是一人之下、万人之上的丞相，母亲又是皇后的姐姐，自己在皇上身边侍奉多年，便骄横无比，无视王法，擅自挪用北军军饷1900万钱。征和元年（前92年），因事情败露，公孙敬声被捕入狱。当时汉武帝正在通缉阳陵大盗朱安世，公孙贺主动上疏奏请由他办理此案，逮捕朱安世以赎自己儿子的罪，汉武帝同意了。后来公孙贺成功抓到了朱安世，朱安世听说丞相逮捕他是为了给儿子赎罪，恨恨地说："丞相把祸事引到自己家族里了。我是一个罪大恶极的人，我的罪过就是用尽终南山的竹子也书写不完，也不在乎多一条诬陷之罪。"他在狱中向汉武帝上了道奏折，揭露公孙敬声与汉武帝的女儿阳石公主私通，并在皇帝专用驰道上埋藏木人以诅咒皇帝等罪行。汉武帝阅后怒气冲天，严令穷究其事。就这样，征和二年（前91年），公孙贺被逮捕下狱，并被酷吏冠以多条罪名，父子二人死于狱中。

酷吏们以皇权为后盾，以酷杀而著称，不仅穷治犯罪官吏，也诛杀地方豪强大族。《汉书·酷吏传》中记载酷吏有14人，汉武帝一朝就占了9人，他们是宁成、周阳由[①]、赵禹、义纵、王温舒、尹齐、杨仆、减宣、田广明[②]。加上单独立传的张汤、杜周二人，汉武帝一朝的有名的酷吏就有11人。

他们的活动，对于抑制豪强地主的气焰，加强专制皇权，起到了显著的作用。但是有一些酷吏也绝对不是清官廉吏，他们往往以酷行贪，以酷掩贪，这既是他们聚敛财富的主要方式，也是这一时期贪官的重要特点。因此，一批豪强地主被打下去了，一批酷吏贪官却滋生起来，这是汉武帝没有预料到的。

---

① 周阳由：本姓赵，因他的父亲以淮南厉王刘长舅父的身份而被封为周阳侯，遂改姓周阳。以外戚任为郎，事文帝。景帝中，为郡守。武帝时，于二千石中最为暴酷骄恣。

② 田广明：字子公，郑县（今陕西华县东）人，武帝时，以郎官身份担任天水郡司马，凭功绩逐渐升至河南郡都尉，掌一郡军事，以杀戮作为治理方法。迁淮阳太守。昭帝时，赐其内侯，为左冯翊。宣帝时为御史大夫，封昌水侯。

第四章 改革军制抓兵权

一、扩充禁军

在标榜以儒家仁德治理天下的同时，汉武帝对军队也进行了改革和强化。

《孙子兵法》开篇就说："兵者，国之大事，死生之地，存亡之道，不可不察也。"意思是说，战争与国家的大事，关系到军民的生死，国家的存亡，不能不慎重。自古以来，军队都是统治者巩固和加强其统治政权的必要手段。汉武帝时期，战事不断，封建专制主义对内对外的矛盾日益尖锐，军队的改革也随着中央集权的日益深化被提上了日程。

首先是改革宫廷禁卫军。汉初以来，宫廷禁卫军中有一批皇帝的贴身侍卫，称为郎。郎官伺候于皇宫廊庑，所以取名为"郎"。郎即"廊"，郎分为中郎、郎中、户郎、骑郎、车郎等多种，其中中郎负责侍从皇帝，郎中负责执戟在殿下守卫，户郎负责守卫门户，骑郎负责骑马跟从皇帝出行，车郎负责守卫御车。这些郎官由各自的将领统管，即中郎将、郎中将、户郎将、骑郎将、车郎将等，而各将又归郎中令管辖。

这些郎官侍卫于皇上左右，一旦他们怀有二心，必将酿成大祸。因此，皇帝总是不惜许给郎官们很高的待遇和地位，期望以高官厚禄收服郎官。如中郎秩比六百石，相当于一个万户以上的县令；中郎将秩比二千石；郎中将、户郎将、骑郎将、车郎将都是秩比千石，而且这些郎官升迁也特别快。这种做法卓有成效,所以汉兴以来没有发生过郎官谋反的事情。

汉初的郎官有千余人,他们虽然对皇上忠心不二,但是如果其他军队叛乱,郎官根本抵挡不了。因此,汉武帝即位后便开始扩充侍卫。

建元三年(前138年),汉武帝初置期门郎。当时窦太后还在世,汉武帝喜欢在秋天的夜晚乔装打扮,溜出宫去玩。夜间出游,为防不测,必然要多带侍卫,但他担心带的人多,被窦太后和王太后发现会责怪他,于是与一些郎官约定,在某个时间在某殿门集合。这些侍卫便号称"期门郎"。期门郎都是从郎官中精挑细选出来的精锐,擅长骑射。后来,汉武帝在终南山一带建上林苑,出去游猎再也不用躲着窦太后等人,但这支期门郎队伍并没有解散,而是被纳入郎官系统的正式编制,成为汉武帝最宠信的侍卫军,手执利刃在汉武帝身边负责守卫。期门郎的长官叫期门仆射,秩比千石。

太初元年(前104年),汉武帝下诏改郎中令为"光禄勋",同时增置建章营骑。建章是一座宫殿的名字,位于未央宫的西面。建章营骑也就是保卫建章宫的侍卫军,后来改名为"羽林骑",又称"羽林郎"。羽林这个名称的由来有多种说法,有人说他们像天上的羽林之星,故名羽林;有人说他们像羽毛一样轻捷迅速,人数如林木一样繁多,所以取名羽林;还有人说他们就像天子的羽翼,故得名。

期门郎和羽林骑作为汉武帝的两支侍卫军,选拔的都是最为出色的武士,多选自西北六郡的良家子①。据《汉书·地理志下》记载:

汉兴,六郡良家子选给羽林、期门,以材力为官,名将多出焉。

比如陇西上邽(今甘肃清水)一县就出了两个名将,一为赵充

---

① 良家子:旧指出身清白人家的子弟。

国①，有勇有谋，武帝时，初为骑士，后入选羽林骑。二为上官桀，也是六郡的良家子，被选入羽林骑。有时，期门郎也会从羽林骑中挑选，比如上官桀，起初为羽林骑，后来成了期门郎。

期门郎和羽林骑是两支精锐的侍卫军，其中以期门郎最为精锐，而且出了很多名将。

羽林骑属下还有一支特殊的侍卫队——羽林孤儿，即把那些从军牺牲的将士的子孙收养于羽林，并派专人训练他们使用弓矢、殳、矛、戈等兵器，作为羽林骑的预备兵。

在增设郎、期门、羽林的同时，汉武帝还增设四宫卫尉。卫尉是九卿之一，统领卫士，在宫内办公。卫尉及其统领的卫士负责皇帝所居未央宫的保卫，特别是据守各个宫门，检查出入者的门籍，算是宫廷防卫的第三道防线。

凡是进入宫禁的，都要验籍、核符。籍是用竹子制成，长达3尺。经常出入宫禁的官员，一人有一籍，上面写着持有者的姓名、年龄等，挂在他应走的宫门，进出时卫士要验籍。符是用木头制作，长2寸，上面有太常卿用铁灸的字，说明其供职的衙署，所以又叫铁印文符。验籍后还要核符，两者都正确无误才能通行。每到深夜，宫门关闭，没有皇帝的特批，不得开门。夜里宫中戒严，卫士分班轮流巡逻，遇到行人便上前盘查。卫士巡逻通常会持续到凌晨。

卫尉辖下的卫士是从全国编户适龄男子中征调来的。所谓适龄，汉初时为17岁，景帝前元二年（前155年）改为20岁。这些男子先在本郡县当一年兵，然后到京城做一年卫士，或去边陲戍边一年。让什么人去做卫士、什么人去戍边，还有什么时候征调，都由皇帝根据需要随时决定。不过，为了防备诸侯王在卫士中安插亲信，图谋不轨，汉时规定诸侯王国的臣民不能做卫士。

---

① 赵充国：字翁孙，西汉名将，熟悉匈奴和氐羌习性，曾率军击败武都氐族叛乱，"为麒麟阁十一功臣"之一。

汉武帝非常注重卫尉的选拔，出了很多名将。汉武帝时期，有史料可考的卫尉有10人，其中就出了4个名将，即李广、韩安国、苏建①、路博德②。另外，张骞也是卫尉出身，他不仅是外交家，还是一个将才。

由于卫尉的防线过长，又有了各宫卫尉的设置，如长乐卫尉、甘泉卫尉、建章卫尉、未央卫尉。四宫卫尉专门负责四处宫殿的保卫，把守司马门。四宫卫尉都隶属于卫尉。

第二项改革是裁减宫门卫士。建元元年（前140年），汉武帝下诏：

> 卫士转置送迎二万人，其省万人。罢苑马，以赐贫民。

意思是说，卫士每年更新一次，常常保持在2万人左右，而汉武帝一次就裁掉了1万人。汉武帝这样做，表面上说是为了"罢苑马，以赐贫民"，好像带有精兵简政以节省开支的意思，其实这是他控制兵权的手段之一。

卫尉统兵2万，防守皇宫外围，兵越多，外围的防御越牢固。但是卫尉手握重兵，一旦发生兵变，皇宫将陷入危险之中，所以汉武帝决定另外组建一股势力来牵制卫尉，那就是期门郎，后又出现了羽林骑，加上别的郎官，禁中侍卫可达3000人左右。宫门卫士裁去1万，禁中侍卫则有所增加，尽管在数量上比不上卫士，但是禁中侍卫都是精锐，而卫士只是各地服兵役的农民，从战斗力来讲，卫尉的兵力显然比较弱。禁中侍卫合起来，足以应付卫士，而卫士团结起来也可以对付侍卫，这样一来，两支武装力量都不敢轻举妄动。

宫城之外就是京城，汉承秦制，设中尉戍守京城，负责京城的治安

---

① 苏建：杜陵人，初任校尉，跟随大将军卫青出征匈奴，因功封平陵侯。历任济南将军、右将军等，后升任代郡太守，死于任上。

② 路博德：西河平州（今山西离石）人，跟随大将军卫青出征匈奴，因功封邳离侯，曾以伏波将军身份征战岭南、平定南越国叛乱，后因犯法被削爵撤职。

和警卫。汉朝时，卫尉掌管的卫士守卫各宫门，称为南军；中尉统领的将士，称为北军。中尉还掌管武库。武库即长安城中的皇家兵器库，它于汉高祖七年（前200年）建立，是萧何主持修建的第一批重点建设项目。

中尉巡查京师，统领北军，掌管武库，职权很重。汉武帝对其也进行了改革。如太初元年（前104年）改中尉为执金吾，并把寺互①也列入执金吾属下。中尉改为执金吾后，主要负责在京城保卫皇帝的安全，不再统领北军，北军归中垒校尉统领。这是因为中尉统领北军，权力过大，须提防其滋生二心。北军划出去后，中尉手中还留有一小部分兵力，仍然负责巡查京师，保卫京城。由于京城里住着很多达官贵人，而中尉只是一个中二千石的官，所以中尉必须任用不畏权贵的人。景帝鉴于宗室豪右多放纵不法，于是用酷吏宁成为中尉，宗室豪右都害怕他。汉武帝也学习父皇的做法，任用酷吏做中尉。他任用的第一个酷吏中尉是司马安，第二个则是赫赫有名的王温舒。王温舒任用酷吏杨皆、麻戊、杨赣、成信等为属吏，以严刑峻法惩治奸猾，使京城治安得到了改善和维持。

此外，汉武帝还在北军中增置七校尉。七校尉由7种校尉组成，分别是：步兵校尉，掌上林苑门屯兵；屯骑校尉，掌骑士；长水校尉，掌长水（今陕西蓝田西北）、宣曲（今陕西长安西北）的由降附匈奴组成的骑兵；越骑校尉，掌内附越人组成的骑士；胡骑校尉，掌池阳（今陕西泾阳西北）的由降附匈奴组成的骑兵；射声校尉，掌弓弩部队；虎贲校尉，掌战车部队。以上人等均秩比二千石，下属有丞、司马等。

七校尉分4个兵种，即骑兵、步兵、弓弩兵、车兵。在北方，骑兵的威力最大，所在七校尉中有4支为骑兵；步兵、弓弩兵和车兵也很重要，但是威力不及骑兵。七校尉的每一个兵种，人数少的也不低于700人，多的达1200人。七校尉加上中垒校尉，称为八校尉。其中，中垒

---

① 寺互：西汉时的中央政府机构，原属少府，掌管首都地区官府的门禁。

校尉负责日常事务，八校尉直接听命于皇帝，皇帝派使者到北军中监军，若要调动北军，必须持皇帝颁赐的符节。

七校尉兵与郎、期门、羽林一样，负有宿卫皇宫的职责，但是它还有一项特殊职责，那就是发生战事的时候，七校尉随军作战，以保家卫国。由此可知，七校尉实际上是由皇帝直接控制的一支特殊的常备军。

第三项改革是调整京畿行政区划，太初元年（前104年），汉武帝改右内史为京兆尹，左内史为左冯翊，改主爵都尉为右扶风，是为三辅，并置三辅都尉，以防止中尉权重专断，出现危害朝廷的反叛情况。京兆尹境内的军事保卫由驻扎在华阴市的京辅都尉负责；右扶风境内的军事保卫由驻扎在郿县的右辅都尉负责，左冯翊境内的军事保卫由驻扎在高陵县的左辅都尉负责。

三辅的级别与郡相当，但三辅都尉与郡都尉不同，郡都尉辅助郡太守治军，而三辅都尉并不隶属于三辅，而是归执金吾统辖。

除了不停地扩充禁卫军，设置三辅，汉武帝还多次扩大京畿范围。汉初，京畿仅限于内史辖区，元鼎三年（前114年），汉武帝下诏迁函谷关于新安，使京畿向东扩展了300里；征和四年（前89年），汉武帝再一次扩展京畿，并设置司隶校尉督察三辅、三河和弘农，这样一来，三辅、三河和弘农就连成一片，构成了一个完整、广阔的京畿防区。

三河、弘农拱卫三辅，三辅拱卫京城，执金吾拱卫皇宫，卫尉拱卫禁中，羽林、期门郎保卫皇帝，层层防卫，阵势强大，而这一切都以皇帝为中心，统领权都掌握在汉武帝手中，进一步强化了君主专制主义中央集权的统治。

二、完善官军

建立了严密的宫廷防御系统后，汉武帝开始着手完善政府军事系统。

汉初军制规定，屯驻在郡国的地方军队为更卒①卫士。郡有郡尉，中元二年（前148年），景帝改郡尉为都尉，专管本郡军事戍防。封国由国中尉掌武事，官禄与郡都尉相同。郡尉、国中尉是更卒卫士的指挥官，负责保卫屯守郡国各地的安全工作，使更卒卫士成为一支合格、标准的地方军。

这些军队只是驻守在郡国的一支中央军，虽然为郡国之兵，但是郡国无权调遣。有战事发生时，随时听从朝廷的调遣。调遣时用的是羽檄、虎符、节。汉高祖时用羽檄征调天下军队，汉文帝前元二年（前178年）改用铜虎符征调天下军队，到武帝时则用节征调军队。建元三年（前138年），闽越（治所在今福建福州）攻打东瓯（治所在今浙江温州），东瓯向朝廷求援，汉武帝说："我刚刚即位，不想拿出虎符到郡国调兵。"于是派严助持节杖到会稽调兵。会稽太守以严助没有虎符为由而拒绝发兵，严助便杀了一个司马，宣告汉武帝的意旨，这才得已调动军队从海上前去救援东瓯。这是第一次用节调兵。

因各地地势不同，郡国的兵种也不同，主要有四种，即轻车（车兵）、骑士（骑兵）、材官（步兵）、楼船士（水兵）。

材官通常在高原山地等地设置，大概三河、颍川、沛郡、濮阳、汝南、巴蜀等地多材官；骑士，又叫轻车骑士、车骑，多在平原地区设置，大概金城、天水、陇西、安定、北地、河东、上党、上郡多骑士；水兵，多在江淮一带水多的地区设置。屯驻在全国各地的材官、骑士、楼船士数量众多，队伍庞大。

汉武帝时期，由于种种原因，征调地方士卒比较频繁，如元鼎三年（前114年），派发到陇西、天水、安定的骑士和中尉，河南、河内卒，共计10万余人。元鼎五年（前112年），南越造反，派发南方楼船士12余万人。且以后每年八月，各郡都要举行一次军事检阅，材官、骑

---

① 更卒：指到各级官府服徭役。汉初役期不同，汉高祖时几年一次，一次五个月；文帝时一年一次，一次一个月。

士习射御、骑驰、战阵，楼船士习战射、行船，课殿最①，叫都试。太守、都尉、令、丞都要出席都试。

守卫边郡的边兵戍卒，只负责屯兵边疆，并不随军出战。边郡太守掌管边郡的武事，长史掌管兵马。边郡太守下有部都尉，直接统领所部戍卒。据史料记载：朔方（今内蒙古杭锦旗北）、五原、云中（今山西西北长城南、河套东北）、定襄（治所在今内蒙古和林格尔西北）、代郡、辽东（治今辽宁辽阳）有东、西、中部都尉；酒泉有东、西、北部都尉；雁门（今山西右玉南）、上谷（治今河北张家口怀来一带）、辽西有东、西部都尉；会稽有南、西部都尉；陇西、乐浪②有南部都尉；北地、武威、广汉、上郡有北部都尉，西河③有南、西、北部都尉；敦煌有中部都尉。每一障塞又设障塞尉，各领兵守卫自己的领土，层层相连，地地相通。后来汉武帝又增设一支农都尉，领内郡卒屯田塞下，以防御外族入侵。

元狩三年（前120年），汉武帝又设置典属国都尉，掌管归附汉王朝的部族之事，作为屏障，捍卫边郡，并随军征讨。乌桓④归汉之后，汉武帝在上谷（治今河北张家口怀来一带）、渔阳（治今北京密云一带）、右北平（今内蒙古宁城）、辽东等郡塞外增置一支乌桓校尉，用于拥节监领乌桓，使之不得与匈奴交通。西域打通后，汉武帝又增置使者校尉，以保护西域交通，使其畅通无阻。

三、扩大兵源

从禁中到京师，再到地方、边郡，汉武帝组建了一支庞大的军事队

---

① 殿最：古代考核政绩或军功，下等称为"殿"，上等称为"最"。
② 乐浪：西汉元封三年（前108年）置。治朝鲜（今朝鲜平壤南）。辖境约当今朝鲜平安南道、黄海南道、黄海北道、江原道、咸镜南道；韩国江原道（南），京畿道部分地区。
③ 西河：西汉元朔四年（前125年）置，治平定（今内蒙古准格尔旗西南）。辖境相当今内蒙古鄂尔多斯市东部、山西吕梁山、芦牙山以西、石楼以北及陕西宜川以北黄河沿岸地带。
④ 乌桓：亦作乌丸，中国古代北方少数民族之一。

伍，建立了一个自上而下的相当完备的军事机构。这么大的一个机构，不仅需要许多高级将领，还要有大量兵员，那么，这些人从何而来呢？

为了培养优秀的高级将领，并为自己培训更精锐的禁中侍卫队，汉武帝建立了一所军事高校，即高级侍卫队。高级侍卫队是培养诸郎、期门、羽林的基地，有效地补充了禁卫军队伍，成为一所名副其实的人才储备队和输送站。

每年年底，光禄勋①会对高级侍卫队的人员进行考核，从中挑选精明强干的人进行培训，使之成为一支对皇帝绝对忠诚的军事后备军团。一旦前方人员出现短缺，汉武帝就把他们输送到屯兵所、战场、边郡担任将校，统领军队，为朝廷效力。

当时光禄勋培养出了许多人才，比较出名的有：卫青，出身羽林，选任车骑将军、大将军；霍去病，以侍中选任骠骑校尉、骠骑将军；李广，出身郎、骑常侍、骑郎将，后任未央卫尉、郎中令，选任骁骑将军、上谷等七边郡太守；公孙敖，出身骑郎，后迁太中大夫，选任校尉、中将军、骑将军；张骞，出身郎，后迁太中大夫，选任校尉、卫尉，封博望侯；李椒，以郎出任代郡太守；李蔡，以郎出任代相、轻车将军；程不识，先为太中大夫、长乐卫尉，选任边郡太守；李陵，以侍中选任骑都尉；李敢，以郎从骠骑将军；苏武，以郎、中郎将、侍中，奉节出使匈奴；苏贤，以郎选任骑都尉；苏嘉，以郎选任奉车都尉；赵充国，以六郡良家子入选羽林卫士，后升中郎，选任车骑将军长史；荀彘②，以侍中、御车选任左将军。

汉武帝不愧是一位雄才大略的帝王，他不仅扩充和建设了高级侍卫队，将强大而无比忠诚的常备军牢牢掌握在自己手中，还通过外放为将校的方法，加强封建王朝的统治。

---

① 光禄勋：官名。汉武帝太初元年（前104年）改郎中令置，秩中二千石，位列九卿，地位显要。职掌宫殿门户宿卫、侍从皇帝左右。

② 荀彘：武帝时因善于驾车而被任命为侍中，多次以校尉随大将军卫青征战；后升任左将军出兵朝鲜，因扣押楼船将军杨仆而被处死。

将帅资源有了，数量庞大的士兵来自哪里呢？为了不断扩充兵员，维系庞大的军队需要，汉武帝对兵役制进行了改革，重新实行汉代初期的征兵制、民兵制，还独创了一种募兵制。

春秋时期，中原地区的统治者主要根据各家各户的人口多少来征兵，而且只有发生战争的时候，农民才应征入伍，平时则在家耕田种地。商鞅变法后，秦国的兵役制度有了新的规定，即要求兵与农的比例务必保持在1∶1，而且明确规定服兵役者的年龄：当男子到17岁，就进入服兵役期，即编入国家名籍，准备随时服兵役。男子进入兵役期后，每年必须在郡县服役一个月，因为服役要轮番更替，所以称之为卒更，服兵役的人称为更调卒或更卒。每个人还要到中央政府服役两年，屯戍一年，力役一年，称之为正卒。这是适用于平时的兵役制，如果发生战争，就再行计划，比如长平之战时秦国就征调全国15岁以上的男子。据史料记载，秦国百姓有很多人不止当过一次兵，有的人一生竟然服了5次兵役。

西汉建立后，朝廷对这种寓兵于农的征兵制进行了一定的改进，起初将服兵役的年龄改为23岁起；景帝前元二年（前155年）又改为20岁起，直到56岁才不再服役。如果自己不想或不能服兵役，可以出钱雇人代替自己，这叫践更，每月需要支付二千钱左右。这个价格是比较高的，而且是在当地郡中服役，所以除了确实没办法服役，大多数人都会自己服役。戍边的人向官府缴纳300钱后，可以另行雇佣代戍者，这种雇佣代戍者的方式叫过更，所出的钱叫做更赋。践更制和过更制有利于官家富豪子弟免除兵役，所以老老实实服兵役的大多是平民。

在远离京师的边塞地区，汉武帝实行了兵农合一的民兵制。这项制度是汉文帝最先实施的，当时文帝接受晁错的建议，迁民到边疆塞外，并给予各种优惠政策，比如为他们建房子、购器物、免除全家赋税等，以使他们在那里安居乐业。社会安定的时候，他们是农民，战争发生时就是兵，常年在外，戍守边疆。这些在边塞安家的居民同样按军事编制制度被组织起来，五家为伍，伍有长；十长一里，里有假士；四里一连，连有假五百；十连一邑，邑有假侯。朝廷挑选有能力的人做伍长、里假士、假五百、邑假侯等职务，负责训练边疆百姓学习骑射应敌的本领。

除此之外，汉武帝还采用征发谪戍的办法来扩充兵员。谪戍，是指国家强制征发有罪的吏、亡命①、赘婿②、贾人、有市籍③的商人及其子孙等具有特殊身份的人，承担战争和戍边任务。

征发谪戍并非汉武帝首创。秦始皇统一中原后，曾发谪戍实边，如秦始皇三十三年（前214年）征召那些曾经逃亡的人、因贫穷而入赘女家的男子、商贩等入伍当兵，攻掠夺取南越的陆梁地④，设置了桂林、南海、象郡⑤等郡；并将受贬谪的50万人流放到五岭守边，与南越的本地人杂居一处。秦始皇三十四年（前213年），他将徇私枉法、知人有罪却释放出狱、无罪却下狱的司法官吏流放去修筑长城，或到南越地区守边。

到汉武帝时，边境战事频发，中期以后农民多有逃亡，所以汉武帝多次发谪兴修工程和远征、戍边。如元狩三年（前120年），汉武帝征调有罪官吏开凿昆明池。昆明池在长安西南，周长约40里。为什么要修这么一个大池呢？因为当时越人想与汉人进行水战，所以汉武帝大修昆明池，好让士兵练习水战。

元狩五年（前118年），汉武帝又迁徙天下奸猾之吏民到边疆，编入屯田民兵，以此解决边境地区兵力不足的问题。

---

① 亡命：因罪逃亡，脱离本籍。
② 赘婿：因家境贫困而入赘妻家的男子。秦汉时，赘婿是一种贱民，要为妻家服役，身份地位很低，被列为七科谪之一。
③ 市籍：秦汉时商人户籍。秦汉政府实行重农抑商政策，商人地位低于一般编户居民，凡在市内从事商业者，需向政府登记，并缴纳市租，其专门户籍称为市籍。
④ 陆梁地：一作"陆量"。古地区名。秦、汉称五岭以南为陆梁地。
⑤ 象郡：秦始皇三十三年（前214年）置。一说郡治在今越南中部汉西卷县（今广治境）附近。辖境约今广西西部、越南中北部，汉改名为南郡。

元鼎五年（前112年），南越国丞相吕嘉谋反，朝廷派伏波将军路博德出桂阳、楼船将军杨仆出豫章（今江西境内）、越人归汉者归义侯严为戈船将军出零陵（今湖南零陵）、越人归汉者归义侯为下濑将军下苍梧（今广西梧州）等，率领一些有罪之人及江淮以南楼船士10万人前去讨伐叛军。另外，朝廷又遣驰义侯何遗将巴蜀罪人，征发夜郎兵（古小国名，后为地名，在今贵州西部），下牂柯江（今广西西南部的北盘江），然后在番禺会合。

元封二年（前109年），因为朝鲜王攻打辽东，并杀了辽东都尉，汉武帝招募天下犯死罪的人代服兵役征讨朝鲜，又派楼船将军杨仆、左将军荀彘率领应募的罪人进攻朝鲜。

元封六年（前105年），昆明造反，汉武帝赦免京师那些脱名籍而逃亡的没有户籍的人，令他们从军平叛。

太初元年（前104年），汉武帝派贰师将军李广利①征发天下有罪的庶民西征大宛②。

天汉元年（前100年），汉武帝征发谪民屯戍五原（治所在今内蒙古包头西）。天汉四年（前97年），汉武帝又发天下七科谪及勇敢之士等出朔方（汉武帝所置十三判史部之一。辖境约相当今银川至壶口的黄河流域，北括阴山南北，南迄陕西宜川，甘肃宁县一线）。所谓七科谪，即犯了罪的官吏、杀人犯、入赘的女婿、在籍商人、曾做过商人的人、父母做过商人的人、祖父母做过商人的人，这些人多重利轻生，所以战斗力很强。除七科之外，连豪吏、恶少等全都充军发配。

七科谪中有四科是针对商贾的，说明汉武帝对商贾的打击是相当严酷的。他不仅通过告缗令剥夺商人的财产和经济地位，还通过发七科谪

---

① 李广利：中山（今河北定州）人，汉武帝宠姬李夫人和宠臣李延年的长兄。数次奉命出征大宛、匈奴等地，战绩平庸。征和三年（前90年）投降匈奴，一年后被单于所杀。

② 大宛：古西域国名。在今中亚费尔干纳盆地。王治贵山城（故址在今塔吉克斯坦的苦盏）。属邑大小70余城。盛产葡萄、苜蓿，以汗血马著名。

来剥夺商人的政治地位，使人们把商贾看作一种低贱的职业。

可以说，发谪戍既是对征兵制的一种补充，又是征兵制转向募兵制的标志。当时应募与选募是和征发七科谪同时进行的，这是汉武帝实行募兵制的开端。

汉武帝时期所招募的兵源主要有两类，一是贱民，二是强悍之民。这些人是典型的职业兵种，与普通服兵役的农民不同，这些人一旦入伍，便以行军作战为职业。他们是皇帝的忠诚卫队，皇帝将之安插在边疆各地，有利于加强对全国军队的领导。

少数民族武装也是兵源之一。中国自古以来就是多民族国家，让少数民族当兵在先秦时期便有了先例。汉高祖刘邦在楚汉战争中曾使用北方的楼烦①兵、东南的百越兵、西南的夷人（异族人）等。到汉武帝时期，由于开疆拓土的胜利，少数民族地区陆续归降，需要更多的人去管理、统辖；而且在长期对匈奴的战争中，匈奴贵族投降汉王朝的事件时有发生。在这种情况下，汉武帝屡屡使用少数民族将领和兵勇。比如，在卫青统领的汉军中，将领公孙贺、公孙敖等都是义渠人。匈奴相国赵信投降后，被封为翕侯，元朔六年（前123年）为前将军，率部出击匈奴，战败后又降匈奴。在南方，汉武帝曾用越族将领领兵打仗，如元鼎五年（前112年）吕嘉造反，汉武帝派五路大军去平叛，其中三路是由归汉的越人统领的。

从元狩三年（前120年）匈奴浑邪王投降汉王朝设置五属国后，汉武帝经常征发属国骑兵外出征战。管理属国的官职称典属国。典属国最早设立于秦朝，负责掌管归降的部族。汉武帝在元狩三年增设属国后，置都尉、丞、侯、千人等官职；属官有九译令，负责翻译。此后，汉武帝曾不断遣属国骑兵征伐。

从史实来看，汉武帝时经常使用少数民族武装力量，南方主要使用

---

① 楼烦：古部族名。春秋末分布于山西宁武、岢岚等县地。精骑射，从事畜牧。秦末被匈奴征服。西汉元朔二年（前127年）为汉将卫青所破。

越族的楼船兵，北方主要使用匈奴等族的骑兵，这些举措对加强汉王朝的军事力量起了积极的作用。

内有宫廷禁卫军，外有庞大的军事集团；前有强悍的应募、选募兵，后有充足的人员补充，而汉武帝则运筹帷幄，实行统一管理。这一系列的军事改革，使汉朝的统治更加稳固了。

第五章　经济天才解危机

一、财政危机

完成了思想、政治、军事的改革后，汉武帝一改前朝无为而治、休养生息的做法，对财政经济进行了大刀阔斧的改革。

汉武帝之前，西汉几位帝王通过轻徭、薄赋、省刑、与民休息等政策，经过60年的积累，给汉武帝留下了丰厚的遗产，正如《史记·平准书》所说：

……而府库余货财。京师之钱累巨万，贯朽而不可校。太仓之粟陈陈相因，充溢露积于外，至腐败不可食。

然而，遗产再丰厚，也架不住花销大。汉武帝生活奢靡，大兴土木不断，且连年征战，并对臣下大肆赏赐，花费巨大，汉初60年的积蓄，他只用了不到20年就出现了亏空，国家财政面临崩溃。

汉初的几位帝王一向崇尚节俭。比如汉高祖刘邦，当年萧何营建未央宫，高祖认为太奢华，就怒斥萧何："天下扰攘，人民长期困苦，成败尚未可知，为何修建如此壮丽的宫殿？"文帝曾经想建露台，召来工匠估算一下费用预算，没想到需要百斤黄金。文帝说："百斤黄金相当于10户中等人家的产业，我承受了先帝留下来的宫室，时常担心有辱先帝，还建造高台干什么呢？"然而汉武帝一改父祖节俭的传统。他觉得未央宫过于寒酸，于是下令重新整修装饰，栋椽改用香木，梁柱改用文杏，以黄金、璧玉装饰门窗楹柱。他还大建新宫，修建亭苑，据史料记载，他所建的宫有明光宫、寿宫、北宫、扶荔宫、思子宫、万岁宫、首山宫、建章宫，殿有临华殿、温室殿、椒风殿、发越殿、蕙草殿等，台有柏梁台、神明台、通天台，观有豫章观、飞廉观，苑有上林苑、甘泉苑、御宿苑、博望苑，池有昆明池、太液池、影娥池。

无论是宫苑，还是亭台阁榭，都建得极尽奢华，耗资巨大。《三辅黄图》中便有对温室殿的记载：

以椒涂壁，被之文绣，香桂为柱，设火齐屏风，鸿羽帐，规地以罽宾氍毹。

温室殿只是一个小规模的宫殿，像建章宫、明光宫那样的大规模宫殿，更是所费不赀。

汉武帝的生活用品也十分奢侈，他的御床为"七宝床"，即用七种宝石装饰；他的马鞍也用宝石制作，并饰以金银。

汉武帝对佞幸之臣的赏赐也是一笔大开支，动不动就赏上千万金。比如汉武帝儿时的伴读韩嫣，睡的是玳瑁装饰的大床；韩嫣喜欢玩弹弓，他所用的弹丸是用金子做的，一天要打掉十几颗，当时长安城流行着一句歌谣："苦饥寒，逐金丸。"城中的贫困孩子每次听到韩嫣出来，就跟随其后，准备去捡金丸。这种说法或许有些夸张，但绝对不会是空穴来风。据《汉书·佞幸传》记载，韩嫣所得的赏赐可以跟文帝时的邓通相匹敌。为了长生不老，汉武帝耗费数以亿计的钱财千方百计地寻找长生药和仙人，一次就赏赐方士栾大1万斤黄金，这相当于文帝时1万户中等人家的家产，是元帝时一年财政收入的四分之一。汉武帝对公卿大臣、皇亲国戚也屡屡恩赏，且赏赐颇厚，比如两次赏赐东方朔共130斤黄金，赐金日䃅1000斤黄金。汉武帝即位后，把王太后与金王孙所生的女儿金俗接进长乐宫，一次就赏给她千万钱、奴婢300人、良田百顷、上等府第一座。

汉武帝时期，虽平定了边患，开拓了疆域，但也花费了大量的人力、物力和财力。

元光五年（前130年），为了沟通西南，汉武帝命人修建从蜀地到夜郎的道路，发巴、蜀、广汉的役卒数万人，历经两年，道路没有修成，反倒死了很多士卒，花费了上亿金钱。

元光二年（前133年），汉武帝诱歼匈奴的"马邑之谋"失败，匈奴攻扰更加厉害。自此，汉武帝开始屡屡发兵攻打匈奴。元朔二年（前127年），匈奴攻上谷、渔阳，卫青、李息①率兵反击，夺得河南地（今内蒙古河套以南），遂立朔方、五原郡，迁10余万人修建朔方城。元朔五年（前124年），汉武帝派大将军卫青率六将军统兵10余万，攻击匈奴右贤王，获得胜利，斩首1.5万人。元朔六年（前123年）又派大将军率六将军击匈奴，斩首1.9万人。元狩二年（前121年），汉武帝派骠骑将军霍去病出征陇西攻打匈奴，深入2000多里，直到祁连山，斩首4万人。元狩四年（前119年），汉武帝派卫青、霍去病分道击匈奴，斩首八九万人。

战事频发，必然会耗费庞大的资金。而且每次战事结束，汉武帝还要论功行赏。如元朔五年（前124年），卫青击匈奴获胜后，汉武帝很高兴，一下子赐给有功将士黄金20余万。元狩四年（前119年）击匈奴后，汉武帝又拿出50万黄金赏赐将士。另外，对于征战的俘虏及迫于形势投降的人，朝廷还要拿出钱来进行安置，这也是一笔不小的开销。

除了战争费用之外，兴修水利、救济灾民的用费也很庞大。比如元光三年（前132年），黄河在东郡濮阳瓠子②决口，吴楚之地受灾最深，沿黄河郡县筑堤堵塞，总是筑好又坏，坏了再筑，前后耗费官府的钱财

---

① 李息：北地郡郁郅县（今甘肃庆城）人，初事景帝。汉武帝时多次率军征讨匈奴，凡三为将军，皆无大功。其后任中尉、大行。

② 瓠子：古地名，亦称瓠子口，在今河南濮阳西南。

不计其数。河东郡太守建议开发河东渠田，引黄河水灌溉汾阴（今山西万荣）、蒲坂（今山西永济）的河滩地，参加穿凿汾河、黄河灌渠的有好几万人；修长安至华阳的漕渠及之后的朔方渠，参加劳动的都有几万人。仅这三项工程，各经二三年还没有完成，耗费几亿钱。元狩四年（前119年），山东广大地区发生水灾，汉武帝派使者调空郡国仓库的粮食救济灾民，又招募豪富用借贷的方式救济贫民，但还是无法解决问题，于是又迁贫民70余万口到函谷关以西或朔方南边的新秦中地区，衣食均由官府供给。元鼎二年（前115年），山东又发水灾，数年没有收成，汉武帝令民就食江淮之间，调巴蜀的粮食赈济灾民，花费也很大。

一笔笔钱粮从国库里支出，文景时期积累起来的财富很快告罄。为了解决越来越严重的财政危机，确保江山稳固，汉武帝日思夜想，又反复和大臣商议，以寻找出路。经过一段时间的酝酿，他终于想出了办法，制定了一系列增加财政收入的政策。

二、改革币制

改革币制是汉武帝经济改革的重中之重。货币是人类社会交换物品、交换劳动价值的工具，在社会经济生活中具有重大意义。

秦始皇统一六国后，首先进行了币制改革，废除战国时期混乱的币制，规定货币分为两等：一种是上币黄金，重一镒①；一种是下币铜钱，重半两。钱币的重量必须与上面的文字相一致。当时人们多使用铜钱，所以铜钱成为通用的货币。秦亡汉兴时正值经济破败，汉高祖改革币制，规定上币黄金重一斤②。因为秦代的钱币太重，不便携带，高祖还下令民间私铸钱币。

---

① 镒：古代重量单位。20两或24两。
② 斤：旧制1斤等于16两。

民间铸的铜钱方孔大，周边像 4 片榆荚合成，所以称为荚钱或榆荚钱。高祖规定，榆荚钱重三铢，但是后来越铸越轻，有的还不到一铢。钱铸得越轻，价值越小，对铸钱者越有利。而且当时物资匮乏，货币减重，商人囤积居奇，导致物价飞涨，甚至出现一万钱才能买一石粮、一百金才能购一匹马的情况。

由于货币越来越轻，难以使用，高后二年（前 186 年）改铸八铢钱。但八铢钱太重，铸造起来使用的铜太多，于是又禁止私人铸钱。高后六年（前 182 年），朝廷又为货币减重，更铸五分钱，也就是半两十二铢的五分之一，重 2.4 铢，百姓也称之为荚钱。吕后还想过由国家控制铸币，颁布了禁盗铸令，只是没有推行，民间仍然盗铸钱币。

到汉文帝前元五年（前 175 年），因为荚钱太多，重量过轻，价值小，朝廷为方便使用又改革币制，铸四铢钱，币文为半两，实际重量为半两的三分之一，故又称三分钱；同时废止禁盗铸令，任民仿造。于是，郡国、豪民纷纷铸钱。据说有一次，文帝让算卦先生为佞臣邓通卜一卦，算命先生说邓通将来会穷得一无所有，最后饿死。文帝说："能让邓通富贵的是朕，朕身为一国之君，怎么能说邓通会贫穷呢？"于是，文帝把蜀郡严道（今四川荥经）的一座铜矿山赏赐给邓通，让他大肆开采铸四铢钱。很快，邓通铸造的钱币遍布天下。贾谊上奏说，私人铸钱危害极大：一是犯罪的人多，法律规定铸铜锡为钱，很多人却掺杂铅铁，这就犯了伪造罪，要处以黥刑，但稍微加些铅铁便能获得丰厚的利润，所以犯罪的人越来越多，屡禁不止；二是各郡国铸造的钱轻重不一，彼此交换起来特别麻烦，有的地方不接受太轻或太重的钱；三是铸钱的利润远比种地高得多，所以社会上很多人不愿种地，都去采铜铸钱。他建议朝廷把铜收归国有，禁止私人铸钱，但文帝没有采纳这一建议。

另一方面，国家允许私铸钱币，为分裂割据势力和某些官僚提供了可乘之机。吴王刘濞就在铜山中铸钱，壮大了经济势力，富可敌国，最后发动了叛乱。他还曾得意地说："我的财富在全天下来说不算什么，比得上我的大有人在。"邓通是个佞臣,文帝竟然把偌大的一座铜山赏给他,让他去铸钱,大发横财。可见国家开放铸钱权,受益最大的是这些人。

铸钱,特别是铸黄金利润极大,逐利者趋之若鹜,更有人铸假黄金。这种情况亟待改变。景帝即位后,有人告发邓通偷盗了境外的铸钱,景帝没收了邓通的全部家产,又平定了吴王刘濞等的叛乱,消灭了两个铸钱大户。中元六年(前144年),景帝下诏,私铸和伪造黄金者弃市,禁止开采黄金、珠玉作为货币使用,但是铜钱仍放任私铸;景帝后元三年(前141年),他再次下诏,如果官吏征发民众开采黄金珠玉,就如同雇工开采黄金珠玉一样,犯了贪污罪,二千石的郡守知而不报者,与之同罪。景帝这样做,是想通过严厉打击来制止货币铸造方面存在的混乱现象。

总之,汉初以来,货币质量低劣,加上朝廷允许私人铸币,导致市面上的货币轻重不一、大小不一,各地郡县各不相同,折算起来相当困难,这就破坏了国家的财政收入和财政制度,不利于经济的发展。

汉武帝即位后,马上接到许多关于钱币不一、通货膨胀的上书,这使他意识到了货币问题的严重性,决定进行币制改革。

建元元年(前140年),汉武帝下令销毁四铢钱,另铸三铢钱;同时禁止私铸,规定盗铸者处死。但是盗铸之风仍有增无减。建元五年(前136年),朝廷又罢三铢钱,新铸四铢钱。

进入元朔年间以后,由于征战外夷,灾荒频发,导致国库空虚,财政的缺口越来越大。兴修水利短期内难以见效,卖官鬻爵又会大大减少服役人员,发起劝民捐献活动也无人响应。如何来填补财政缺口呢?汉武帝心里明白,民众中不乏家财万贯者,而最富的便是那些富商大贾,这些人趁汉初休养生息之机大发横财。征伐四夷、戡定边患完全是为了国家的安定、人民的利益,现在国家有难,那些富豪理应拿出点钱财来救国家之急,但是他们竟然置之不理,着实让人气愤。

元狩三年(前120年),汉武帝在未央宫召集群臣商讨币制改革之事。改革的目的十分明确,"更钱造币以赡用,而摧浮淫并兼之徒"。一是靠发行新币来解决眼下的财政困难,二是从富豪手中要钱。对此,深受汉武帝重用而参与决策的御史大夫张汤拿出了一个方案。

一是发行白鹿皮币。即以一尺见方的白鹿皮作为皮币,一张价值40万钱。朝廷规定,王侯宗室朝见天子,敬献礼品时,要用皮币垫着所献之物。也就是说,诸侯王、列侯都要朝贺皇帝,礼物以前用苍璧,价值仅数千钱;如今垫上一张皮币,马上增加了40万钱。当时诸侯王有18个,列侯有201个。仅皮币一项,朝廷一年就能获取8760万钱。不过因为皮币的价格很不合理,之后很快被废除了。

二是发行白金币。白金币由银、锡合金铸成,分为三品:上品重8两,圆形,龙纹,面值3000万钱,称龙文币;中品重6两,方形,马纹,面值500万钱,称马文钱;下品重4两,椭圆形,龟纹,面值300万钱,称龟文币。但因为币面价值远远超过了其实际价值,盗铸者可以获得丰厚利润,所以吏民纷纷仿造,这样一来,根本就达不到改革的目的。后来朝廷虽然稍稍降低了白金币的币面价值,但民众仍盗铸不断,即使朝廷以法令强制也没用,所以到元鼎二年(前115年),白金币就被废除。

三是取消半两钱,改铸三铢钱。然而,三铢钱太轻,周边又是平的,没有廓,盗铸者经常从三铢钱的背面磨下铜屑,再用来铸钱。因此,三铢钱只发行了一年时间,到元狩五年(前118年)就无法再维持下去。

张汤所提的三项建议于元狩四年(前119年)同时实施。白金币和三铢钱在市场上流通,使得朝廷大发"横财",但盗铸不久也随之出现了。

元狩五年(前118年),汉武帝下令废止三铢钱,另铸五铢钱发行。五铢钱重如其文,周边隆起,中间方孔的四周也隆起。这样一来,如果再磨取铜屑,必先磨损隆起部分,这部分一磨损,钱就作废了。但是,五铢钱刚发行不久,仍然发生了盗铸的现象,其中以楚地最为严重。汉武帝任汲黯为淮阳太守,但汲黯不愿意去外地,因而不肯接受郡守之印。汉武帝多次下令,他才勉强接受。汲黯到任后,淮阳很快稳定下来。虽然个别郡国的盗铸之风暂时遏止,但全国盗铸还很疯狂。仅4年时间,就有数万人死于盗铸五铢钱。汉武帝宣布,向朝廷自首的可以免于死罪,结果有100多万人自首。

元鼎二年(前115年),汉武帝接受一些大臣的建议铸赤仄钱。赤仄钱又叫赤侧钱,其周边用赤铜铸造。一枚赤仄钱当5枚五铢钱。凡是交纳算赋、口赋的,一律用赤仄钱。这样做是想用制造难度较大的赤仄钱来杜绝伪钱,而且也能为国家收敛不少钱财。赤仄钱发行后,逐渐取代了白金币,人们都喜欢存赤仄钱。为了维护白金币的信誉,官府曾采取一些强硬措施,但是收效不大。第二年,汉武帝只得废止白金币。但赤仄钱大量发行,也大为贬值。按照规定,1枚赤仄钱当5枚五铢钱用,但发行不久就兑换不了5枚了,有时兑换4枚,有时只能换3枚,而且各地区、各时期兑换的比例不同。

赤仄钱的发行造成了币制的更大混乱。汉武帝认真总结了百余年货币改制的经验教训,终于认识到,如果要真正禁止盗铸货币,保证货币的质量,确保货币的正常流通,必须完全由中央垄断货币的铸造和发行。元鼎四年(前113年),汉武帝采纳大农丞桑弘羊的建议,下令:取消郡国铸币的权力,凡以前铸的钱一律销毁,将铜上交由朝廷指定上林苑水衡都尉①所辖的钟官、技巧、辨铜三官;铸币权完全收归中央;上林三官分别掌管鼓铸、刻范和原料,统一铸造货币;新铸造的货币重五铢,文曰五铢,"重如其文"。因为五铢钱是由上林三官所铸,故而称为"上林钱"或"三官钱"。三官钱成为当时全国唯一合法流通的货币。

这次币制改革,是中国有史以来第一次将铸币权完全集中到中央。

---

① 水衡都尉:官名。武帝元鼎二年(前115年)置,秩二千石。凡上林苑诸机构均归其执掌。元鼎四年(前113年)专令其属官上林三官铸钱。与少府并为皇帝私府,同掌帝室财政。原属少府的帝室收入大部分转归水衡掌管。

这样做的结果，一是把全国各地的铜材收归中央，堵塞了盗铸的材料来源；二是三官钱的名义重量与实际重量完全一致，盗铸无厚利可图；三是三官钱制作技术高，质量好，私人没有能力盗铸。从此，盗铸的现象大为减少，朝廷基本上控制了货币的铸造与发行。

这次币制改革获得了成功，汉武帝终于取得了对富商大贾、豪强等私铸钱币斗争的胜利。汉武帝所铸的五铢钱，一直流通到隋王朝，700余年不废。

据史书记载，从汉武帝统一币制起到西汉末年，西汉政府总共铸造280亿枚五铢钱，五铢钱制大体上是稳定和巩固的，这种方孔圆廓的五铢钱在700多年时间里，成为中国大地上的主要流通货币，也为历代帝王提供了许多经验和教训。

三、算缗、告缗

币制改革虽然为汉王朝积累了大笔金钱，统一铸币对稳定经济也起了重要作用，但是仍然不能从根本上扭转汉武帝时期的财政危机。而且币制改革的利益仍被富商大贾所分割，他们也趁机捞了一把。

为了打击富商大贾、高利贷者的经济实力，更为了增加财政收入，汉武帝又颁布了算缗、告缗令。算缗是国家征收的财产税。告缗是没收隐瞒向国家少缴纳、不缴纳财产税的有产者的财产。

征收财产税的政策在西汉初期就有，当时叫"赀算"[①]，如景帝时下诏，"今赀算十以上乃得宦，减为赀算四得宦。"十算，即10万。汉文帝时，中等人家的财产约为黄金10斤，即10万钱。

元光六年（前129年），汉武帝开始派兵讨伐匈奴。为筹措经费，他下令对商人的车船加征财产税，同时又施行算缗令。随着征伐战争的展开，朝廷入不敷出，财政缺口逐渐增大，汉武帝企图用改革币制的办

---

① 赀算：即汉王朝规定的纳官钱数。

法从富商大贾那里要钱，但商人们一看货币贬值，都纷纷囤积居奇。元狩四年（前119年），山东发生严重水灾，70余万饥民成了流民，阶级矛盾十分激烈。而富商大贾们拥有大量资财，仍然过着奢侈无度的生活。他们不但没有为国家排忧解难，还趁火打劫，大发国难财，严重破坏了地主经济的基础。这就使汉朝政权陷入危机四伏的境地。

国家的现状让汉武帝忧虑万分，为了解决财政危机，巩固封建统治，他开始重用"兴利之臣"，并决定向商人开刀。经与御史大夫张汤、侍中桑弘羊等人商议，元狩四年（前119年），汉武帝出台了一个新的算缗法令。这项法令包括以下内容：

一、凡属工商业主、高利贷者、囤积商等，不管有没有市籍，都要据实向官府呈报自己的财产数，并规定每二缗①（1缗为1000钱）征税一算，即120钱（一说200钱）。

二、一般的小手工业者，每四缗征税一算。

三、除官吏、三老②和北边骑士外，凡是有轺车③的，每辆征税一算。

四、商人的轺车，每辆征税两算。

五、船长5丈以上的，每艘征税一算。

六、隐匿应税物品不报的，或呈报不全不实的，罚戍边一年，没收全部财产。有敢于告发偷税漏税的，政府赏给他没收财产的一半。

七、禁止有市籍的商人及其家属占有土地和奴婢，敢于违抗法令者，没收全部财产。

这次的算缗令不仅根据商人手中的现钱征税，还把商人、手工业主

---

① 缗：古代穿钱用的绳子。也指成串的钱。一千文为一缗。
② 三老：官名。战国时秦、齐、魏国间里及县均设，掌乡里教化。西汉初，乡、县皆置。诏举年五十以上，有修行，能帅众为善者，置以为三老，乡一人。
③ 轺车：一匹马拉的轻便的小车。

所有的财产都纳入征税的范围。

从算缗令可以看出，经营土地的地主并没有被列为征税对象，他们顶多缴纳一个轺车税。之所以这样做，不仅是因为地主的财产比不上富商、手工业者，更是出于重农抑商的考虑。地主们经营土地、生产粮食，若对他们课以重税，必然影响农业生产，危及征伐战争的粮草供应。

可以想见，这项算缗令必然会遭到以商人为主的富豪们的强烈反对，事实也是如此，他们纷纷隐匿财产，逃税、漏税。为此，汉武帝在同年又发动了一场全国性的告缗运动。

发布告缗令后，汉武帝还树立了一个典型人物，用来鼓励富豪缴纳财产税，这个典型人物就是卜式。

卜式是河南郡（今河南洛阳一带）人，以种田和畜牧为生。父母去世后，留下一个年少的弟弟。卜式照顾弟弟长大成人后，把田地、房屋和财产都给了弟弟，自己只要了百余只羊，然后入山牧羊。经过十多年，卜式的羊繁育到1000多只，他也买了田地宅舍。而他的弟弟却家业尽破，卜式又把自己积攒的家产分给了弟弟。

当时汉王朝正与匈奴作战，国库紧张，卜式上书表示愿意把一半家产交给官府作为作战费用。汉武帝听说后，立即派使者去问他："你这样做是不是想做官？"

卜式回答道："我从小就放羊，没学过做官的学问，不习惯过官吏的生活，我不愿意做官。"

使者接着问道："那你家中是不是有冤屈打算上告？"

卜式又回答："小人生下来就从不和人争执什么，对于我的家乡人，生活困难的我就借给他们钱粮；对于行为不端正的人，则开导教诲他们。我生活的地方，人们对我很友好，我能有什么冤屈呢？"

使者觉得有些不可思议："既然如此，你拿一半财产出来是为了什么？"

卜式老实地回答道："天子讨伐匈奴，我认为有能力的人都应该到前线拼死作战，有钱财的人都应该捐献出来资助军队，这样我们大汉就能把匈奴消灭了。"

使者把卜式的话转告给汉武帝，汉武帝又把这些话告诉丞相公孙弘，公孙弘怀疑地说："这不符合人的本性。对那些图谋不轨的人，不能为了利益而破坏法纪。请陛下不要答应。"于是，汉武帝一直没有回复卜式。

又过了一年多，由于汉军屡次出战，匈奴浑邪王等人投降，朝廷的费用支出很大，仓储府库也空了。到了第二年，许多贫困民众流离迁徙，只能靠朝廷提供饮食住宿，朝廷面临着巨大的压力。

这时，卜式又拿出 20 万钱给河南郡守，分给迁徙来的百姓。河南郡守上报了当地富人资助贫民的名册，汉武帝看到卜式的名字，顿时又想起了以前的事，问道："这就是从前想捐出一半家财助边的那个人吗？"得到肯定的回答后，汉武帝赏赐给卜式免戍边徭役 400 人的权力和金钱，卜式又把这些钱通通还给朝廷。

当时，富豪都争着藏匿钱财，只有卜式拿出钱来助边。汉武帝特别尊重他，决定以他为榜样来教化百姓，于是征召他拜为中郎，赐爵左庶长，又赐他到上林苑放牧。

汉武帝之所以为卜式封官晋爵，就是想以这样的方式来号召百姓，带动其他人向国家捐献钱财。但百姓还是不愿捐献财产来帮助国家，而且继续藏匿财产，逃缴财产税。针对这种情况，汉武帝决定通过告缗来解决问题。元狩六年（前 117 年），汉武帝命杨可主持告缗，右内史义纵认为这样做是扰民，命令手下逮捕杨可的使者。汉武帝得知后勃然大怒，便判处义纵死刑。

元鼎三年（前 114 年），汉武帝下诏规定，百姓告缗可以得到被告发者的一半资财。重赏之下，必有勇夫，告缗运动在全国轰轰烈烈地开展起来。一个商人，只要被人告发并经查实，立刻被拘入狱。三年之间，中等以上的商人、手工业主几乎都被告发了。

当然，其中难免会有诬告，但是负责审理缗钱案的御史中丞杜周恰好是一个有名的酷吏,案子到了他手上,绝少有翻案的。后来案子多了,杜周便奉命派遣侍御史会同廷尉正①、廷尉监②等去各郡国就地处理。告缗运动直到元封元年(前110年)才告结束。

这次告缗运动历时8年,没收了数以亿计的财产,数以千万的奴婢,田地大县达数百顷,小县也有百余顷,还有一大批房产。各种动产一部分被搬运到上林苑中储存,一部分被拨给水衡都尉、少府、太仆、大农③等机构,让他们组织人力去经营管理没收来的郡县土地。没收来的奴婢主要被派到诸苑去饲养狗马禽兽,或被派到各官府衙门担任杂役。

告缗运动是汉武帝利用政权来剥夺大工商业主和高利贷者从农民身上盘剥来的财富,将之收归国有,可以说是历史上一次空前的打击富商大贾的运动。经过这次运动,大大增加了国家收入,不仅填补了财政缺口,供应了征伐战争、赈济了灾民,起到了加强专制主义中央集权制度的作用,而且武帝还拿出一部分修了昆明池,建造了高十余丈的楼船和一座高达数十丈的柏梁台,为国家的军事制度,也起到了推动作用。

不过,告缗所起的破坏作用也相当明显。中等以上的商人和手工业主大都破产,不仅商业贸易、手工业制造败落,而且纳税大户也大大减少。另外,告缗闹得全国上下人心惶惶,谁也不敢再置办产业,有了钱就挥霍掉,一度出现了"商者少,物贵"的现象,就会大大阻碍商品经济的发展。而且,商人势力在遭受严重打击后并没有销声匿迹,西汉后期,商人与官僚、地主逐渐合流,加快了土地兼并的发展,直接导致了当时严重的社会危机。

---

① 廷尉正:官名,廷尉的副职,地位相当于列卿丞,为高级审判官,掌审判疑难案件,可代理廷尉参加诏狱会审。

② 廷尉监:官名,秦置,汉沿置,分左右监,隶属廷尉,秩禄与廷尉正相当而位稍次之。掌收捕罪犯,亦参议案例,审理疑狱。

③ 大农:即大司农,汉景帝后元元年(前143年)更名为大农令,汉武帝太初元年(前104年)改为大司农。

四、盐铁官营

通过算缗、告缗，汉武帝从商人大贾手中搜刮了一大笔财富，但这只能解一时之急，要想从根本上解决中央财政危机，必须采取更多的措施。因此，汉武帝决定把富商大贾赖以盈利的行业收归国有，这就催生了又一项经济改革——盐铁官营。

中国古代的私人煮盐、冶铁业主要是从战国到西汉初年逐渐发展起来的。盐铁业关系着国家的经济命脉，掌握了盐铁的生产与流通，就能获得政治上的特权。春秋战国至汉初涌现出许多以盐铁业为生的大富豪，如春秋鲁国人猗顿、战国赵国邯郸人郭纵、秦朝时蜀人卓氏、汉初梁国人孔仅、汉初鲁国人曹邴氏、汉初齐国人刀间等。这些大盐铁业者向上与国家争利，对下又垄断老百姓的谋生之路，严重阻碍着国家经济的发展。

汉初盐铁由私人经营，国家仅设官收税。汉文帝以后，朝廷对盐铁经营更加放任，民众可以任意铸钱、冶铁、煮盐。一时间，富商大贾、豪强地主往往占有山海，垄断丰富的自然资源，或采矿冶铁，或煮海制盐。有的因此富至巨万，有的堪比王侯，经济势力的膨胀又助长了他们的政治野心，这些人过着帝王般的生活，不仅影响了朝廷的财政收入，而且在国家遇到财政困难时也无动于衷，各自雄霸一方，形成割据势力。汉武帝自然无法容忍这种情况长期存在，于是发起了一场剥夺地方豪强财力的斗争，夺取他们的煮盐、冶铁权。

首先是官营煮盐。盐是人们的生活必需品，"十口之家，十人食盐"，每天不消耗一定分量的盐，人就没有力气进行生产。史籍中关于汉代人的食盐需求量的记载如下：

（士卒）万二百八十一人，用谷月二万七千三百六十三斛，盐三百八斛。——《汉书》

出盐二石一斗三升,给食戍卒七十一人。——《汉简》

中国古代生产盐的方法是煮盐,利润很大,因此许多盐商发了大财。正如《史记·平准书》所说:"浮食奇民欲擅管山海之货,以致富羡,役利细民。"汉朝时,仅齐地就出现了两个以盐业发家的富豪,一个是刀间,逐渔盐之利,富至数千万;另一个是东郭咸阳,煮海水为盐,获利千金。

元狩三年(前120年),御史大夫张汤建议,把煮盐收归官府经营,以垄断这一财源。汉武帝采纳了这一建议。同年,大农令郑当时推荐东郭咸阳为大农丞,负责官营煮盐。

经过几年的筹备,元狩六年(前117年),东郭咸阳向汉武帝呈交了一份官营煮盐的方案,内容包括:官府招募盐户煮盐,煮盐的费用自理,官府只提供生活费和煮盐的铁盆。向煮盐户提供官方铁盆,是为了控制生产量。铁盆的大小是有一定标准的,一天能煮多少盐可以估计出来。这样一来,官府就能掌握盐户的生产量,以免出现多煮少缴的现象,杜绝私盐的生产。成品盐由官府统一收购,统一销售,盐价也由官府来定,如有变动,必须经过皇帝批准。若有人敢私自煮盐,就没收生产器物,还要处以釱左趾①的刑罚。

这一方案对大盐商极为不利,所以遭到他们的极力反对。东郭咸阳本身就是一个大盐商,但他也很无奈,左右为难。汉武帝派他去全国各地推行官营煮盐的政策,他趁此机会在各地安插了大盐商的子弟,负责当地盐务。这些人为了从中谋利,假公济私。汉武帝知道后,果断地罢免了东郭咸阳的官职,并于元封元年(前110年)提拔桑弘羊为治粟郡尉并代理大农令,整顿财政经济。

桑弘羊,河南洛阳人,出身于商人世家,在家庭的教育与父辈的熏陶下,他自幼便对数学和商业兴趣浓厚,少年时就深谙算术和经商之

---

① 釱左趾:左脚带上铁锁。

道，并能帮家里进行一些理财活动。景帝末年（约前142年），13岁的桑弘羊以"精于心算"而名扬洛阳。朝廷下诏，特拔桑弘羊入宫，任侍中，侍奉太子刘彻兼陪读。从此，他没有走父辈们的从商之路，而是踏上了仕途。桑弘羊长期在武帝身边伴读，与汉武帝形成了亲密的君臣关系，并逐渐成为汉武帝的得力助手。元狩三年（前120年），桑弘羊因善于处理经济问题，参与盐铁官营规划，负责"计算"和"言利"之事。元狩四年（前119年），他提出算缗、告缗的建议，帮助汉武帝缓解了财政危机，更加受到汉武帝的赏识与器重。

桑弘羊上任后，立即派出几十名大农部丞，到各郡国对原有的盐官进行整顿，并增设了一批盐官。凡是产盐的郡国均设置盐官，朝廷在27个产盐郡共设了35处盐官。

当时的煮盐业主要集中在三个地区：

一是东部沿海地区。从辽东郡平郭（今辽宁盖州市区附近）到苍梧郡高要（今广东肇庆高要），东部沿海地区设19处盐官。在这个地区中，仅渤海区域就设了16处。这一地区是海盐区，全国大部分地区的食盐都来自这里。山东半岛上的一个古老部族夙沙氏①最先采用海水煮盐，是海盐的发明者。他们的后代一直在齐国做官，齐灵公时，夙沙卫官居少傅。中国各地的制盐业大多尊奉夙沙氏为祖师。

二是北部边郡地区。从雁门郡楼烦、太原郡晋阳往西，直到陇西郡，北部边郡区设有11处盐官。这一地区主要是利用分布在这一带的盐池煮盐，或者是煮含盐的土石为盐。

三是西南地区。在西南地区，如今四川、云南北部一带，主要是井盐。这一地区设5处盐官。

至于盐的生产、收购，还是按照东郭咸阳的方案执行。

官营煮盐有利于国计民生，而且在杜绝豪强兼并、加强国家统一方面有一定的作用，正如《盐铁论·复古》中所说：

---

① 夙沙氏：传说中远古炎帝的诸侯。煮海水为盐。

>令意总一盐铁，非独为利入也。将以建本抑末，离朋党，禁淫侈，绝并兼之路也。

铁和盐一样，自古以来都是关乎民生的举足轻重的物品。自战国以后，铁器逐渐成为农业、手工业等生产行业的主要工具，需求量大，且冶铁的利润极为丰厚，经营冶铁业者都发了大财。比如蜀卓氏，原是赵国人，秦攻破赵国后，将卓氏迁徙到蜀地，卓氏夫妇推着手推车去了临邛（今四川邛崃），采山鼓铸，走上了富裕之路，直到富可敌国。再如程郑，他从中原迁到临邛，也以冶铁起家，跟卓氏一样成为富豪；魏国人孔氏迁到宛县（今河南南阳）后，以冶铁为业，积下数千斤黄金；鲁人曹邴氏，以冶铁起家，富达亿万……

这些地方富豪依靠国家的自然资源发了大财，而国家财政则陷入危机之中，这一反差令汉武帝心里很不痛快，于是在御史大夫张汤提出由国家垄断冶铁，独占其利，以解决财政危机时，他很爽快地批准了。

元狩四年（前119年），孔仅任大农丞，专司官营冶铁事务。孔仅是南阳的大冶铁商，家资千金，是魏国人孔氏的后代。孔仅提交了一个官营冶铁的具体方案：在产铁的郡国设铁官，不产铁的郡国置小铁官，分管冶铁事宜。铁的冶炼、铁器的铸造和销售均由官府经营，有敢私自冶铁者，钛左趾，并没收其生产器具。

孔仅本人就是一个冶铁商人，和其他冶铁商一样对官营冶铁持反对态度。当他奉命到各地推行冶铁官营政策时，也像东郭咸阳那样趁机把一大批冶铁商的子弟委任为铁官，为自己谋取私利。毫无疑问，他也和东郭咸阳一样，被汉武帝免了职，改由治粟都尉兼大农令桑弘羊全权负责盐铁事务。桑弘羊对原来的铁官进行了整顿、扩充，在40个郡国设置了48处铁官。

48处铁官中，仅黄淮一带就有39处，形成了以今陕西、河南、山西、山东、苏北为主的5个中心区。黄淮一带是当时最重要的农业区，铁官多设在这一带,以便与农业生产的需要相适应。

从铁官的设置来看,并没有实现孔仅当初的预想。产铁的郡国的确设了铁官,比如河东郡富含铁矿,设了4处铁官;蜀郡临邛、南阳宛县、鲁国鲁县,是大冶铁商卓氏、程郑、孔氏、曹邴氏等人的发家之所,也都设了铁官。但是,不产铁的郡国并没有设置小铁官,只有极少数郡国设置了几处铁官,也是因为这些地方靠近铁矿才设的。没有铁矿的铁官只从事铸造。产铁的郡国,有的设置了三四处铁官,需要的劳动力自然就多,冶铁业的劳动力主要是卒徒。而修路、筑桥、治河、盖房、漕运、养马等工程,也都需要更卒承担。如此一来,产铁的郡国就出现了劳动力缺乏的情况,朝廷不得不临时征调一些民工,或在附近郡国再设铁官,分担一部分铸造任务。

每处铁官管辖几个作坊,并按顺序编号,铸造的铁器上都打上作坊的编号。比如,在河南省南阳市北关瓦房庄出土的犁铧泥模上有"阳一"字样,表示南阳郡铁官第一号作坊;在河南省郑州古荥镇发现一处汉代冶铁遗址,其中部分陶范和铁器上有"河一"字样,表示河南郡铁官第一号作坊。

冶铁官营制度扩大了冶铁业的规模,使得这个领域人力充足、资金雄厚,通过明确的分工、系统的安排,大大提高了冶铁业的生产力水平和产品质量。比如在今河南省巩县挖掘出来的一处汉代冶铁遗址,可以看出当时冶铁业的规模是相当大的,遗址占地超过2.1万平方米,有20座冶炼炉,以煤饼作为燃料炼铁,有时炼炉甚至可直接炼出熟铁和钢,可见当时的冶铁技术已经相当成熟。

官营冶铁业所制造的犁壁、犁铧、犁冠齐全的犁头,加上赵过推行代田法后所使用的耧犁,都有助于农业技术的发展及新耕作方法的推广。

官营冶铁,由官府垄断铸铁和铁器的销售,大大增加了朝廷的收入,对于消除割据势力、巩固国家统治也起到了很大作用。此前,大冶铁业主如蜀卓氏、程郑等大量使用奴隶生产,冶铁和销售收归官营后,对于清除工商业领域内残存的奴隶制有一定的积极作用。不过，官营冶铁和官营煮盐一样，触动了大工商业主的利益，引起了他们的强烈反对，尤其在西汉后期，更是遭到了一些人的激烈抨击。

无论如何，实行盐铁官营大大缓解了汉王朝的财政困难，这一点是毋庸置疑的。比如元鼎年间，汉武帝连年派军出征，军费耗资巨大。据《史记·平准书》说，汉军接连打了3年仗，杀掉了西羌①入侵的军队，汉军进入两越、番禺以西直到蜀南地区，初次设了17郡，姑且按照它们原来的风俗加以治理，不征收赋税。新郡建立后，汉武帝从南阳、汉中以南的各郡调拨大量的食、币、物以及驿传所用的车马被服等援立新郡。而新设郡县时常起兵造反，诛杀官吏，汉武帝调发南方的军队前去镇压，每年有万余人，所用军费都靠大农支给。大农则经过均输官调各地盐铁所得，补充赋税的不足。由此可知，这笔大开销是由均输官调拨售卖盐铁的钱供给的，这就充分说明盐铁官营在解决政府财政危机方面有巨大作用。

不仅如此，盐铁官营在一定程度上还达到了建本业抑末业的目的，防止盐铁业利用经济力量结成"朋党"与官府对抗，禁其"淫侈"生活，防止其兼并农民的土地。盐铁官营也有助于削弱诸侯王的经济实力，使其无法与中央抗衡及发动叛乱。

五、均输平准

汉武帝在实行盐铁官营的同时，推行了均输平准政策。

汉朝时，各郡国每年都要向朝廷贡献输送一定数额的物品，假若贡品产于其他地方，还得派人去采购，然后雇人转运到京师。这就给商人提供了从中渔利的机会，他们趁机抬高物价，大发横财。有些贡品在当地属于上品，但是到了京师就不稀奇了。而那些偏远的郡国所贡献的物

---

① 西羌：汉朝时，时居住在陇西郡（治所在今甘肃临洮南）以西以南诸羌人的泛称。

品几经周折,长途运输,难免会损耗和破坏,即使能完好无损地运到京师,其价值还抵不上运输费用。这样既增加了人民的负担,又使朝廷蒙受损失,实在是劳民伤财,得不偿失。但官员们可不管这些,他们只管按惯例做事,对贡输之积弊熟视无睹。

元鼎二年(前115年),桑弘羊被任命为大农丞,担任大农令的副手,统管会计事务。

桑弘羊不愧为当时著名的理财专家,当上大农丞后,他很快发现了贡输的弊症,于是向汉武帝提出了均输之法。

"均输"一词在战国时期便出现过,如《越绝书》中说:"吴两仓,春申君所造。西仓名曰均输,东仓周一里八步。"但战国时的均输与经商活动无关。《盐铁论·本议》中也说:"盖古之均输,所以齐劳逸而便贡输,非以为利而贾万物也。"这也说明古代的"均输"活动与汉武帝时官府通过均输从事商业经营,为国家谋利是不同的。

在《盐铁论·本议》中记载了桑弘羊对于均输的解释:

往者,郡国诸侯各以其方物贡输,往来烦杂,物多苦恶,或不偿其费。故郡国置输官以相给运,以便远方之贡,故曰均输。

按桑弘羊的说法,只需在各郡国设立输官,专门负责营运,这样就节省了偏远郡国的运费,故名"均输"。南朝史学家裴骃的《史记·平准书·集解》对均输做了更为全面的解释:

谓诸当所输于官者,皆令输其土地所饶,平其所在时价,官更于他处卖之,输者既便,而官有利。

这一解释说明均输对纳贡赋的郡国地方有利,对国家也有利。

均输法的具体做法是:在各郡设均输令,郡国地方设均输官,负责处理均输事务;把各地运到京城的贡赋等物品按时价转运到价高的地方出售，再收购其他物品，辗转贩运，最后把国家所需物资运到京师。这样做既可以减省远方郡国的运费负担，又可使国家在辗转贩运中获得利益，并得到质量好的物资。这实际上是官府经办运输交易，与商人争利。

均输法开始实行时，由于有些郡国自行交换和买卖，相互竞争，一度引起了物价的波动，市场十分混乱。到元封元年（前110年），桑弘羊以搜粟都尉代理大农令职时，均输法经过5年试行，已经取得了一定的经验。于是汉武帝决定在全国推广均输，各郡国都设置均输官，由大农部丞10人统一管理。

这一政策只实施了一年就取得了良好的效果，山东漕运数字自汉初的数十万石猛增至600万石，太仓、甘泉仓都堆满了粮食，边郡也都有存粮；库存的帛计有500万匹。这一年，汉武帝率领18万骑巡狩北境，赏赐用帛百余万匹，金钱数以万万计，全都由大农供应。

均输法的实施与盐铁官营等措施结合，解决了当时朝廷的财政危机，而均输转贩运来的物资还起到了供"兵师之用"、防水旱灾荒的作用，同时减轻了偏远地区的运输负担。另外，朝廷控制运输和贸易权，也打击了靠贩运物品发财的商人。

不过，均输法在实施过程中也出现了一些弊端，国家原本要求把各地出的特产输运到中央，但在执行时却发生了均输官舍弃农民生产的东西，而索取农民不生产的东西，又设法迫使农民贱卖货物以供上求的现象。同时，均输官在土特产品的验收上往往挑剔刁难，在出卖货物时又施以种种欺诈手段，导致百姓承受双重负担。

元封元年（前110年），桑弘羊在推出均输法的同时，还在京师长安设立平准。据《史记·平准书》记载：

置平准于京师，都受天下委输。召工官治车诸器，皆仰给大农。大农之诸官尽笼天下之货物，贵即卖之，贱则买之。如此，富商大贾无所牟大利，则反本，而万物不得腾踊。故抑天下物，名曰平准。

也就是说，在京师长安设立一个平衡物价的机构。各地均输官运抵京城的物资，工官制作的各种器具，都由平准掌管。平准手中掌握了充裕的物资，当市场物价上涨时就抛售出去，物价下跌时就大量买进，以此来平抑物价，打击富商大贾囤积居奇和投机倒把的行为。

桑弘羊为什么要创办平准呢？一是因为告缗令的实行以及上林三官统一铸钱后，国库日益充裕。上林诸官都很有钱，他们纷纷到市场上抢购物品，以致物价上涨，不利于人民生活的稳定。二是均输法推行后，有许多在各郡国收购的物品要运到京师出售。各郡国均输官向大农上交的利润通常以帛代替，当时的帛既可以作为特殊商品使用，也可以作一般商品在市场上出售。

物价要平抑，而且官府手中又有大量物资，于是，聪明的桑弘羊创办了平准，以官府手中的物资来控制市场，平抑物价。《盐铁论·本议》中记载了桑弘羊的说法：

> 开委府于京师，以笼货物。贱即买，贵则卖。是以县官不失实，商贾无所贸利，故曰平准……故平准、均输，所以平万物而便百姓……

其实平准与战国初期李悝①的平籴法确实有相近之处。《汉书·食货志》中记载了李悝的说法："籴甚贵伤民，甚贱伤农。民伤则离散，农伤则国贫，故甚贵与甚贱，其伤一也。"所以，李悝要求统治者了解当年粮食的丰歉情况，在丰收之年以适当的价格把农民手中的余粮收购回来，在歉收之年则以较公平的价格把粮食粜出去。由此可见，李悝只是把这个办法用在粮食的购销上，而桑弘羊显然要高明得多，他的做法适用于国家所能垄断的一切货物。

从史料记载可知，平准的主要作用一是平抑物价，有利民众；二是

---

① 李悝：战国时期政治改革家、法家重要代表人物。

由大农各官掌握天下货物，通过贱买贵卖，增加国家收入，解决财政困难，同时使富商大贾无法牟取暴利。但它也和均输一样存在着诸多弊端，比如说垄断物价，买贱卖贵，影响了正常的商品流通；不法官吏与奸商相勾结，囤积居奇；商贾无所谋利，必然会侵犯一些中小商人的正当利益等等。

但汉武帝在非常时期，通过均输和平准这两项政策，使得朝廷垄断了商业，本该由商人获得的利润归朝廷，在不增加百姓赋税的情况下使朝廷的财政收支状况趋于好转，在一定程度上满足了汉武帝内政外交上的庞大需求。这一点是值得肯定的。

六、酒类专卖

汉武帝推行盐铁官营、均输平准等经济政策后，国家经济有所恢复，当时的财政困难也得到了缓解。可是收入多了，开支也大了。汉武帝是一个好大喜功又贪玩的皇帝，从元封元年（前110年）泰山封禅后，按规定每5年要去泰山修封、增封一次，但他有时不到5年就去一次，每次都耗费巨大。另外，汉武帝还经常到汾阴祭后土，到雍（今陕西凤翔）祭五帝，到各地祭名山大川，这些祭祀活动所耗费的钱财加起来又是一笔巨大的开支。

元封二年（前109年），堵塞黄河瓠子决口后，全国兴起了一次兴修水利的热潮，这一活动虽然是为了发展生产，但也要耗费大量人力、物力。元封以后，时有水旱灾荒发生，有时受灾面积大、灾情重、流民多，赈济灾民所费不赀。新开拓地区修建障塞等军事设施，戍守士卒的给养、新置20多郡的开销用度等，都是非常庞大的开支。更重要的是，汉武帝一向生活奢侈，对功臣的赏赐也相当慷慨。种种开支使刚刚有所缓解的财政又出现了危机，尽管桑弘羊等人想尽一切办法进行经济改革、增加收入，但国库仍然没有太多的积存。

太初元年（前104年），汉武帝派李广利率领军队攻伐大宛，第二年兵败回到敦煌；太初三年（前102年），汉武帝又增兵6万，下令征伐大宛。太初四年（前101年）春，李广利得胜，杀了大宛王，获得了汗血宝马。这次战争两次共征兵数十万，历时4年，路途遥远，最后胜利回到玉门的士兵只有一万多人、千余匹马。天汉二年（前99年），李广利又率兵3万出酒泉到天山攻打匈奴。骑都尉李陵率步卒5000出击匈奴，因寡不敌众，失败后投降匈奴。连年战事使朝廷又出现了财政困难，为解决财政困难，汉武帝把目光投向酒类买卖。

中国是酒的故乡，也是酒文化的发源地，是世界上酿酒最早的国家之一。中国古代有许多与酒有关的故事，酒与政治相关的故事也不少。据说殷朝灭亡的一个原因就是因为酗酒、嗜酒，周朝建立后，统治者吸取这一沉痛教训，严禁周族酗酒。到西汉初期，经济残破，粮食匮乏，为了减少粮食的损耗及防止"不轨之徒"聚众闹事，朝廷颁布了禁酒令，一是禁止民间私自酿酒；二是禁止聚众饮酒，并规定凡三人以上无故聚在一起饮酒的，罚金4两。文帝后元元年（前163年），文帝下诏说："近几年收成不好，又接连发生水灾、旱灾、瘟疫等，朕甚感忧虑……按人口平均土地，比过去增多了，但百姓们的口粮却严重不足，问题出在哪里呢？难道是百姓们在经商做买卖，损害农业生产的人太多？又或者是酿酒浪费的粮食太多？又或者是六畜吃的粮食太多？"于是禁止酒类买卖。景帝前元三年（前154年）夏发生旱灾，景帝下令"禁酤酒"，也就是通过禁止买卖酒，而让人们少酿酒，进而达到节约粮食的目的。

后来，随着经济的逐步恢复，酒禁渐渐宽松了。景帝后元元年（前143年）朝廷开始废止禁酒令，"民得酤酒"。汉武帝时，曾多次诏令天下畅饮5天，比如元光二年（前133年）、元朔三年（前126年）、太初二年（前103年）等，如果遇到大的礼仪活动，汉武帝也会赐民牛酒[①]。

---

① 牛酒：指牛和酒。古代用作馈赠、犒劳、祭祀的物品。

随着酒禁的解除和酿酒业的发展，酿造和买卖酒就成了一项获利颇丰的产业。

西汉初年，酒的酿造、销售都是由私人经营的，如著名的卓文君与司马相如私奔，到临邛后变卖车马买了一个小酒店，文君管理酒店，司马相如身穿"犊鼻裤①"与雇工们一起奔走服务。他们做的只是小木买卖，利润有限。但当时在交通发达的大都市，一年能卖1000瓮酒，这个利润就大了，几乎抵得上一个千乘之家的资财。

天汉三年（前98年）春，汉武帝下令"初榷酒酤②"，禁止民间酿酒、卖酒，将酒类买卖这一财源收归国家所有。酒类专卖成为汉武帝后期设置的官营专卖事业。

郑玄在为《周礼》作注时有这样一句话："以公事作酒者，亦以式法及酒材授之，使自酿之。"由此可知，榷酒酤是由官府供给私营作坊谷物、酒曲等原料，规定酿造格式，具体生产则由私营作坊分散独立经营。因为是"以公事作酒"，所以产品要上交官府，官府给私营作坊支付一定的酬金。这样一来，官府虽然没有垄断酒的生产，但控制了全部产品，实行专卖，独取其利。

汉代，榷酒酤政策实施了17年，到昭帝始元六年（前81年），规定除京师外，郡国榷酒酤废止。这个政策实施的时间虽然不长，却是当时国家财政收入的重要来源之一，与盐铁、均输并称为"三业"，对扭转汉武帝时的财政危机起到了决定性的作用。其后汉代统治者每遇到财政困难，就会实行榷酒酤。比如成帝时，天下虚耗，用度不足，丞相翟方进③多次建议官府卖酒醪。汉代的榷酒酤对后世的酒业政策也产生了深远的影响，唐、宋、元三代都曾在全国大规模推行过榷酒酤制度。

---

① 犊鼻裤：短裤，或谓围裙。
② 榷酒酤：中国古代封建政权实行的酒类专卖制度，亦称榷酤、酒榷。
③ 翟方进：字子威，汝南郡上蔡（今河南上蔡）人，汉成帝时历任议郎、博士、朔方刺史、丞相司直、京兆尹、御史大夫，后为丞相，赐爵高陵侯。

七、卖官鬻爵

为了缓解财政危机,汉武帝还采取了一些应急措施,比如卖爵、卖官、赎罪。

这些措施并非汉武帝首创,在他之前的几位西汉帝王都实行过。比如惠帝元年(前194年)规定:"臣民犯罪,可以出买爵三十级的钱以赎死罪。"这个规定有两个好处,对罪人来说,可以用钱来赎罪,一级二千,出六万,买爵三十级免死罪,获得自由;对朝廷来说,这既是一项德政,又可得到一笔收入,解决当时的财政困难。到文景时期,卖爵赎罪制度有了新的发展。文帝时,晁错曾向文帝建议,号召全国人民向朝廷进献粮食,使献粮之人受封爵位,可以免除罪刑;让百姓通过缴纳粮食而获得封爵,到五大夫这阶爵位以上,才可以免除一个人的徭役。文帝接受了这一建议,规定百姓缴纳粮食到边境的,六百石为上造①爵位,以后逐渐增加到四千石为五大夫爵位,一万二千石为大庶长爵位,爵位的高低以纳粟的多少来定。景帝时,因上郡以西发生严重旱灾,于是重新修改卖爵法令,用新的价格来招揽百姓。按刑律服劳役的人,可以向县官纳粟,以免除罪罚。

汉武帝多次采用卖官鬻爵的办法。比如,元朔二年(前127年),汉武帝派卫青等人率领数万骑兵抗击匈奴,夺取河南地,又迁徙10多万民工去修筑朔方城,花费了数十万以至百万万钱,导致府库更加空虚,于是招募百姓能向官府缴纳奴婢的,得以终身免除租赋徭役;原是郎官的增加品级,以及纳羊者得郎官。元朔五年(前124年),大将军卫青率领六将军及10多万人马抗击匈奴右贤王;元朔六年(前123年),大将军卫青又率六将军抗击胡人,府库耗尽。为了解决财政危机,汉武帝颁布诏书,准许百姓出钱买爵位和赎回被监禁的人,也可以交钱

---

① 上造:爵位名。战国时秦国始置。为秦二十等爵的第二级。

免除罪行。大臣们奏请设"武功爵"并采取有关的买卖、减罪、补吏、封官的办法。这次开武功爵17级，共值3000余万金。

其中，一级称为造士，二级称为闲舆卫，三级称为良士，四级称为元戎士，五级称为官首，六级称为秉铎，七级称为千夫，八级称为乐卿，九级称为执戎，十级称为庶庶长，十一级称为军卫，其余各级爵位名称失佚。第八级以上专用以奖励军功，第七级以下允许买卖，每级定价铜钱17万钱。买武功爵到一定级别的，可以优先补吏；到第七级千夫的，可以优先出任下级官吏，免除本人徭役，有罪则可减刑二等。武功爵的目的是为了显示军功，所以军功大的可以越等授爵，大的封侯或授卿、大夫，小的可以为郎、吏。这些规定曾付诸实施，如楼船将军杨仆就曾以武功爵的第七级千夫而为吏。

元鼎二年（前115年），汉武帝开始允许吏缴纳谷物补官，补为郎官缴纳的谷物多至六百石。过去是让民买爵、买官、赎罪，这次则是让吏缴纳谷物补官。元封元年（前110年），桑弘羊又请求允许吏以缴纳粮食补官，以及罪人纳粮赎罪，百姓向甘泉宫的仓库缴纳多少不等的粮食可免除终身赋役，不受告缗令的影响。天汉四年（前97年）、太始二年（前95年），朝廷两次下令犯死罪的人缴纳50万钱就可以免除死罪。

汉武帝时期，以钱物买官，最为人熟知的便是黄霸。黄霸是淮阳阳夏（今河南太康）人，出身于当地大族，被迁往云陵（今陕西淳化东南）。黄霸自小便学律令，热衷于仕途。由于他在律令上有所造诣，被征为"待诏"，但迟迟没见任用，黄霸等得很不耐烦，就捐了一笔钱，补缺为侍郎谒者。后来，他的一个兄弟犯了罪，他也被牵连其中，官位被褫夺。黄霸不甘心，又捐出一大批粮食，补为左冯翊二百石卒吏。

当时像黄霸这样出钱买官的人有很多，许多人是出钱买到第七级爵千夫，以求免役。因为征战沙场，死伤太多，如元光六年（前129年）第一次北伐匈奴，骑将军公孙敖麾下一万骑兵，伤亡7000人；元朔六年（前123年），右将军苏建麾下3000骑兵与匈奴伊稚斜单于激战一天，全军覆没。为了保全性命，老百姓只能纷纷交钱买爵。

　　汉武帝卖官爵的主要目的是为了敛财，但买爵后能够免役，就使国家失去了相当数量的徭役权。卖爵的收入，大部分用于军费、官俸和皇帝的自身消费。买官买爵者步入仕途，朝廷就得给他们发俸禄，买官爵的钱又分批还给了他们。另外，卖官职只要钱财，不问才德，结果导致官僚队伍鱼目混珠，官员素质下降，官场风气腐败。另外，卖官爵虽然为朝廷解了燃眉之急，但是因买到第七级千夫爵的人很多，导致征发士卒时应征的人很少。总的来说，卖官鬻爵是一个弊大于利的办法。

第六章 惠民施德兴水利

一、兴修水利

国以民为本，民以食为天，故而农业关系到国家的生死存亡、人民的安康福祉。治理水患、消除灾害，自古以来都被视为关乎"国之利害"的首要民政，是政府的重要责任所在，有些统治者甚至认为这是对上天意志的一种执行。汉武帝深知农业的重要性，也知道增加粮食生产是解决财政困难的最有效途径之一，而兴修水利、增加灌溉面积则是提高粮食产量的一个根本方法。所以，他在当政时期修建了不少水利工程。

从《史记·河渠书》和《汉书·沟洫志》记载的相关数据来看，中国古代大规模兴修水利的工程是从春秋时开始的，从战国到西汉，兴修水利工程出现了一个高潮，而西汉时兴修水利的高潮就发生在汉武帝时期。汉武帝相当重视兴修水利，只要地方发生水灾，他马上就会委派公卿大臣负责治水。

元光三年（前132年），黄河又从瓠子口决口，向东南经过巨野泽流入淮河、泗水，洪水泛滥，受灾地区遍及16个郡，无数良田被淹，庄稼被毁，人或为鱼鳖所食。

汉武帝得到消息后，立即派汲黯前往河南郡抗灾。汲黯奔赴河南郡，只见滔滔河水已经淹没了不少良田，难民无数，尸横遍野。这时雨还在不停地下，河南郡守束手无策，又不敢开仓赈灾。汲黯派士卒筑堤防洪，并要求郡守开仓赈灾。

郡守不敢，说道："这是国库，没有皇上的旨令，谁敢开仓，这是要杀头的啊！"汲黯正色道："这么多饥民，再不开仓，全饿死了怎么办？"但郡守还是不肯开仓救人。汲黯急中生智，朝国仓门口对郡守高呼："圣旨到，河南郡守接旨。"河南郡守听到"圣旨"两个字立马下跪接旨，并开仓放粮，灾民们都来排队领取粟米。汲黯高声说："灾民们，皇上体恤百姓，特开仓放赈。"被施救的灾民为了感谢皇上的体恤，都加入到河岸筑堤防洪的队伍当中。

当时武安侯田蚡为丞相，他的封邑在黄河（旧河道）以北的鄃（今山东平原），黄河从南边决口，东南受灾，河北则受益，这就使得封邑收入增多。

田蚡贪婪而短视，他身为丞相，却丝毫不顾及国家的经济损失，只想着自己的利益。他对武帝说："江河之决向来都是上天的安排，不容易用人力勉强堵塞，要是强塞的话，未必合乎天意。"一些方士也这样说，汉武帝深受天人感应思想的影响，也就没有再继续堵塞决口。此后20年，东南一带常年颗粒不收，其中以梁、楚一带最为严重。

直到元封二年（前109年），因为天旱少雨，加上汉武帝刚于泰山封禅，以为是天意，于是又派汲仁、郭昌征发数万人填堵瓠子口决口。这一次，汉武帝亲临工地决口处。面对着浩浩荡荡的黄河水，他下令牵来一匹白马，取来一对洁白的玉璧，投入大河的激流之中祭奠河神，表示对河神的敬意。他还写下了两首著名的《瓠子歌》：

瓠子决兮将奈何？浩浩旰旰兮虑殚为河。殚为河兮地不得宁，功无已时兮吾山平。吾山平兮钜野溢，鱼弗郁兮柏冬日。正道弛兮离常流，蛟龙骋兮放远游。归旧川兮神哉沛，不封禅兮安知外！皇谓河公兮何不仁，泛滥不止兮愁吾人？啮桑浮兮淮、泗满，久不返兮水维缓。

河汤汤兮激潺湲，北渡回兮迅流难。搴长筊兮沈美玉，河伯许兮薪不属。薪不属兮卫人罪，烧萧条兮噫乎何以御水！颓林竹兮楗石菑，宣房塞兮万福来！

第一首歌主要写黄河瓠子决口之后，洪水给沿岸百姓造成的危害。第二首歌则主要写了这次填堵决口的战斗场面：为了堵决成功，为了感动河神，汉武帝命令官员们自将军以下全部背负柴薪，参加堵塞决口的工程。他注意到东郡地区的百姓生火做饭烧的都是柴草，致使修筑堤坝所必需的树木藁草不足取用，于是命令砍伐卫地淇园的竹子，做成塞河工程减缓水流速度的"楗"和"石菑"，沉入水底，填土筑坝，逐次增加密实程度，终于堵住了决口。经受了20多年水淹之苦的黄河东南地区，终于消除了水灾。

汉武帝非常兴奋，眼望东流而去的黄河水，认为是自己的虔诚感动了河神，于是下令在瓠子合垄处的大堤上建造一座宫殿，赐名为"宣房"。殿名来自《瓠子歌》中的一句："宣房塞兮万福来"，含有防范洪水、祈求万福之意。汉武帝也想用这个水利工程向天下人证明他确实完成了"复禹旧迹"的使命。

在治理水害的同时，汉武帝还大兴水利工程。最先修建的是漕渠。由当时的大司农郑当时主持。郑当时在大农令任上整整11年，这一时期正是汉王朝财政危机愈发严重之时。身为大农令，郑当时不得不直面这个问题，思考解决之道，并最后提出了修筑漕渠的建议。

当时，汉都长安，每年要从关东漕运运输百万石粮食，供应京师。关东漕粟溯渭水西上，水道弯弯曲曲，航运极为不便。元光六年（前129年），郑当时上奏说："过去关东的粮食从渭水运来，预计6个月才能结束，而水路有900余里，而且时有难走的地方。引渭水从长安开渠，从南山下去到黄河300余里，路直，容易漕运，预计3个月可以结束。而渠下民田万余顷，可以得到灌溉。这样既可以减少漕运时间，又可以减省运输的士卒，使关中土地更加肥沃，收获更多的粮食。"汉武帝欣然同意了他的建议，很快选派齐地著名的水利专家徐伯①勘探线路，征发几万人开挖漕渠，用了3年时间才竣工。

漕渠在汉代的起点是从昆明池经昆明渠流经西安北郊的河止西村、沟上村，穿过灞河，经新筑镇、新丰镇、渭南、华县到华阴市北进入渭河，全长300里。漕渠完成后，漕运非常便利。汉初高祖时从关东运粮每年数十万石，漕渠建成后猛增到400万石，武帝元封年间增加到每年600万石。这充分证明漕渠对从关东地区向关中运送粮食等物资起到了重要作用，同时，渠下的百姓也享受到了极大的便利。

在开凿漕渠的同时，还修建了另一条渠道——龙首渠。当时有个叫庄熊罴的人上书说："临晋的百姓希望穿凿洛水灌溉重泉（今陕西蒲城东南）以东一万多顷盐卤地。这些土地如果有水灌溉，可以亩收十石。"汉武帝动了心，欣然同意这一建议，征发10万余人穿凿，从征县（今陕西澄城西南）状头村引洛水经商颜山（今名铁镰山）南行至临晋。商颜山一带土质疏松，渠岸容易崩塌，修渠的工匠们创造性地发明了"井下相通行水"的"井渠法"，即在距离地面三四十米深的地下开凿暗渠，这个地层土质硬，不易塌方。然后每隔一段距离凿一眼井，使井下渠道相通，形成一条长达10余里的井渠。这是我国历史上第一条地下水渠，后来传到西域，称为"坎儿井"，被视为中国水利工程的一大创举。因为这条渠在开凿时曾挖出龙骨化石，因此又称龙首渠。工程历时10余年才完成。

漕渠修成后，河东郡守番系上书说："从山东运粮至关中，每年百余万石，要经历砥柱山②下的艰难危险，丢失甚多，而且花费很大。如果能穿渠引汾河水灌溉皮氏县（今山西河津西）、汾阴县，再引黄河水灌溉汾阴、蒲坂下的土地，估计可得田地5000顷，这些都是河堤边闲弃的土地，现在用水灌溉后，预计每年可得谷物200万石以上。谷物沿

---

① 徐伯：齐郡（今山东临淄）人，本为水江。
② 砥柱山：位于河南陕县东北的三门峡黄河中间。

渭水上运，与关中没有什么差别，这样砥柱山艰险地带以东就可以不用运粮去关中了。"汉武帝认为他说得很对，于是征发数万人修渠、垦荒。不料几年后黄河改道，致使新渠无用，种田的人连种子费用都没有收回来。时间久了，粮田荒废，汉武帝便把这一地区留给迁来的越人，由少府收取少量租税。

据《史记·河渠书》记载，当时还有人上书建议挖通褒斜水道以运输粮食，汉武帝把这件事交给御史大夫张汤处理。张汤询问此事，上书者说："到蜀地要从故道走，故道多斜坡，弯曲而遥远。现在凿通褒水与斜水之间的河道，少斜坡，近400里。而且褒水与沔水相通，斜水与渭水相通，都可以行船运粮。运粮从南阳上沔水，转入褒水，离开褒水到斜水，其间有100多里，用车转运，从斜水下渭水。这样汉中的谷可以送到，山东从沔水运粮没有艰险，比经过砥柱方便。而且褒、斜木材竹箭丰富，可与巴蜀媲美。"汉武帝认为此人说得有道理，于是任命张汤的儿子张卯为汉中太守，发动几万人修筑褒斜道500多里，道路果然又近又方便，但是因水急多石不能运粮。

元鼎四年（前113年），倪宽升任左内史，负责治理京城长安所在的关中地区民政。倪宽，字仲文，千乘（今山东广饶）人。他担任左内史时，以儒家道德教化民众，采取了一系列奖励农业的措施并缓解了刑罚，重新清理了狱讼案件，选用了一些仁厚之人，体察民情，做事又讲究实事求是，不务虚名，因此深得关中地区百姓的拥戴。

关中地区在秦代曾修建郑国渠，两岸农民深得灌溉之利，土地肥沃。但倪宽了解到，郑国渠上游南岸高卯之田仍然十年九旱。汉朝初年，这里"百亩之收，不过百石"，仍有一部分农民衣食不足。于是，倪宽提议开凿渠道。

在得到汉武帝的同意后，倪宽征发民工，在郑国渠上修筑了6条渠道，史称"六辅渠"，两岸高卯之地得到灌溉，使原来的郑国渠发挥了更大的效用。为了避免纠纷、合理用水、兼顾上下游，他又制定和颁布了"水令"，沿岸老百姓按令用水，上下相安，关中地区出现了农业丰收、经济繁荣的局面。

田赋是第一等的,是汉朝赋税的重要来源之一。倪宽十分关心民间疾苦,收缴租税的时候,常常对丰歉不同的地区和农户进行适当调整,对一些贫弱户和因故不能及时缴纳的也同意延缓和减免,因而赋税征收速度较慢。后来,因军务用粮紧急,朝廷令各地区左内史征收赋税。于是,大户赶牛套车,小户担挑背负,交粮路上人车连绵不绝。结果,关中地区的赋税任务不但没有落后,反而成为完成得最快最好的。汉武帝愈加佩服倪宽的才能。

为了督促各地官员重视兴修水利,发展农业生产,汉武帝特意下诏表彰倪宽。诏令说:"农为天下之本,有泉流灌溉,才能生育五谷。左内史所辖的地区,名山川原众多,应当予以充分利用,在这里通沟渠,蓄水源,可以预防旱灾。今内史辖区内的水稻田租太重,应酌量减轻。官吏百姓应当努力务农,发挥土地的潜力,公平地使用共同的水源,千万不要贻误了农时。"

这个诏书表明了汉武帝对农业的重视,也说明了他兴修水利工程的目的是发展农业生产。

太始二年(前95年),郑国渠已经使用上百年,因年久失修,效益大减,长安粮荒严重。于是,赵中大夫白公又奏请在郑国渠以南再穿渠,引泾水从谷口(今陕西礼泉东北)起,到栎阳(今陕西临潼)入渭水。该渠长200里,灌溉农田4500余顷,农业产量大为提高,民众深受其利。当地流传的民谚说:

田于何所?池阳、谷口。郑国在前,白渠起后。举臿为云,决渠为雨。水流灶下,鱼跃入釜。泾水一石,其泥数斗。且溉且粪,长我禾黍。衣食京师,亿万之口。

为纪念白公的功绩,该渠被命名为"白公渠",后称"郑白渠",泾阳县百姓习称"白渠",是引泾诸渠中使用时间最长的一条。班固曾经在《西都赋》中说："郑白之沃，衣食之源。"

除此之外，关中地区的水利工程还有灵轵渠①、成国渠②、漳渠，国内其他地区也建有不少水利工程。《汉书·沟洫志》记载：

> 用事者争言水利。朔方、西河、河西、酒泉皆引河及川谷以溉田。……汝南、九江引淮；东海引巨定，泰山下引汶水，皆穿渠为溉田，各万余顷。它小渠及陂山通道者，不可胜言也。

在兴修水利方面，汉武帝远超以前的帝王，其数量之多、地域之广、规模之大都是空前的，当时水渠纵横交错，在全国形成了一个巨大的灌溉网，对农业生产的发展发挥了重要作用。

二、移民屯垦

为了解决战时财政困难，就地扩大农业生产，解决军民的粮食需要，同时又能保卫边疆，汉武帝实行了移民屯垦的政策。

汉王朝对土地的占有分为不同的形式：一是公田，即属于各级官府的无主荒地、草地、山川、园林、池泽等，有的公田可以开垦；二是各级官府直接经营管理的耕地、牧场、苑囿、池泽等；三是地主占有和经营的耕地、牧场、山林、池泽等；四是农民占有和使用的耕地、牧场、山林等。

到汉武帝时期，他三次迁徙关东富商豪强到关中，将这些人留下的土地收归国家所有；采取强硬措施打击、诛杀豪强地主，又没收其土地并转化为公田；还不断地开疆拓土，尤其是在对匈奴的战争取得胜利

---

① 灵轵渠：汉代关中地区人工灌溉工程，在今陕西周至东灵轵原下。东北流入渭水，灌溉今周至、户县一带农田。直到宋代，现已湮没。

② 成国渠：古代关中地区的人工灌溉渠道。汉武帝时开凿。自今陕西眉县东北渭水北岸，引渭水东流经今扶风、武功、兴平、咸阳，至灞、渭会合处东注渭水。北魏时已湮废。

后，在边疆地区得到了很多可供开发的土地。如此一来，各级官府直接经营和管理的耕地、牧场、山林、池泽等土地有了很大的扩充。为了巩固边疆和内地的军事要塞，更为了解决国家的财政困难，汉武帝决定实施移民屯垦政策。

移民屯垦政策可追溯到先秦时期。战国初期，楚国就曾迁移贵族到边境开荒，发展边境的经济，同时加强国防力量。汉文帝时，为了抵御匈奴、保卫边境，晁错上了两道奏疏——《守边劝农疏》和《募民实塞疏》，分析了秦王朝戍边政策的失误及匈奴民族活动的特点，主张"徙民实边"，并提出了两个建议：一是对安置移民提出具体措施；二是提倡学习古代的方法，将移民按军事建制严格地组织起来。晁错这一主张在当时起到了防御匈奴的作用，为汉初的经济发展和"文景之治"奠定了重要的物质基础，对后世影响很大。

汉武帝沿袭文帝的做法，大力推行移民开垦的政策。如元朔二年（前127年），匈奴入侵上谷、渔阳，杀1000多人。汉武帝派将军卫青、李息出云中，到达朔方以北的高阙塞（今内蒙古阴山西长城口），又向西到达符离（今内蒙古河套北），斩杀了数千人，收复了河南地，设置朔方、五原两郡。为了巩固对这一地区的统治，同年夏天，朝廷招募民众10万人迁徙到朔方。元狩四年（前119年），山东遭遇严重水灾，百姓流离失所。为了赈济灾民，汉武帝派使者调拨郡国仓库的粮食，但是仍然解决不了问题，于是又向豪富地主们募捐，"假贷（借贷）"给贫民，然而灾民甚多，还是无法救济，于是迁徙关东贫民72.5万人到陇西、北地、河西、上郡等地。同年，卫青、霍去病分道袭击匈奴，取胜，匈奴远逃，漠南一带成了荒地。汉武帝在此地置田官，征卒、吏五六万人，进行大规模的军事屯田；第二年，又徙天下奸猾之民到边地。元鼎五年（前112年），汉武帝在张掖、酒泉设立两郡，并在上郡、朔方、西河、河西等地开辟官田，派遣边塞的60万守军去垦田；次年，又派吏卒到今甘肃永登一带屯戍。接着不断扩大到上郡、西河及新建的武威、张掖、敦煌、酒泉四郡。在桑弘羊的谋划和组织下，这次大规模的军屯活动取得了圆满成功。60万屯田卒一边从事农业生产,一边保卫边塞,为保证战争的胜利做出了很大贡献。

为了发展农业生产,汉武帝还采取了假民公田的措施。所谓假民公田,就是官府将内地的一部分公田以租借的名义分给丧失土地的农民耕种,然后收取"假税",即田租,税率约为三十税一。元鼎三年(前114年),汉武帝颁布告缗令后,没收了工商业主的大片土地,于是水衡、少府、大农、太仆各置农官,在各郡县没收的土地上招募贫民耕种。另外,朝廷还开放了一部分原来由官府掌握的园池、苑囿租给贫民耕种,官府收取假税。

假民公田政策,使大量丧失土地的农民重新获得了土地,使大批流民能够自食其力,在一定程度上缓和了阶级矛盾。另外,这一措施也使内地许多荒地得到开垦,从而扩大了全国的垦田面积。流民得到土地,不再依靠国家救助,既节省了国家的财政支出,又为国家恢复和增加了税源,缓解了国家的财政紧张状况。

三、赈恤灾民

除了兴修水利之外,汉武帝时期另一项主要的公共事业开支是赈恤灾民。

汉武帝在位时,发生过多次大的水灾、旱灾、蝗灾、地震等灾害,他即位之初,连年歉收,民不聊生。比如,建元三年(前138年),平原(今山东平原、陵县、禹城、齐河、临邑、商河、惠民、阳信及吴桥等市县)河水泛滥;建元四年(前137年)六月发生旱灾;建元五年(前136年)又生蝗灾;建元六年(前135年)河内发生火灾;元光三年(前132年),黄河决口,附近16郡受灾20多年;元光五年(前130年)发生蝗灾、风灾;元光六年(前129年)发生大旱灾、蝗灾;元朔五年(前124年)大旱灾;元狩四年(前119年)关东发生大水灾;元狩六年(前117年)发生大蝗灾……

汉武帝在位54年，共发生灾害约三四十次。长年的自然灾害导致全国出现大量的贫民、饥民、流民。元鼎二年（前115年），平原、渤海、泰山、东郡等地都发生了旱灾，道路两旁饿死的饥民难以计数。元封四年（前107年），关东有流民200万，其中无户无籍的有40万。这么多的饥民、贫民、流民，怎能不使"城郭仓廪空虚"呢？

为了救济灾民，收拢民心，更为了维护社会稳定，汉武帝采取了多种赈灾恤民政策：汉初即有恤民政策，如汉文帝前元十三年（前167年），文帝赐天下孤寡之人布、帛、絮，拿出10万多匹帛赈济贫民。汉武帝沿袭先祖的这一做法。建元元年（前140年），他下诏"治国教民，把德行放在显著地位"。元朔元年（前128年），汉武帝下诏要以仁义为基准，褒扬有德之士，任用贤良之才，激扬从善之风，惩治不法之徒。元鼎二年（前115年），江南发生水灾，汉武帝派博士分道巡行江南，谕告不得重困贫民，调运巴蜀之地的粮食到江陵赈灾，吏民有赈救饥民的一一向上汇报。元鼎六年（前111年），汉武帝调巴蜀粮食赈济关东灾民；元封六年（前105年），赐所有贫民每人一匹布帛。

汉武帝救济灾民并非只停留在口头上，他深知得民心者才能得天下的道理，所以一向很重视对受灾民众的救济。比如，建元六年（前135年），河内发生大火灾，烧毁了千余家房舍。汉武帝派汲黯前去视察，汲黯经过河南（今河南黄河以南洛水、伊水下游等地），见河南万余家遭受了水、旱灾，便矫诏发河南仓粟赈济灾民。汲黯回来报告说："千家民宅失火是因为房屋相近、延烧所致，没什么可忧虑的。可是臣经过河内，发现那里的农民有万余家受水、旱灾，有的竟父子相食，所以臣用陛下所赐的符节为凭证，调运河内仓库里的粮食赈济了贫民。现在归还符节，并请治臣假托君命之罪。"汉武帝认为汲黯贤德，不但没有治他的矫诏之罪，反而更加敬重他。元光三年（前132年），黄河在瓠子地区决口，因种种原因未能及时堵塞，造成了长达20年的自然灾害。元封二年（前109年），汉武帝亲自到决口监督堵塞工程，最终堵塞成功，使东南16郡免遭水害。

依靠朝廷救济，只能解一时之急，无法从根本上解决问题，而且要耗费国家的巨额财富。为此，汉武帝在拨粮、款、布救济灾民的同时，还采取了一些相应措施进行补救，比如徙民垦田、假民于田等。他还禁止官吏对屯田、假田的流民进行剥削，禁止征收各种赋税，禁止侵扰流民等，为此还专门设置了一套《流民法》①。

另外，在元鼎之后，汉武帝还对部分地区的田租实行减免政策，比如元鼎六年（前111年），下诏减左、右内史地田租；元封四年（前107年）三月，免除汾阴、夏阳、中都三县及杨氏邑（今河北宁晋）当年的租赋；元封五年（前106年），免除巡行所经过的荆扬、江淮等地当年租赋；天汉三年（前98年），免巡行所经过的泰山、北地、常山等地的田租。

汉武帝所采取的一系列赈恤灾民措施，使百姓们安定下来，免于颠沛流离，从而缓和了阶级矛盾；同时还把农民束缚在土地上，接受封建统治，在一定程度上稳定了社会秩序，巩固了君主政权。

四、尊老重孝

自古以来，尊老都是中国的传统美德，华夏民族向来以"仁""孝"为道德标准。比如《礼记·礼运篇》中说："使老有所终，壮有所用，幼有所长，矜寡孤独废疾者皆有所养。"这是人们对理想的大同社会的向往。汉兴以来，向来重视优抚高龄老者。

汉文帝前元元年（前179年）下诏说：老人不穿棉服不暖和，不吃肉食不饱。岁首春初，要经常派人去看望年老的人，如果不赐给他们一些布、帛、酒、肉，怎么能够帮助天下的子孙孝养其亲呢？于是下令各县、道：80岁以上的老人，赐每人每月1石米、20斤肉、5斗酒；90

---

① 《流民法》：汉武帝为安抚流民，禁吏重赋而颁行的法令。

岁以上的老人者，再赐予2匹布、3斤絮。此外，九十者，一子免去赋役；八十岁者，可以免去二人的算赋。

汉武帝继承了先祖尊敬老人的传统，主张实施"遂其供养"的优抚措施，而且在尊赐的次数方面远远超过他的祖父文帝。建元元年（前140年），汉武帝下令：对年满80岁的人，免除全家2口人的赋税；年满90岁的人，免除全家兵役。同年四月，他诏令天下的孝子、顺孙，凡是愿意尽心尽力侍奉亲人，却常年因为公事被迫在外或因为家里没有钱财而无法尽孝，而且老人90岁以上的，在已有受鬻法①基础上，有子即免其子的赋役，无子即免其孙子的赋役，让他们得以带领妻妾执行供养之事。元朔二年（前127年）十一月，汉武帝又下诏：厚侍老人，孝敬老者。元狩元年（前122年），汉武帝遣谒者赐90岁以上的老人，每人2匹帛、3斤絮；80岁以上的老人，每人3石米。元封二年（前109年），汉武帝又下诏赐予每个老人4石米。

为了解决鳏寡孤独之人的生活问题，汉武帝还采取了尊奖孝悌力田的措施。

汉文帝就非常注重鳏寡孤独者的生活，曾于汉文帝前元十二年（前168年）派遣谒者赏赐孝者，每人5匹帛，悌者力田2匹；汉文帝前元十三年（前167年），文帝下诏在改革刑罚和减轻田租的同时，赏赐天下所有孤寡者布帛絮。汉武帝即位后，尊儒术，重德治，更加关心民众疾苦。

元狩元年（前122年），汉武帝下诏：

朕嘉孝悌、力田，关心老眊、孤、寡、鳏、独或匮于衣食，甚怜愍焉。现遣谒者巡行天下，存问致赐。

孝，指孝顺、善事父母；悌，指敬爱兄长，顺从长上。尊奖孝悌，

---

① 受鬻法：西汉官府定期向高龄老人提供粟米，用以养老的一项福利制度。

意在倡导一种良好的社会风气,在家族内部能够躬行孝悌,在社会上就能对上级官吏忠顺。力田是指尽力从事农业生产。中国素来以农为本,搞好农业,就奠定了社会稳定的基础。所以,汉代在乡、里设有孝悌力田的乡官,负责督导这两方面的事情。

汉武帝对孝悌力田的赏赐分为4个级别:一是赐县三老、孝者帛,每人5匹;二是赐乡三老、悌者、力田帛,每人3匹;三是赐90岁以上老人及鳏寡孤独者每人帛2匹、絮3斤;四是赐80岁以上的老人每人3石米。由此可见,当时赏赐的物品都是帛、絮、米,目的是解决这些人的温饱问题。诏书中还特别强调一点,即"县乡即赐",不要再召集县、乡三老、孝悌、力田者聚会。

汉武帝在尊孝恤鳏寡方面,其赏赐的次数远远超过其先祖。汉文帝时恤鳏寡孤独赐帛只有一次,汉景帝时一次也没有,而汉武帝则实施了七次,第一次是元狩六年(前117年)六月,汉武帝派遣博士褚大等六人巡行天下,慰问鳏寡废疾,无以自振业者就借贷给他们。元封元年(前110年)夏四月,汉武帝泰山封禅后,下诏要求对封禅沿途所到的博县(今山东泰安)、奉高(今山东泰安东)、历城(今山东济南)、蛇丘(今山东肥城)、梁父(今山东新泰)等县70岁以上的孤寡老人,每人赐帛2匹。元封二年(前109年)夏四月,他又赐孤独高年者每人4石米。元封五年(前106年),汉武帝南巡,又封禅泰山,后赐沿途诸县鳏寡孤独者帛,赐贫穷者粟。元封六年(前105年),汉武帝巡幸河东,拜祭后土,赐天下贫民每人帛1匹。太始三年(前94年),汉武帝巡幸东海、琅琊等地,赐所到之地的鳏寡孤独者每人帛1匹。

总的来说,汉武帝在抚恤鳏寡孤独、尊孝敬老方面取得了很大的成效,使一部分贫穷农民得到了实际的利益,不仅起到了稳定社会、确保统治秩序的作用,也巩固了父权、君权。

五、释奴赦罪

汉武帝所施行的仁义政策，还包括赦免奴婢、刑徒和犯罪之人以及大赦天下等方面。

释放奴婢是汉代各位皇帝的传统措施。汉高祖就曾下诏：贫民因为饥饿自卖为富人家奴婢的，都免为庶人。文帝前元二年（前178年）春，汉文帝下诏：对于百姓中犯有拖欠偿还、缴纳县署的种子与粮食之罪，或交纳不齐之罪，都予以赦免。文帝前元三年（前177年）七八月间，济北工刘兴居[①]谋反，汉文帝赦免了与此次事件有关的吏民和士兵。文帝前元四年（前176年），汉文帝下诏将入官府为奴婢者免为庶人。

汉武帝即位后，继续实施这项政策。建元元年（前140年），在"七国之乱"后的第14年，汉武帝下令，"赦吴楚七国帑输在官者"，赦免了当年叛乱首要官员被没为官奴婢的妻子。这一做法大大缓和了统治阶级内部的矛盾，给了这些人改过自新的机会。

大赦是汉代的一项正规化制度，新帝即位往往会大赦天下。自汉高祖到汉景帝60余年，朝廷共大赦天下22次，平均3年一赦。此外还有特别赦免。汉武帝大力支持这种普遍性赦罪的制度，并进行了一定的扩展。他在位54年，共赦18次，平均每3年一次。其中，因重大祭祀活动和其他特殊原因赦免刑徒、罪人共6次。

一般来说，帝王都是在即位或有大事发生时大赦天下，但汉武帝不同，他在改年号时也会赦天下，建元元年、元光元年、元朔元年、元狩元年、元鼎元年、元封元年、天汉元年、太始元年、征和元年、后元元年都不同程度地赦免罪人。如元朔元年（前128年）春三月，汉武帝下诏说："朕欣赏唐虞而乐观殷周，愿汲取历史的经验教训以为借鉴。现在大赦天下，与民更始。"

---

① 刘兴居：西汉济北王，汉高祖刘邦之孙，齐王刘肥第三子。

受天人感应思想的影响，若遇有灾异、祥瑞发生，汉武帝也会赦天下。比如，元光四年（前131年）五月地震，汉武帝下令赦天下；元封二年（前109年）六月，甘泉宫发现长了九茎连叶的灵芝，汉武帝认为是天降祥瑞，于是下诏赦天下。

另外，汉武帝非常重视祭祀，每次进行重要的祭祀活动，也会赦天下。比如，元封五年（前106年）春三月，汉武帝到泰山增封，在明堂中祭祀汉高祖，以配享于上帝；同年四月，他下诏"增修封禅，其赦天下"。天汉三年（前98年）三月，汉武帝巡幸泰山修封，祀明堂，同时接受郡国上计，夏四月，下诏赦天下。太始四年（前93年），汉武帝又巡幸泰山，祀汉高祖于明堂，因受计，后又祀汉景帝于明堂，又修封，于是在五月返回京都后下诏赦天下。

除了实行赦天下等措施，汉武帝还继续奉行汉初赐民爵的措施。元封元年（前110年）四月，为了提高农民的社会地位，汉武帝允许百姓入粟赎罪，赐天下民爵一级。太始二年（前95年）九月，朝廷又招募犯死罪之人，若缴50万赎罪钱，就减死一等。

以上释奴赦罪、赐民爵等政策，在缓和社会矛盾方面起到了很大的作用，在某种程度上防止了起义等聚众造反事件的发生。

第七章　马踏匈奴定北境

一、匈奴崛起

汉武帝在位 54 年，几乎穷毕生之力攻伐匈奴，解决北方的边境问题。当然，他能够这样做，一方面是凭借先辈创造的物质财富，另一方面则是借助于全面的战争准备，包括健全军制、加强骑兵建设；政治上加强中央集权；经济上征收商人车船税、实行盐铁官营政策等。以上这些措施，为战略反击匈奴创造了军事、政治、经济条件，于是，汉武帝采取软硬兼施的手段，揭开了大规模战争的帷幕。

匈奴是我国北方的一个古老的游牧民族，据《史记·匈奴列传》记载，匈奴族是夏后氏[①]的后裔，始祖叫淳维。

大约在战国中期，匈奴迁居到了长城以北。匈奴人擅长骑马射箭，民风剽悍，秦统一六国后，匈奴头曼单于统一了匈奴各部落，建立政权，匈奴进入了奴隶制社会。头曼单于制定和建立了刑法和监狱。他总是四处掠夺，发动战争。他下令战争俘虏全归俘获者所有，这样战俘就变成了私人奴婢，所以作战时，匈奴士兵人人争先，残酷凶悍。头曼单于成了一个富有侵略性、掠夺性的奴隶制军事贵族统治集团的首领。

头曼单于把匈奴的国家统治机构按军事系统进行编制，设置了左右

---

① 夏后氏：古部落名。相传禹为其领袖，其子启继位，确立王位世袭制，建立中国历史上的第一个朝代，即夏。

贤王、左右谷蠡王、左右大将、左右大都尉、左右大当户、左右骨都侯，共24个长，大的率数万骑，小的领数千骑，都是单于的直接臣属，官员职位可以世袭。单于由大贵族挛鞮氏世袭，加上呼衍氏、兰氏、须卜氏家族，号称四大贵族。呼衍氏、须卜氏常与单于通婚。各24长长官也各置千长、百长、什长、裨小王、相、都尉、当户、且渠等官职。

匈奴是游牧民族，社会发展较落后，靠畜牧、狩猎和劫掠为生，汉景帝时的晁错对匈奴有过这样的描述："匈奴的技艺与中原不同。上下山坡、出入溪涧，中原的马不及他们；在陡峭的险道上一边飞驰，一边射箭，中原的骑兵也不及他们；栉风沐雨，忍饥挨饿，不知疲倦，中原人又不如他们。"

匈奴占地不及中原的一个地区，但他们的野蛮、凶悍却让汉人闻风丧胆，逼得赵武灵王不得不"胡服骑射"，逼得秦始皇不得不修万里长城。匈奴自崛起之日起，就对中原地区构成了极大的威胁。匈奴骑兵所到之处，蹂躏庄稼，劫夺财产，杀掠吏民，抢掠人口，把大批汉人掳为奴隶。战国时期，匈奴因与燕、赵、秦三国接壤，不断南下劫掠，使得这三国一边逐鹿中原，一边穷于应付匈奴，苦不堪言。

秦二世元年（前209年），头曼被其长子冒顿所杀。当时头曼宠爱后娶的阏氏①所生的儿子，于是把冒顿送到月氏为人质，然后攻打月氏国，企图借刀杀子，为自己喜爱的儿子扫平道路。但冒顿夺马单骑逃脱，头曼为了嘉奖他的骁勇，命他统领一万名骑兵。冒顿很聪明，发明了一种响箭，叫"鸣镝"，用来训练骑兵。他要求这支骑兵队伍绝对服从，鸣镝所射，所有部将必须遵从，若有不从，一律杀头。冒顿用鸣镝射自己的宝马，有的骑兵不敢射，冒顿就亲手砍了这些人的头。不久，冒顿又射杀自己的爱妻，仍有骑兵不敢跟随，他又把这些人杀了。后来有一次，冒顿出猎，射头曼单于的坐骑，这一次骑兵们不敢再违抗，都毫不犹豫地朝目标射箭。直到这时，冒顿才认定这支军队可用。一天，

---

① 阏氏：亦称"焉提""阏支"。汉时匈奴单于、诸王之妻的统称或尊称。

冒顿随父出猎,突然以鸣镝射向头曼,他的骑兵立即跟着发射,射杀了头曼。冒顿自立为单于。

冒顿即位不久,东胡①王认为他立足未稳,派使者去索要千里马。为了麻痹东胡,冒顿不顾群臣反对,将千里马送给东胡王。东胡王得寸进尺,不久又索要单于阏氏,匈奴左右大臣都恼怒地要求出兵攻打东胡。但冒顿还是选择了忍让,满足了东胡王的要求。至此,东胡王认为冒顿软弱可欺,不再把他放在眼中,放松了警惕。冒顿乘机稳固统治,扩充军备,等觉得自己足够强大时突然发兵攻打东胡。东胡毫无防备,一触即溃,东胡王也被杀掉,民众及畜产都成了匈奴的战利品,东胡灭亡。冒顿单于乘势西攻河西走廊雍州的月氏②,逼迫月氏西迁,从而解除了两面的威胁。

随后,冒顿又率领匈奴兵征服了楼兰、乌孙、呼揭③等20多个小国,控制了西域大部分地区;又向北征服了浑窳、屈射、丁零、鬲昆、薪犁等国;向南吞并了楼烦及白羊④河南王的辖地,重新占领了河套以南地区。经过几年的疯狂掠夺,匈奴形成了一个拥有几十万人口,东接朝鲜、北至西伯利亚、西达葱岭、横跨蒙古高原、与羌相接,向南延伸到今晋北、陕北一带,与汉王朝相接的奴隶制国家,号称将诸引弓之民并为一家,拥有控弦之士30余万,是当时北方最强大的国家。

西汉初年,国势衰弱,百业待兴,根本无力与匈奴进行抗争。为求得北方的暂时平静,新生的西汉政权只得委曲求全,实行和亲政策,选汉家女子嫁给匈奴单于为阏氏,赠匈奴千金,同时,每年还要奉送大量的丝织品、酒、米等。另外,汉朝还被迫开放"关市",允许匈奴和汉朝通商。这些举措给汉王朝带来了巨大的损失,但这样仍

---

① 东胡:我国古代少数民族。因居于匈奴(胡)之东,故名。
② 月氏:西域古族名。周至汉初游牧于敦煌、祁连山一带。亦称"月支""禺知"。
③ 呼揭:汉时西域国名,亦作"呼偈""乌揭"。在今哈萨克斯坦斋桑湖至新疆阿尔泰山间额尔齐斯河流域。
④ 白羊:古国名。位于鄂尔多斯高原与河套地区一带,其王称河南王,后被并入匈奴,成为匈奴的附属国。

无法满足匈奴奴隶主贵族的贪欲,无法换取北方的安宁和人民生命财产的保障。

到文景时期,汉帝国正处于恢复状态,国力逐步强大,但无为而治的黄老思想又推迟了匈奴问题的解决。因此,匈奴问题一直是汉初各位帝王心中的一根刺,极欲拔之而后快。

二、和战辩论

汉王朝经过六七十年的休养生息,社会经济空前繁荣,国力的恢复为大规模战争提供了极好的物质条件。汉武帝即位之初的几年里,虽然对匈奴背信弃义、违约犯边的做法感到很愤怒,但是他并没有马上做出强硬的反应,主要是因为当时汉景帝驾崩不久,国内尚待稳定,而且黄老无为的思想仍占主流,以武力抗争的条件并不成熟。为了不让国家因为战争而陷入穷敝状态,汉武帝继续奉行汉初的和亲政策,发展两国之间的关市贸易,并继续给匈奴供应财物,以求得边境的暂时安宁。

建元六年(前135年),匈奴军臣单于派使者到长安请求和亲。此时窦太后刚刚去世,汉武帝亲预国政,在和亲一事上,他没有独断专行,而是把此事交给大臣们讨论。

大臣们主要分成两派——主和派和主战派,他们进行了激烈的争论。主战派以大行令①王恢为代表,主和派则以御史大夫韩安国为首。

王恢是燕国人,边吏出身,熟习匈奴事务,他认为匈奴反复无常,汉王朝与匈奴和亲并不能彻底解决问题,所以主张以武力反击匈奴。御史大夫韩安国对此观点进行了反驳:"在千里沙漠中作战对匈奴人来说易如反掌,对汉军来说却困难重重。现在匈奴统治者依恃骑兵的威力,怀着不易满足的贪婪心理,四处侵掠。且他们的骑兵移动集结的速度非常快,不是能用武力轻易解决的。如果派大军反击,必须先驰驱数千

---

① 大行令:官名。西汉景帝中元元年(前144年)由典客改名,掌管少数民族事务。

里，这样即使不打仗，人马也会很疲惫。如果匈奴想全力应战，就会调动全部力量来攻击我们疲惫不堪的远征军。如果他们疲于应战，就会逃得无影无踪，使得我们的大军徒劳往返。依臣之见，还是与匈奴和亲为上策，免得大军远征无功，劳民伤财。"

韩安国是梁国睢阳人，他自幼博览群书，是当时远近闻名的辩士与学问家。初事梁孝王，为中大夫。在"七国之乱"时，他作为梁国的将军，协助梁王刘武抵挡住了叛军的猖狂进攻。这之后，他又做过梁国的使者和内史，是梁国实际上的治理者。梁王刘武争储不成，暗杀袁盎等10多位大臣，多亏韩安国因献计杀掉两个手下主谋，梁王刘武才保住性命。汉武帝久闻韩安国贤能，于是任命他为北地都尉，后来又升他为大司农、御史大夫。

韩安国因做过北地都尉，了解匈奴的情况，对边防战争问题有着独到的见解。加上他久负贤能之名，说出来的话具有很大的分量，因此他的意见得到了朝中许多大臣的赞同。在这种情况下，汉武帝勉强同意和亲，让人找来一个民间女子装扮成公主，嫁给匈奴单于，两国继续进行贸易，互通有无。

元光元年（前134年），主战派王恢再次向汉武帝献计攻打匈奴。汉武帝觉得王恢的计策可行，于是召集群臣进行商议。他说："朕与匈奴单于和亲，不仅嫁给他公主，还赠送给他大量的钱币、丝帛、锦绣，可是单于更加傲慢无礼，经常侵略我国，使得北部边郡多年来一直受到骚扰。朕非常怜悯北方边郡的老百姓，现在打算出兵反击，大家觉得怎么样？"此话一出汉武帝主张出兵反击匈奴的想法不言而喻。

王恢听了汉武帝的话，心里有了底气，抢先发言道："臣听说战国时的代国在没有被分割之前，东北有强大的东胡族虎视眈眈，西南有中原国家的攻击，处在这样前后夹击中的代国虽只是一小国，却能够养老抚幼，及时耕种不误农时，而且百姓勤劳，仓库充实，这就使得外敌不敢轻易侵犯。现在以陛下的神威，四海统一，天下归心，国力与代国不可同日而语。陛下又遣子弟率兵防守边城和要塞，粮食运输的车队不绝于道,防御能力也不是代国所能比拟的,但匈奴的侵略却无休无止,原因就在于汉朝不为匈奴所惧。所以臣以为应当反击匈奴,给它一个沉痛的教训。"

韩安国听后又对此进行了强烈的反驳:"臣听说高皇帝在平城白登山(今山西大同东北马铺山)被围的时候,七天都没有饭吃。但他解围回京之后,并没有表现出愤怒的情绪。这是因为圣人以整个天下来衡量事情,而不是出于个人的愤怒来伤害天下百姓。正是因为考虑到这一点,所以高皇帝与匈奴和亲,到现在已有五代人受益,这是不可辩驳的事实。孝文帝也曾经调动天下精兵,聚集在广武常溪(今山西雁门境内)的山谷里,想一举歼灭入侵的匈奴,结果重兵北调,内部空虚,以致济北王刘兴居发兵袭击荥阳,企图夺取中原政权。孝文皇帝只得匆忙收兵,攻打匈奴也就徒劳无功了。这事使孝文皇帝领悟到对外用兵不能持久的道理,所以又与匈奴和亲。两位圣上的事足以效法,故臣认为还是不反击为好。"

王恢立即反击道:"臣听说五帝不同礼,三王不同乐,不是有意不同,而是时代不同了。高皇帝从事战争几十年,戎马倥偬,之所以忍辱负重,不报平城之围的屈辱,并不是力量不够,而是要休养生息,顺应天下的愿望,解决老百姓的温饱问题。现在国家强大了,边境仍受到威胁,兵士伤亡惨重,运送在道路上的棺材前后相连,这是让所有大汉臣民痛心之事。所以臣以为还是应该出击匈奴,避免这种悲剧继续上演。"

韩安国毫不示弱,又说:"臣听说没有十倍的好处不能轻易改变旧业,没有百倍的功利不能随意改变常规。因此,古代的君王考虑国家大事之前,要先祭问祖庙,改变大政要先占算龟筮,以表示慎重。夏商周三代盛世,不要求夷狄①归顺中国,并不是其威力不能制服夷狄,而是

---

① 夷狄:亦作"夷翟"。古代泛指中国东方各族为"夷",北方各族为"狄",因而用以泛指异族人。

因为夷狄所处的地方太偏远,民智太落后,没有这个必要。况且匈奴军队非常敏捷凶悍,来如疾风,去如闪电,畜牧射猎,居住无常,难以制服。现在要发动战争,使得边郡人民长期不能耕种纺织,而去支援打仗,这很难办到。所以臣下坚持认为不要轻易与匈奴刀枪相见。"

未央宫内唇枪舌剑,你来我往。王恢见韩安国占了上风,不自觉地将声音又提高了八度:"臣听说凤鸟乘风,圣人乘时,都是善于借助时机。从前秦穆公在雍地时,只有方圆300里的一块小地方。但他借助时势的变化,攻占了西戎的土地,得地千里,吞并了14个小国,即现在的陇西和北地两郡。后来蒙恬①做了秦将,侵占了东胡,开辟土地几千里,又以黄河为界,累石为长城,种树为险塞,使得匈奴不敢南下牧马。这都是以武力换来的。所以臣以为匈奴只可威服,不可以仁畜②。现在以中国的强盛,万倍于古的物资,只要用百分之一的力量去攻击匈奴,就像用强劲的弓箭去射击将要溃破的疽疮一样,必能获得成功。假如再在西北边发动匈奴的另一个仇敌月氏国,一起夹击匈奴,完全可以击败匈奴。所以臣还是坚持以武力还击,这样才能慑服匈奴,保证北部边郡的安宁。"

汉武帝之前奉行和亲政策,是觉得出兵匈奴的时机还不成熟,现在听了王恢的辩词,加上王恢所献的计策,他抗击匈奴的决心更坚定了。早在建元三年(前138年),他就派张骞出使西域,寻找抗击匈奴的西域盟友大月氏,虽然还没有回音,但他内心已经决定要给匈奴点颜色看看。

韩安国也知道汉武帝一直想抗击匈奴,但他还是想劝皇帝以和为贵,他说:"臣听说用兵之人以饱待饥,以治待乱,以逸待劳,才能够每战必胜,伐国破城,坐而制敌。这是圣者用兵的原则。臣又听说,衰止的大风吹不起羽毛,力量用尽的强箭穿不透薄薄的鲁缟。有盛必然有

---

① 蒙恬:秦将蒙骜之孙,蒙武之子。祖籍齐国。秦统一六国后,率兵30万击退匈奴,收复河南地,修筑长城,驻守北境数年,匈奴不敢进犯。

② 仁畜:以仁道养之。

衰，有朝必然有暮。现在要动员所有军队轻易进攻，长驱深入，很难立功。这是因为所有军队一起前进，就会互相妨碍，分开前进又会前后脱节。前进得太快，粮草跟不上；前进得太慢，则会丧失战机。这么多的人马，如果没有充足的粮草，走不到 1000 里，人马便会没有吃的。像这种情况，正如兵法书上所讲的'遗人获'，就是把好机会都给敌人送去了。是否还有别的妙计，可以擒住敌人，我并不知道。不然的话，臣看不出深入敌境会有什么利益。所以臣认为在出击匈奴的问题上应慎重考虑。"

韩安国的理由听起来似乎很充分，但他的态度已经没有刚开始那么强硬了。

这时，王恢补充道："经霜的草木很怕风吹，如镜的渭水可以照出形影，有头脑的人不会受到言语的扰乱。现在臣所说的进击匈奴不是深入敌境，而是把单于引诱到边境上来，我们选择精锐的骑兵和强健的士兵，设置埋伏，做好准备，利用险要地形，加强警戒。我们的阵势一旦确定下来，左右前后都有兵力，一定可以抓住匈奴单于。"

在这场激烈的辩论中，主战派和主和派都充分地列举了自己的理由，但决策者汉武帝一开始就给辩论定了主战的调子，王恢又强调了反击的好处和诱敌的必胜结果，所以汉武帝采纳了王恢的建议，决定以武力反击匈奴。

三、马邑之谋

元光二年（前 133 年），汉武帝开始实施王恢提出的计划。这个计划是雁门马邑（今山西朔州）一个名叫聂翁壹的豪强献给王恢的。聂翁壹也是主战派，他听说王恢在第一次朝堂辩论中失败，便想出了这个计策，他对王恢说："匈奴虽然累犯北郡，但一直还与大汉和亲，因此他们不会怀疑我们有突然反击的军事计划。我们只要把他们的主力引诱进来，用精壮的伏兵袭击，一定能打他们一个措手不及。"王恢深以为然。

经过第二轮的辩论，王恢取得了胜利。

元光二年（前133年）六月，汉武帝任命卫尉李广为骁骑将军、太仆公孙贺为轻车将军、大行令王恢为将屯将军、太中大夫李息为材官将军，另外任命御史大夫韩安国为护军将军，总领诸将，率30万大军埋伏于马邑旁的山谷中。同时派聂翁壹带着货物到长城外与匈奴交易。聂翁壹拜见了军臣单于，说："我可以斩杀马邑令丞，以城降，财物可尽得。"军臣单于利欲熏心，信以为真，便让聂翁壹回去依计行事，自己则集结兵马，只等聂翁壹动手就发兵接应。

聂翁壹回到马邑，与韩安国等人密谋之后，把一个死囚犯的人头割下来悬挂在城门之上，然后对军臣单于派来的人说："我已经取了汉朝官吏的人头，你等速去请单于进城。"匈奴使者飞驰向军臣单于报信去了。

军臣单于听了使者的汇报，立即率10万匈奴兵杀奔过来，一路上竟然不见汉兵阻击，原野上牛羊成群，却不见放牧的人。军臣单于不禁起了疑心。原来，聂翁壹为了让匈奴人上当，除了在马邑城高挂几颗头颅外，还在城外百余里的地方散放畜群，以制造太平假象。不想他弄巧成拙，却忘了派人去看管这些牛马，结果使军臣单于生了疑心，他走到武州（今山西左云南）后急令兵马停止前进，带兵扑向不远处的一个亭堡。亭堡是用来瞭望敌情、联络消息的。每100里有一个亭堡，由亭尉和一些士兵把守。当时亭尉已经接到军令，要引诱匈奴进入马邑的伏击圈。

军臣单于攻下亭堡，抓住亭尉，拿出刀架在亭尉的脖子上，吓唬他说："你把实际情况老老实实地告诉我，我会重重赏你；要是你敢撒半句谎，我便砍掉你的脑袋。"

那个亭尉贪生怕死，以为军臣单于已经知道了伏击计划，于是把汉军的计划和布置全盘供了出来。军臣单于一听，愤怒地说："我也觉得有些不对劲，但没想到其中竟然有这么大的阴谋。"他立刻下令全军火速撤退，逃到自己的边界上。军臣单于心中暗自庆幸，对臣下道："我得到亭尉，真是天意。上天叫亭尉说了实话，我不能不赏他。"他马上封那个亭尉为"天王"。

这时，王恢已经把大军埋伏在马邑附近，自己带两三万人抄出代郡，从北边迂回，想去截断匈奴的退路。结果却收到了匈奴进到武州就退回去的消息，他领了两三万人马怎敢与匈奴的10万骑兵对抗，为了保全自己的性命，他不敢追击匈奴，立马就退了回来。

韩安国带领30万人马在马邑周围埋伏死等，直到下午也没见到一个匈奴兵的影子，于是派士兵前去打探，这才知道匈奴已经逃回去了。他只好临时改变计划，率领大军追了上去。他们追到边界上，也没见到匈奴兵的影子。韩安国担心这样回去不好交差，就派使者去约军臣单于在马邑城较量一下，但军臣单于一口回绝了他的要求。韩安国无可奈何，只好垂头丧气地带领大军空手而还。

第一次出兵匈奴以失败而告终，汉武帝很生气，认为此计是王恢献上来的，而他又临敌畏缩不前，于是下令把王恢打入大牢，等待时机把他处决。

王恢入狱之后，听廷尉说要把他办成死罪，心里十分焦急，连忙让家人准备千金，求田蚡帮忙通融一下。

田蚡不敢直接去找汉武帝，转而告诉了王太后。他对王太后说："马邑设围本来是为江山社稷着想。王恢主张这么做也是为了汉室江山永固，现在把他杀掉了，就等于替匈奴报了仇。军臣单于知道王恢被杀，一定会非常高兴的。"

王太后把这话又对汉武帝讲了一遍，希望皇上看在她的面子上饶王恢一命。但汉武帝说："首先主张在马邑设围、攻击匈奴的是王恢，我发兵30万，派了几位将军依照他的计划行事。事情虽然有所不济，我也不会强追他的责任。但即使单于逃跑，王恢恰好在后面包抄，他如果带领军队出击也会有一点收获吧？这样也可以用来安慰士大夫和国人的心。但王恢却眼睁睁地放单于逃回去了。这次不杀掉王恢，难以向天下人交代。"

王太后知道汉武帝为了自己的面子是不会吝惜臣下性命的，于是她把汉武帝的话转告给田蚡。田蚡没有办法，只得回绝王恢的请求。

王恢在狱中知道这件事后，心里又怒又恨，他深知自己已然没了生路，便在狱中自杀了。

四、龙城之战

"马邑之围"失败以后，汉武帝暂时不敢贸然远击匈奴。而军臣单于有所警觉后，断绝了与汉朝的和亲，双方开始连年交战。军臣单于不断派兵南下侵夺汉朝的边境城邑，践踏庄稼，掠夺财物和人口。汉武帝对匈奴的骚扰忧心忡忡，他知道匈奴行动迅捷，不太容易用武力制服，因此一直在积蓄力量，训练军队和士卒，准备有朝一日大举反击匈奴。

元光六年（前129年），军臣单于发动了一次大规模入侵中原的战争。匈奴骑兵一路烧杀抢掠，长驱直入，其先头部队一直攻到了上谷地区。汉武帝闻报勃然大怒，马上召集高级将领商议，下令予以反击。他任命卫青为车骑将军，率领一万骑兵，出上谷，正面攻击匈奴；公孙贺为轻车将军，带领一路人马从云中出发；公孙敖为骠骑将军，带领一路人马从代郡出发；李广为骁骑将军，带领一路人马从雁门出发，后三路人马作为卫青的策应。

由于担心这次用兵吃亏，汉武帝只允许这四路人马在关市①附近寻找机会歼敌立功。他采取这种兵分四路的办法，分进突袭，力求在不深入敌境的情况下，在边境附近给予入侵者以有力的打击。分进突袭，目的是使匈奴人左右难顾，而且又能提高部队的推进速度。但军臣单于也是个军事行家，他没有上当，而是采取各个击破的方法，从而打破了汉武帝的美梦。

军臣单于探听到汉武帝派了四个将军分兵四路北上，便根据汉军的推进线路重新布置了人马。匈奴人最怕的是李广。在四个汉军将领中，

---

① 关市：此处指汉朝和匈奴交易的场所。

李广是资格最老、本领最大而又能征善战的将军。

李广是陇西成纪人,他的先祖是秦朝的名将李信。李广家里都是行伍出身,射箭的技艺一代代地传了下来,而李广是其中箭术最高超的一个。

汉文帝在位时,李广曾随军北击匈奴,因为箭法高超,他射杀匈奴骑兵数十人,被封为郎官并侍从在汉文帝左右。他还时常随汉文帝一同外出打猎,多次猎杀猛兽。汉文帝曾对他说:"可惜你生不逢时,要是你生活在高皇帝打江山的时候,封你做个万户侯是没有什么问题的,完全可以光宗耀祖。"

汉景帝时,李广跟随太尉周亚夫平定"七国之乱",但因为梁王私下里给了李广将军印,所以汉景帝就没有重赏他。不久,汉景帝派李广到上谷地区当太守。他仗着一身武艺,多次与匈奴人交战。汉景帝怕他太鲁莽,白白丧命,又调他到上郡做太守。后来他又当过雁门太守、代郡太守和云中太守。

这次出兵匈奴,汉武帝吩咐李广带领一万兵马从雁门出发,北逐匈奴。军臣单于知道四个将军中最难对付的是李广,便把大部分兵力集中在雁门这一带,并在雁门北部设置了一个大伏击圈,准备活捉李广,收降他。

李广从雁门北上,每战必胜,一时杀得兴起,领着手下人向北急速推进。他哪里知道这是军臣单于的诱军之计,目的是引诱他进入包围圈。果然,他们在雁门北遭到了匈奴的伏击。李广脱围不成,又被匈奴兵射伤,最后被团团围上来的匈奴兵生擒。

匈奴兵见李广受了伤,就用绳子结成一个网,吊在两匹马中间,让李广躺在上面,准备去向军臣单于献功请赏。

这些匈奴兵打了胜仗,心中高兴,一路谈笑风生。李广在吊网上纹丝不动,假装昏死过去。匈奴兵走着走着,警惕性慢慢放松下来。

李广在吊网上估计这些人已经走了几十里地,他偷偷地睁开眼,看见刺眼的阳光勾勒出一匹骏马的头影,知道这是一匹善跑的好马。他使劲从吊网上跳起来,飞身骑上那匹骏马,抱住了马上的匈奴兵。别的骑兵都惊呆了。李广夺过他怀抱中那个匈奴骑兵的弓和箭,将匈奴骑兵推下马去,然后掉转马头,拼命往回跑。其他匈奴兵半晌才反应过来,他们也一齐勒转马头,在后面猛追不舍,疾驰的马蹄在荒原上扬起滚滚的烟尘。

李广回头看见匈奴兵快要追上来了,于是一面使劲打马疾驰,一面弯弓搭箭,跑在最前面的几个匈奴追兵都应弦落马。匈奴骑兵只好放慢速度,眼睁睁地看着李广越跑越远。

再说公孙敖、公孙贺两路兵马。公孙敖领一万人马从代郡出发,也遇到了匈奴的一支主力骑兵。公孙敖的部下被匈奴兵大杀一阵,死伤7000多人,几乎全军覆没,幸好他逃得快,领着残兵败将总算逃了回来。公孙贺从云中出发,一路上连个匈奴兵的影子也没有见到,他本想在附近找到匈奴兵决战,后来得到消息说雁门和代郡的两路兵马吃了败仗,公孙贺心里发慌,害怕匈奴兵再回兵来围攻自己,所以不敢总在原处等候,于是下令班师回朝。四路汉军只有上谷的卫青的军队,一直攻击到龙城。匈奴兵大部分被调到雁门攻击李广去了,所以后防空虚,守卫龙城的只有几千人。卫青领一万人马,以多攻少,占了便宜,最后杀俘700多人凯旋。

从整个战局来看,是匈奴夺得了胜利。李广、公孙贺损失严重,按罪当斩,汉武帝允许他们纳金赎为庶人。卫青一路获胜,表现出杰出的军事才能,凭借此次军功被封为关内侯。龙城之战是自汉初以来汉朝对战匈奴的首次胜利,向大汉民众显示了汉王朝反击匈奴的决心。

五、河南之战

元朔元年(前128年),匈奴铁骑万人攻掠辽西郡(治所在今辽宁义县西),杀辽西太守,俘虏2000余人;又击败渔阳守军千余人,围困了在渔阳守备的韩安国,韩安国部几乎全军覆没;接着又到雁门,杀掠千余人。汉武帝接报后,派卫青率3万人马出雁门、李息出代郡进行反击,斩首俘虏数千人;复召李广为右北平太守。由于李广当时撤退时,曾夺弓射杀追骑，百发百中，匈奴十分敬畏他，称他为"飞将军"，从此几年不敢南侵右北平。

元朔二年（前127年），匈奴兵再次攻入上谷和渔阳地区，杀掠吏民1000多人，骚扰不断。汉武帝马上让卫青和李息重披战袍，北上抗击匈奴。

这次汉武帝一改过去匈奴在哪里入侵，就到哪里援救、迎击的办法，转而采用声东击西的战术，命令卫青、李息率数万骑兵先朝东北方向前进，做出援救上谷、渔阳的架势，然后北上出云中郡，再突然向西，夺取河南。卫青受命后依计行事。

匈奴人见汉军向东进军，以为一定是汉军来解上谷、渔阳之围的，赶忙调集军队，准备迎击汉军。但卫青出云中后，突然将兵锋转向西方，沿黄河西进，潜行千余里，突然袭取了要塞高阙和陇西，匈奴人在东部遭到了渔阳、上谷两地军吏的顽强抵抗，他们显然没有料到汉军会不顾渔阳和上谷，反而扑向他们西部防御空虚的地带，一时阵脚大乱。

卫青和李息领兵直捣高阙，以优势的兵力打得匈奴人大败而逃。随后，汉军又沿黄河南下陇西，由北向南迂回地攻击寄牧于河南地区的匈奴部落。匈奴人没想到汉军会从北面杀过来，大败溃散。卫青和李息挥兵一顿砍杀，匈奴死伤5000余人。

屯居河南地区的匈奴楼烦王、白羊王在措手不及的情况下，连忙率部渡黄河逃命。卫青和李息指挥部队乘势掩杀，歼敌数千人，获牛羊百余万头，收复了被匈奴占领80余年的河南地区。

河南地区在秦朝时是由蒙恬带兵30万从匈奴手中血战夺得的。后来秦末农民战争爆发，秦王朝的统治摇摇欲坠，而且抗击匈奴的名将蒙恬也被胡亥和赵高设计害死。匈奴人趁中原地区乱成一团之际，派兵轻取河南地区，赶跑了秦朝的戍卒。这之后，匈奴经营河南地区80多年，直到汉武帝时才又从匈奴手中夺回这个地方。

汉军这次出击取得了很大胜利，除杀死不少匈奴兵之外，还夺回了军事要地河南地区，汉武帝按功行赏，封卫青为长平侯，食邑3800户。

卫青的部下苏建被封为平陵侯，张次公为岸头侯。士兵们也得到了犒劳和赏赐，军心大振。

河南地区的收复，终于扭转了汉王朝对匈奴作战的不利形势，不仅解除了匈奴对长安的威胁，而且相当于在匈奴的肋部插了一把尖刀，因为从这里可以直接进攻匈奴腹地，为一举歼灭匈奴创造了有利条件。从此以后，汉匈战争进入了汉王朝对匈奴大举进攻的阶段。

基于河南地区的重要战略地位，汉武帝采纳主父偃的建议，设立朔方郡，命苏建领10多万人筑朔方城；又命人修复秦时蒙恬所修筑的长城。北方经过这次整顿，的确加强了防御匈奴攻击的能力。但这里除了成卒之外，罕有人烟，而且军粮得全部从内地调运。为了以民养兵，减轻国家负担，汉武帝下令进行大规模的移民实边活动，移民10万人以充实朔方郡。这些移民不但加强了边防，而且也部分解决了没有土地的农民的生活问题。

大规模的移民使荒凉的河南地区又充满了生气。土地被开垦出来，原先的牧场又得到了充分的利用。河南地区有黄河灌溉的便利条件，土地肥沃，经过汉朝军民的共同开发，成了塞北的一颗明珠。为了便于管理河南地区，汉武帝于元朔二年（前127年）在原来秦朝九原郡的基础上，将其改名为五原郡，治所在九原县（今内蒙古乌拉特前旗东南）。

六、两出定襄

元朔三年（前126年），军臣单于病逝，匈奴内部发生了激烈的争斗。军臣单于的太子于单理应继承王位，但军臣单于的弟弟左谷蠡王伊稚斜垂涎单于之位多年，倚仗自身强大的军事力量，自立为单于。

太子于单不甘心就这样失去单于的位置，于是双方展开了斗争。但于单势单力薄，被伊稚斜打得大败，于单无路可走，只好逃到汉王朝境内请求归降。汉武帝封他为涉安侯。于单不习惯中原的生活，几个月之后便郁郁而亡。伊稚斜也正式成了匈奴的单于。

这一期间，汉武帝的母亲王太后去世，汉武帝对王太后十分敬重，出于孝礼，他决定两年之内不动兵。这样一来，汉王朝与匈奴之间的战争暂时停了下来，进入短暂的和平时期。

但新立的伊稚斜单于是个好战分子，他一上台就企图夺回河南地，报仇雪恨。他得知汉武帝为王太后服孝而暂时放弃对匈奴作战，就变本加厉地攻击汉朝边郡，掳掠边民。

元朔三年（前126年）春，伊稚斜领数万人攻击代郡，代郡太守恭友竭力反击，被匈奴兵杀死。匈奴兵掠了1000多人退了回去。同年秋，匈奴骑兵又踏着枯草偷偷地入侵雁门郡，杀掠雁门郡内百姓1000多人。

元朔四年（前125年），匈奴又分别派3万骑兵攻打代郡、定襄、上郡，杀掠数千人。匈奴右贤王怨恨汉王朝夺走河南地区，断了他的财路，也多次派兵侵犯河南地区，有时攻到朔方城下，汉军寡不敌众，损失惨重。

汉武帝忍无可忍，决心追歼匈奴，从根本上打击匈奴。

元朔五年（前124年）春，汉武帝命令车骑将军卫青率领3万骑兵，从高阙出兵；命令卫尉苏建为游击将军、左内史李沮为强弩将军、太仆公孙贺为骑将军、代国之相李蔡为轻车将军，从朔方经高阙出击匈奴；命大行令李息、岸头侯张次公为将军，出右北平，共率10余万大军出击匈奴。

此时匈奴右贤王刚从河南地区大掠一番返回，认为此地距离汉境1000多里，估计卫青集结好军队再走这么远的路，怎么也得几天时间，便喝得酩酊大醉。

然而右贤王大错特错，卫青迅速集结军队，从河南地区起兵，行军六七百里，很快包围了右贤王的居住地。右贤王闻讯大惊失色，慌忙备鞍上马，带着心爱的小妾和几百名心腹骑兵趁着夜色突围逃跑。卫青听到报告，马上派轻骑校尉郭成等人猛追不舍。郭成追了几百里，最终让右贤王逃脱。汉军打败了匈奴兵，活捉右贤王手下的副王10多名，同时俘获 1.5 万多人和近百万头牲畜。

高阙之战，汉军以少量兵力牵制左部，集中主力奔袭右部，一举歼灭了右贤王主力，取得了重大胜利。汉武帝大喜，拜卫青为大将军，加封食邑 6000 户。卫青的大儿子卫伉被封为宜春侯，另两个儿子卫不疑、卫登分别被封为阴安侯和发干侯。高祖曾经规定非功臣不得封侯，卫青的三个儿子一齐封侯，可以说是史无前例，说明汉武帝对卫青的战绩非常满意。

除此之外，汉武帝还对领军的中级军官给予赏赐，封校尉李朔为轵侯、赵不虞为随成侯、公孙戎奴为从平侯。将军李沮、李息等都因功赐爵关内侯，并分别赐给食邑 300 户。御史大夫奉旨逐一封赏有功劳的将领，连士兵也不例外。

与汉朝君臣的兴高采烈相反，高阙之败让匈奴人恼羞成怒，他们于这年秋天入侵汉朝边界，在代郡杀死都尉硃英，俘虏 1000 多人。

元朔六年（前 123 年）春，汉武帝命令大将军卫青率中将军公孙敖、左将军公孙贺、前将军赵信、后将军李广、强弩将军李沮、右将军苏建出定襄，北击匈奴。

匈奴见汉军大队北上，急速退兵，汉军随后追击，歼灭匈奴数千人。由于匈奴退兵避战，卫青只好率领大军后退到边境，在边郡一带进行休整。这年秋天，卫青再次率六将军出定襄、越阴山，北击匈奴。措手不及的匈奴人进行了垂死抵抗。卫青挥师猛击，又推进 100 多里，然后安营扎寨。

卫青命前将军赵信、右将军苏建率领 3000 多名骑兵为开路先锋。赵信原是匈奴的小王，投降了汉朝，被封为翕侯。除此之外，卫青又命公孙贺、公孙敖、李广、李沮各带一队人马分头去找匈奴，确定匈奴的位置，以便大军合击。当天黄昏时分，公孙贺、公孙敖、李广和李沮各自领着自己的人马回到营地，而赵信和苏建却一直没有回来，直到第二天，苏建才孤身一人返回营地，其部下全军覆没。按军法，苏建当斩，卫青将他暂时囚禁于军中,只等班师回朝之后交给汉武帝处理。回师后,汉武帝念苏建一片忠心,而且双方兵力相差悬殊,就让苏建自赎死罪为平民。赵信不幸遭遇匈奴主力,战败而降,被封为自次王,为伊稚斜单于出谋划策。

当时卫青的外甥霍去病也在卫青帐下。这一年,霍去病年仅18岁,身体健壮,喜欢骑马射箭。卫青很喜欢他,就让他随军北击匈奴。汉武帝下诏告诉卫青,让霍去病参战立功。按汉武帝的意愿,卫青任命霍去病为剽姚校尉,率领800名骁骑出击匈奴。霍去病初生牛犊不畏虎,率轻骑兵长驱数百里,俘虏匈奴单于的叔父和国相,斩杀单于的祖父等2028人,其中包括相国、当户的官员,同时斩杀了单于的祖父一辈籍若侯产①,勇冠全军。

汉王朝这次出兵连续采取了两次军事行动,共消灭匈奴1.9万多人,而在后一次的战争中,尽管杀敌1万多人,但汉军也失去了赵信、苏建统率的3000多名骑兵。汉武帝认为这次出兵虽然功劳不小,又带来了单于祖父的人头,活捉了单于的相国和叔父,但是两路兵马全军覆没,赵信又投降了匈奴,总的来看功过相抵,所以汉武帝决定不加封卫青,只是给他千金予以奖励。

与此同时,汉武帝重赏了此次有功的两个人:一是剽姚校尉霍去病,他率800骁骑直捣匈奴大营,斩获3名匈奴高级官员,并斩获匈奴兵2000多名,超过他所带领人数的两倍之多。汉武帝封他为冠军侯,赏给食邑1600户。霍去病由此在抗击匈奴的战场上崭露头角。另一位是校尉张骞。张骞曾在出使西域时被匈奴扣留了10多年,对匈奴的地形十分熟悉。他逃出来后在卫青的手下担任校尉。这次出兵全靠他的指引,才使汉军免于受渴挨饿。汉武帝封他为博望侯。

另外,汉武帝还赏赐了上谷太守郝贤。郝贤4次跟随卫青参加抗击

---

① 藉若侯产:籍若侯为封号,类似爵位,名产。

匈奴的战争，一共俘获 1300 多名匈奴人，汉武帝封他为众利侯。

七、鏖战漠北

匈奴虽然在定襄之战中损失惨重，但得到了一个熟悉汉朝内情的赵信。为了拉拢赵信，伊稚斜单于除了封赵信为自次王外，还将自己的姐姐嫁给赵信。名利双收的赵信从此死心塌地地追随伊稚斜单于，为其出谋划策。

赵信针对汉军不能大规模长驱直入的缺点，让伊稚斜单于将兵力全部转移到大荒漠以北的地方，这样一来，汉军若想与匈奴主力决战，必然要派兵经过大荒漠地区和一些沼泽地带。而匈奴士兵则可以在荒漠以北养精蓄锐，以逸待劳，将远程而来、粮草不济、疲惫不堪的汉军打个措手不及，大败而回。

伊稚斜单于深以为然，便采纳了这一建议。果然，之后汉军多次出兵漠南都无功而返。由于匈奴人远离汉朝边塞，汉军无可奈何，只好积聚力量，等粮草齐备、时机成熟之后，再远征漠北，攻击隐藏在北部的匈奴。

赵信见汉军因自己的计策而无所收获，又灵活地运用游击战，派出数万人的小股军队，有时从漠北出发，趁着汉军回撤，北方边郡空虚之际，突然攻击汉朝的北部边郡；等到汉军反击时，又急速撤回大漠以北，让汉军疲于奔命。

但伊稚斜单于因为之前连吃过几次大败仗，损失了不少人马和牲畜，也想先休息一下，加上赵信的计策，所以汉匈边境也出现了一年无战事的和平景象。尽管仍有小队匈奴骑兵骚扰，但汉匈边境上已经没有大军开进时扬起的滚滚烟尘。

此时双方统治者都在暗自盘算，伊稚斜单于一心想在大漠养精蓄锐，而汉武帝则把目光投向了一个新的战场——陇西。

元狩二年（前 121 年），汉武帝任命 19 岁的霍去病为骠骑将军。春天，霍去病率万余骑兵从陇西出发，过焉支山（今甘肃山丹东南），6天急行军千余里，深入匈奴休屠王领地，斩杀折兰王、卢侯王，俘虏执浑邪王子及相国、都尉，俘杀8000多人，还缴获了休屠王的祭天金人①。夏天，霍去病和公孙敖再次统兵万骑从陇西、北地（今甘肃庆阳西北）出击二千里，一直打到祁连山，俘虏3万多人，其中裨小王以下70余人。

与此同时，汉武帝还派郎中令李广和博望侯张骞出右北平，攻打匈奴右贤王。但是李广的4000名骑兵被匈奴的4万名骑兵包围，双方血战两天，汉军死伤过半。危急时刻，李广使用圆阵，终于坚持到援军的到来，击退了敌军。

此次战役，霍去病捷报频传，汉武帝大喜，加封他食邑5000户，并对他的部下进行逐一封赏。凡是跟从骠骑将军一直攻打到小月氏的人均拜爵为左庶长。按照军法，张骞行军迟缓，延误战机，理应处斩，但汉武帝念其救李广有功，准许他自赎死罪为庶人。李广虽然兵马损失过半，但也使匈奴付出了沉重的代价，功过两相抵消，因而没有受到处罚。

此后，祁连山、焉支山划入汉王朝，给了匈奴以沉重打击。伊稚斜斥责浑邪王、休屠王无能，想将他们召到王庭除掉。浑邪王、休屠王二人大为恐慌，于是密谋降汉，派使者与汉朝廷商议降汉事宜。大行令李息得报后，认为此事事关重大，他不敢怠慢，立即把匈奴使者送到长安。汉武帝担心他们诈降，便派霍去病率兵迎降。其间休屠王反悔，浑邪王杀了他，收拢了他的部下，一同向东南移动，准备归降汉朝。霍去病率部渡过黄河，恰逢浑邪王率领部下赶来会合。两军遥遥相望，只有数里之隔，突然浑邪王部众中烟尘四起，有许多人朝北面跑去，浑邪王的部众顿时乱成一团。原来，浑邪王的一些部下看到威武雄壮的汉军，心里感到恐惧。他们中有的人本不想投降汉朝，所以一看到汉军就勒转马头，落荒而逃。霍去病当机立断，径直率军冲入匈奴人群中，直接找到了浑邪王。问明情况之后，他让浑邪王安抚身边的部众，然后率军追

---

① 祭天金人：匈奴人所铸，用来祭天的核心道具。

击逃跑的匈奴人，共杀死8000多个逃跑的匈奴人，终于使混乱的局势得到控制。之后，浑邪王领4万余人降汉。

抵达长安后，汉武帝封浑邪王为漯阴侯，食万户；封其裨王呼索尼等四人为列侯，同时增封霍去病1700户。随后，汉武帝下令迁徙浑邪王降众到塞外陇西、北地、上郡、朔方、云中五郡，在秦朝修筑的要塞之外及黄河以南的地区。汉武帝允许他们仍旧保持原有的风俗习惯和生活方式。他们居住的地区叫属国，建制与汉朝的郡平级，在上述5个边郡中各安排有一个属国，史称"五属国"。从此，汉朝控制了河西地区，为打通通往西域的道路奠定了基础。

元狩三年（前120年），匈奴数万骑兵入侵右北平、定襄等地，杀掠1000余人。元狩四年（前119年）春，汉武帝根据这一时期匈奴打了就跑的特点，命卫青、霍去病各率领5万骑兵，加上私募的4万余匹马，共计14万匹马；又征调数十万步兵转运粮草；卫青出定襄，霍去病出代郡，越过大漠出击匈奴。同时任命郎中令李广为前将军、太仆公孙贺为左将军、主爵都尉赵食其为右将军、平阳侯曹襄①为后将军，全部由卫青指挥。

面对强大的汉军，伊稚斜单于心生畏惧，遂询问赵信的意见。赵信说："即使汉兵越过了大沙漠，人马再精壮也一定会疲惫不堪，到时候我们可以坐着收拾他们。"于是，伊稚斜单于下令所有部落都向北撤退，把精兵留下来，布置在大沙漠以北，坐等汉军到来。

汉军此次出兵，原计划是由霍去病先选精兵攻击匈奴主力，卫青攻打左贤王。后来他们从俘获的匈奴兵口中得知伊稚斜单于在东方，于是两军对调出塞线路，霍去病东出代郡，卫青西出定襄。

霍去病率军北进2000多里，与匈奴左贤王部接战，共歼敌军7万多人，俘虏匈奴屯头王、韩王等3人及将军、相国、当户、都尉等83

---

① 曹襄：西汉沛县人，汉武帝的姐姐平阳公主与平阳侯曹时的儿子。武帝元光五年（前130年）嗣平阳侯，尚阳信长公主。

人，乘胜追杀至狼居胥山①，在狼居胥山举行了祭天封礼，在姑衍山（今蒙古国乌兰巴托东，土拉河上源附近之汗山）举行了祭地禅礼，兵锋一直逼至瀚海（据推断，疑为今蒙古高原东北境的呼伦湖与贝尔湖）。

经过这次战争，匈奴被汉军逐出漠南，伊稚斜单于逃到漠北，"匈奴远遁，而漠南无王庭"。此次霍去病发起的对匈奴的进攻性战争，改变了汉朝长期在对匈奴战争中的守势，一举打败匈奴，从而保障了西汉北方长城一带，也就是漠南地区边境的长久安全。此战为汉王朝进攻匈奴行军最远的一次。

而卫青大军出塞1000多里，与匈奴主力遭遇。卫青命前将军李广和右将军赵食其两军合并，从右翼进行包抄；他本人则率左将军公孙贺、后将军曹襄从正面对抗匈奴主力。

卫青下令将武刚车②排成环形营垒，又命5000名骑兵纵马奔驰，抵挡匈奴。匈奴也有大约1万骑兵奔驰而来。当时太阳将落，狂风大作，沙石刮到了人们的脸上，双方军队都无法看清对方，卫青命左右两翼急驰向前，包抄伊稚斜单于。

伊稚斜单于见汉朝军队很多，而且战士和战马都很强壮，形势对匈奴很不利。因此，他在傍晚时乘着6头骡子拉的车子，在几百名壮健骑兵的保护下，径直冲开汉军的包围圈，向西北奔驰而去。

这时已近黄昏，双方战至一处，伤亡人数大致相同。汉军左校尉抓到匈奴俘虏，得知匈奴单于在天还没有黑的时候就逃走了，连忙派出轻骑兵连夜追击，卫青的军队也跟随其后。

匈奴兵士四散奔逃。天快亮的时候，汉军已经走了200余里，没有追到伊稚斜单于，俘获和斩杀敌兵1.9万余人，到达了窴颜山（今蒙古纳柱特山）赵信城，获得匈奴积存的粮食供军队食用。汉军在城中停留

---

① 狼居胥山：古山名，一说在今蒙古国境内的肯特山。
② 武刚车：古代的一种兵车，可以运送士兵、粮草、武器也可用来作战。

一日撤回，临走时把城中剩余的粮食都烧掉了。

在这次战争中，前将军李广和后将军赵食其在漫无边际的沙漠中迷了路，后期没能赶上与匈奴主力会战。卫青率大军回营时才遇到他们，于是质问李广失期原因。

李广说："校尉、将领们无罪，是我迷了路，责任在我。"汉朝法律规定，战斗中失期当斩。李广深知罪责难逃，悲愤地对部下说："我自结发以来，与匈奴大小 70 余战。这次跟随大将军与匈奴作战，可惜迷失了道路，岂不是天命？我已经 60 多岁了，不能再受刀笔吏的审讯。"说罢引刀自刎而死。

李广不仅作战勇敢，善于骑射，而且为官廉洁，爱护部下。他为将几十年，家无余财，所得赏赐都分给部下。他对待士卒如同子弟，在大漠中用兵，士卒饥渴到极点，每见到水源，便涌向前争水喝，李广不等士卒喝够，决不走近水边；不等士卒吃饱，决不吃饭，因而深得士卒爱戴。

李广自刎的消息传出后，全军上下都泣不成声。百姓们听说李广死了，也不禁泪流满面。"飞将军"李广用自己悲壮的一生，为汉朝抗击匈奴的战争谱写了一曲感天动地的颂歌。

此次出兵匈奴，汉军共抽调了 14 万匹马，回来时不足 3 万匹，损失了 11 万余匹；杀死、俘虏匈奴约 9 万人，自身伤亡数万。汉武帝接到捷报后大喜，再次下诏表彰。他设武功爵，加设大司马，封大将军、骠骑将军卫青都为大司马，令骠骑将军秩禄与大将军等；同时对霍去病的部将进行了特别赏赐，封右北平郡太守路博德为邠离侯，卫山为义阳侯，复陆支为杜侯，伊即靬为众利侯，从票侯赵破奴[①]加封食邑 300 户。

李广的儿子李敢赐爵关内侯，封食邑 200 户。军中的下级官吏和有功士兵也都赐武功爵。

---

① 赵破奴：太原（今山西太原）人，幼时流浪于匈奴地区，后归汉从军，成为霍去病司马。数次征伐，封从票侯，官至浚稽将军。后因巫蛊之祸受到牵连而被灭族。

霍去病虽然职位高升，得到了皇帝的恩宠，但他并不追求个人的安乐，而是立志献身国家，深得汉武帝的喜欢。汉武帝曾想教他学吴起、孙武兵法，他却说："看作战的方略如何，又何必拘泥于古代兵法呢？"汉武帝为他造了一座华美的府第，让霍去病去看看，霍去病说："匈奴未灭，何以家为？"

汉武帝因此更加重视和喜欢这个视国家为己任的青年将军。当然，霍去病也有他的缺点，他自幼显贵，不知民间疾苦，也不像李广那样爱护士卒。汉武帝在他出征时，曾送了几十车好吃的东西给他。回来时，吃剩的好肉、好米都腐臭了，只好扔掉，而当时军中士卒经常有吃不饱的情况。在塞外作战，士兵吃不饱，饿得走不动路，但霍去病丝毫不知体恤部下，只顾玩他的"蹋鞠①"游戏。不过瑕不掩瑜，他在抗击匈奴的斗争中立下的丰功伟绩还是值得表彰的。

元狩六年（前117年），霍去病因病去世，年仅23岁。汉武帝十分伤心，下令让匈奴浑邪王降部全部身穿黑甲为他致哀。送葬队伍从长安城一直护送到茂陵东侧的霍去病墓地。汉武帝为他建立了象征祁连山的大墓，以纪念其抗击匈奴的战功，因他勇武有广地之功，谥曰景桓侯。

八、你来我往

漠北大战后，汉匈双方损耗甚巨，国力大减，无力再起战事，于是双方进入休战时期。

元鼎三年（前114年），伊稚斜单于病逝，其子乌维即位。乌维忙于整顿内务，而汉朝廷也忙于南收两越、西南夷等事，一时无暇北顾。直到元鼎六年（前111年）平定南越，汉武帝才有时间回过头来收拾匈奴，派浮沮将军公孙贺、匈河将军赵破奴各率一支部队出塞，寻歼匈奴

---

① 蹋鞠：蹴鞠的别称，指中国古代的足球运动。

残部。但这两支军队深入漠北数千里，也没有见到一个匈奴人，只得班师回朝。

元封元年（前110年），汉武帝率18万骑兵北巡至朔方，派郭吉为使前往匈奴部威吓乌维单于。郭吉对乌维单于说："南越王的人头已悬挂在汉北阙下，单于若是能与汉战，大汉天子亲自率兵在边塞等候；单于如果不能战，就应该向汉朝臣服，何必受远亡漠北之苦呢？"乌维单于闻言大怒，下令扣留郭吉，并将郭吉流放到北海（今贝加尔湖）。但是，他也不敢与汉军作战，只是养精蓄锐，整饬兵备，还多次派使者入汉，谦和地请求与汉朝保持和亲关系。其实，汉武帝也希望兵不血刃就使匈奴臣服，毕竟当时国库已空，百姓、兵士都深受战争之苦，为此他多次派使者出使匈奴，但乌维始终不愿俯首称臣。

元封六年（前105年），乌维单于去世，他的儿子乌师卢即位，因其年幼，号称"儿单于"。此后单于迁往西北，左方兵直达云中郡，右方兵直达酒泉、敦煌郡。第二年，汉武帝派出使者前往匈奴，一个到单于处吊丧，一个到右贤王处吊丧，想对匈奴使用离间之计，使其内部分化。但匈奴人把他们全送到了单于那里，儿单于很生气，便扣留了汉使，前后扣留了十几批；匈奴遣使来汉，汉朝廷也予以扣留，双方打成平手。

由于儿单于生性暴躁、喜好杀伐且喜怒无常，匈奴内部很不安定，匈奴左大都尉与儿单于不和。太初元年（前104年）冬，匈奴遭遇大雨雪，饿死、冻死很多牲畜，民心涣散，左大都尉想杀掉儿单于投降汉朝。汉武帝得知后高兴异常，派公孙敖在塞外筑受降城（今内蒙古乌拉特中后旗东），准备接纳来降匈奴。为了帮助左大都尉，汉武帝还派赵破奴率领2万兵马前去支援。不料儿单于提前发现了左大都尉的阴谋，将他杀了，并发兵迎击赵破奴。赵破奴俘虏4000人后，急撤到距离受降城400里的地方，被匈奴兵追上并包围，最终，赵破奴被俘，全军覆没。儿单于又率兵围攻受降城，因久攻不下，只得劫掠一番后撤退。

太初三年（前102年），儿单于去世，因其儿子年幼，于是由他的叔父、乌维单于的弟弟右贤王呴犁湖即位为单于。此时汉匈关系十分紧张，汉武帝派光禄勋徐自为①出五原塞，修筑城障，布置了一条长达千余里的防线，命游击将军韩说、长平侯卫伉统兵驻守边塞，又令强弩都尉路博德在居延泽（今内蒙古额济纳旗北境的居延海）修筑防塞工事。这些措施对遏制匈奴南下有着极为重要的作用。同年秋天，匈奴举兵南下，破坏徐自为修筑的城障，又派右贤王攻打酒泉、张掖，抢掠几千人，幸亏汉军及时来救，匈奴一无所获地走了。

太初四年（前101年）冬，呴犁湖单于病逝，他的弟弟左大都尉且鞮侯被立为单于。此时汉朝已经结束了对大宛国的征讨，汉武帝打算彻底解决匈奴问题，便下诏：

高皇帝遗朕平城之忧，高后时单于书绝悖逆。昔齐襄公复九世之仇，《春秋》大之。

当时且鞮侯刚刚即位，深知自己不是汉王朝的对手，只得遣使求和，说："我是儿子，哪里敢和汉天子相比，汉天子是我的老辈啊！"并主动送回被扣押的汉使。汉武帝觉得不起兵就让匈奴臣服再好不过，于是决定暂缓军事行动，派使臣前去游说。

天汉元年（前100年），汉武帝派中郎将苏武为使，送留在汉朝的匈奴使者返回匈奴，同行的还有副中郎将张胜、属吏常惠等人。为答谢匈奴的善意，使者还带去了丰厚的礼物。

苏武是杜陵人，他的父亲苏建多次随卫青北伐，战功卓著。苏武年轻时凭借父亲的庇荫官拜郎中，后升任栘中监②。此次出使匈奴，他被委任中郎将。到达匈奴后，苏武拜见了且鞮侯单于，并献上礼物，但且

---

① 徐自为：武帝时为光禄。元狩四年（前119年），以校尉从霍去病攻匈奴有功，赐爵大庶长。

② 栘中监：官名，管理皇家马厩的官吏。因马厩在栘园中，故称栘中。

鞮侯单于极为傲慢无礼，苏武大失所望，打算回国。不料这时匈奴内部出现了动乱，有人企图谋杀单于近臣卫律、劫持单于之母阏氏降汉，被且鞮侯单于及时发现，阴谋以失败告终。卫律原是汉人，出使匈奴后投降，单于封他为王。卫律有个部下名虞常，对卫律很不满，他与张胜原来是朋友，就暗地与张胜商议杀了卫律。汉副使张胜因背着苏武参与这一计划而受到牵连。苏武了解情况后知道自己难逃牵累，想要自杀，但被张胜、常惠阻止。

且鞮侯单于也想杀汉使，有人劝道："张胜只是参与了谋杀卫律之事，对单于并没有什么不轨行为，现不宜将汉使杀掉，而应趁此机会逼迫他们投降。"于是且鞮侯单于派卫律去劝苏武投降。苏武说："屈节辱命，即使活下来了，又有何颜面回到汉朝呢？"说完拔剑自刎。卫律大惊，怕自己承担责任，急忙找医生治疗。医生按匈奴的疗法在地上挖一个坑，在坑中点火，把苏武放在坑上，敲他的背让淤血排出。苏武本已断气，过了半天才有了气息。

且鞮侯单于见苏武颇有气节，反而对他尊敬起来。苏武的伤势逐渐好转后，且鞮侯单于派使者劝降苏武，同时审判虞常，想借此逼迫苏武投降。卫律亲手用剑斩杀了虞常，说："汉使张胜谋杀单于亲近的大臣，应当是死罪，但是单于招募愿意投降的人，赦免其罪。"说完举剑要砍张胜，张胜请降。卫律对苏武说："副官有罪，主管也应当连坐。"苏武说："我本来就没有参与计划，又不是他的亲属，凭什么连坐？"卫律又举剑对着苏武，苏武面不改色。

卫律见威吓不了苏武，便改而使用利诱，说："苏君，我之前背弃汉朝归顺匈奴，有幸受到单于的恩宠，被赐予爵位和财富，管理数万民众，拥有牛马牲口无数。苏君今日投降，明日也会跟我一样，否则是白白拿身体去做野草的肥料！"苏武听了，怒骂道："你为人臣子，不顾恩义，背叛君主和父母，投降蛮夷去做俘虏……你明知我不降，就是要杀我，令两国开战，匈奴的覆灭就从我开始吧。"

卫律将苏武宁死不降之事告诉且鞮侯单于，且鞮侯单于知道后，越发想使苏武投降,就将他囚禁在大地窖内,不给他吃喝。当时正在下雪,苏武卧草嚼雪,连同毡毛一起吞下,几日不死。匈奴以为他是神人,就将苏武迁至北海,让他放公羊,并说:"公羊产子有乳才归汉。"同时把他的部下常惠等人安置到别的地方。

苏武到了北海,没有粮食,只能掘野鼠储藏的果实果腹。他拄着汉节牧羊,时刻带在身边,以致节上的毛全部脱落。过了五六年,且鞮侯单于的弟弟于靬王到北海打猎,苏武用生丝缕帮他校正了弓弩,于靬王仰慕苏武的气节、才干,供给他衣服、食物。三年后,于靬王大病,临终前赐给苏武马匹、牲畜、服匿①、穹庐。冬天,丁灵人②盗走了苏武的牛羊,苏武再度穷困。

天汉二年(前99年),汉将李陵投降匈奴。且鞮侯又派李陵来劝降苏武,苏武向李陵表示自己愿肝脑涂地,以死报国,李陵又羞又愧,说:"真是义士啊!我和卫律的罪过上通于天!"

苏武在荒无人烟的北海度过了19年,直到昭帝始元六年(前81年)才回到长安。

九、战事再起

匈奴扣留汉使苏武,标志着汉匈双方的和谈结束。汉武帝认识到,要想兵不血刃地让匈奴臣服是没有希望了,他决定恢复军事行动。

天汉二年(前99年)五月,汉武帝派贰师将军李广利率3万名骑兵出兵酒泉。李广利是汉武帝宠姬李夫人的长兄,曾领兵征服大宛。这次出征,汉武帝派李陵负责押运粮草。李陵是李广的孙子,骁勇善战,他不愿做运粮官,要求冲锋陷阵。汉武帝告诉他没有马匹了,李陵表示愿意带领少量兵马出击。汉武帝觉得他勇猛就答应下来,又命强弩将军

---

① 服匿:此处指旃帐,北方游牧民族所用的毡制帐篷。
② 丁灵人:又称丁令、丁零等,中国北方古代民族名。

路博德率领一支人马在半道接应。路博德作为一员老将，觉得给年轻的李陵做后援是一种耻辱，于是请求第二年春再与李陵领兵出击匈奴。汉武帝怀疑是李陵胆怯才让路博德上书，一怒之下让李陵于九月从居延（今内蒙古额济纳旗东南）遮虏障出兵，同时又命路博德进兵西河。

李陵奉命率5000名步兵出发。这时，李广利正与匈奴右贤王在天山脚下激战。李陵从居延遮虏障出发，急行军30余天，抵达浚稽山，在山间安营扎寨，并把所经过的山川地形画图，使人上报给汉武帝，汉武帝得报后十分高兴。

很快，李陵在浚稽山下被且鞮侯率领的3万名匈奴骑兵包围。李陵立即列队御敌，杀数十匈奴兵，且鞮侯单于大惊，急令左、右贤王8万余骑齐攻李陵。李陵且战且退，南行数日，退到一个山谷中。由于连续作战，部队伤亡惨重，李陵下令：三次受伤者坐车，两次受伤者赶车，一次受伤者持兵器继续战斗。第二天，李陵率部又斩杀3000多名匈奴兵，从南面突围出去。且鞮侯单于挥兵紧追，李陵在树林中继续战斗，又杀敌数千，但他们的箭也所剩无几。

且鞮侯怀疑李陵诱敌深入，准备收兵，没想到李陵军中出了叛徒。有一个叫管敢的小军官，因为被上司凌辱，一怒之下投敌，说李陵部的箭矢快用光了，而且后无援兵。且鞮侯单于大喜，挥军猛攻，很快占据山头。李陵在射出最后一支箭后，命士卒砍下车辐为兵器，撤到一个峡谷中。且鞮侯单于率兵将他们团团包围，从山上往下滚石，汉军死伤无数，李陵感叹道："陵无颜回报陛下。"遂投降匈奴，他所率的5000名步兵只有400多人逃回塞内，不过他们也杀了1万多名匈奴兵。

李陵降敌的消息传到长安，汉武帝极为震怒，大臣们都怪罪李陵，只有司马迁为李陵说情："李陵虽然惨遭失败，但也摧毁了匈奴的兵力，功劳足以传扬天下。李陵不死而降敌，是想立功以抵罪来报答天朝。"汉武帝认为司马迁所说是"诬罔"之言，意在讥讽李广利无功，为李陵开脱，一怒之下将司马迁下狱，并判其腐刑，还杀了李陵一家。

而李广利一路虽杀敌万余，但也损失了2万多人。由此可见，这两次出兵匈奴，汉军得不偿失。汉武帝愤怒之余，决定再次出兵。

天汉四年（前97年），汉武帝派贰师将军李广利统领6万骑兵、7万步兵出朔方，强弩都尉路博德率1万多兵马与李广利会合；派游击将军韩说领3万步兵出五原；因杆将军公孙敖领1万骑兵、3万步兵出朔方。这次汉武帝派出21万兵马，分4路杀入漠北，誓与匈奴一决雌雄。

且鞮侯单于闻讯大惊，赶紧将粮草辎重及家人撤到余吾水（今蒙古国土拉河）以北，自己带领10万人马屯兵余吾水以南。李广利挥兵出击，双方大战10多天，胜负难分，李广利脱阵率兵回朝。其他各路大军均失利。

太始元年（前96年），且鞮侯单于去世，他的大儿子左贤王狐鹿姑继立单于。新单于即位，忙于巩固地位，无力攻击汉朝，汉武帝也乘机休养兵马。

征和二年（前91年）九月，匈奴又入侵上谷、五原，杀掠吏民；第二年又入五原、酒泉，杀了两位都尉。汉武帝大怒，派贰师将军李广利再次率7万兵马出五原、御史大夫商丘成率2万兵马出西河、重合侯马通率4万兵马出酒泉，出击匈奴。

狐鹿姑单于闻讯，连忙将粮草辎重和家人撤到更远的郅居水（今蒙古国楞格河）以北，自己则率兵在郅居水以南与汉军对抗。李广利打败了匈奴右大都尉和卫律的人马，乘胜追击到范夫人城（今蒙古国达兰扎达加德西北）。

这时，塞内传来消息说，李广利的妻子牵涉到巫蛊案中，被投入了大牢。有人劝李广利降敌。但李广利想立下大功替妻子赎罪，于是挥兵渡郅居水北上。匈奴左贤王、左大将率2万兵马迎战，汉军杀了左大将，杀死匈奴兵无数。长史猜出李广利的心思，怕他将7万汉军挥霍殆尽，便与人密谋逼迫李广利退兵。李广利发现后杀了长史，引兵南撤。当走到燕然山（今蒙古国杭爱山）时，李广利部被狐鹿姑率兵追上，汉军大败，李广利投降。

李广利投降匈奴后，狐鹿姑单于极为嚣张，于第二年遣使来汉求娶汉女，并要求汉王朝向他纳贡。汉武帝没有答应。此时汉朝国内矛盾极为剧烈，汉武帝下了轮台罪己诏，以实现政策的大转轨，无力再出兵讨伐匈奴；而匈奴经过多年的战争，也是疲极困苦，元气大伤，双方再次进入休战状态。

尽管汉武帝有生之年没有使匈奴彻底臣服，但也让匈奴成了强弩之末，再也难以对汉王朝构成大的威胁。

第八章 远征西域定三边

一、两出西域

在对匈奴用兵的过程中,汉武帝还派人出使西域,以进一步加强对西域的统治,并促进中西经济文化交流。

西域自古以来就有狭义和广义两种说法。狭义的西域是指玉门关(今甘肃敦煌西北)和阳关(今甘肃敦煌西南)以西、巴尔喀什湖以东及以南(今新疆天山南北)等广大地区;广义的西域泛指葱岭以西,包括中亚、南亚和西亚一带。西汉初年,西域共36国,人口最多的有60万人,最少的只有几万人。秦末汉初,冒顿单于侵入西域后,西域大部分国家都臣服于匈奴,匈奴设置了"僮仆都尉[1]"来管理它们,向它们征收赋税。

当时从敦煌出玉门关、阳关去西域有两条道路:一条为南道,过楼兰(后来改为鄯善)后,沿南山北麓西行经且末、于阗(今新疆和田地区)到莎车,然后从莎车越葱岭西行可达大月氏、安息[2];另一条称北道,过姑师(位于吐鲁番盆地)前王庭(今新疆吐鲁番交河故城),沿北山(今天山)南麓,循河经龟兹、姑墨到疏勒,而后越葱岭可达

---

[1] 僮仆都尉:匈奴的一种官名。僮仆即奴隶,以"僮仆"为官名,即把西域各国视为匈奴之僮仆。

[2] 安息:亚洲西部古国,即今伊朗。

大宛、康居①。

建元三年（前138年），汉武帝从投降的匈奴人那里得知大月氏人和匈奴有很深的仇恨。大月氏人原住在河西走廊一带，汉文帝前元六年（前174年），匈奴老上单于②在敦煌、祁连间灭月氏，月氏逃到伊犁上游建立了国家。汉文帝后元三年（前161年），老上单于再次攻打月氏，杀了月氏国王，并将其头骨制成酒器。月氏人无力抵抗，只得再次远迁，但是他们怨恨匈奴，时刻想着报仇雪恨，打回老家去，只可惜没有强有力的外援。汉武帝得知这一情报后，非常高兴，决定派人出使月氏国，联络月氏人。

然而，联络月氏人并不是一件容易的事情，内地对西域知之甚少，甚至连具体的位置都不知道，只知道月氏迁到了西域。汉武帝也知道朝中大臣无人能担此重任，于是决定招募出使西域之人。张骞遂以郎应募，并被选中。

张骞是汉中郡成固（今陕西成固东）人，具有坚韧不拔的意志和开阔的心胸，而出使大月氏需要的正是这种意志品格的人才。

建元三年（前138年），张骞和堂邑父③率100多人从陇西出使大月氏。当时从河西到盐泽（罗布泊）是匈奴的地盘，张骞从该处经过时被匈奴人俘虏。军臣单于问张骞要干什么，张骞说打算出使大月氏，军臣单于知道他们此行的目的，说："月氏在匈奴北方，汉朝怎么能派使臣去那里？如果我想派使臣去南越，汉朝能允许吗？"当时汉匈之间还维持着和亲关系，所以军臣单于没有杀掉张骞等人，而是把他们扣留下来。为了拴住张骞，军臣单于特地赏赐给他一个匈奴女子为妻。张骞在匈奴滞留10年，其间还生了一儿一女。后来汉匈关系发生了变化，汉朝开始对匈奴用兵。张骞得知外界的情况后，内心很紧张，唯恐匈奴

---

① 康居：古西域国名。东界乌孙，西达奄蔡，南接大月氏，东南临大宛，约在今巴尔喀什湖和咸海之间，王都卑阗城（今乌兹别克斯坦塔什干一带）。
② 老上单于：名稽粥。冒顿单于之子。匈奴的第三位单于。
③ 堂邑父：又名甘夫，匈奴人，初为汉人堂邑氏的奴仆，被汉武帝任命为张骞出使大月氏国的向导和翻译。

人将他全家杀掉。而匈奴人忙于应付边境战争，也无暇顾及张骞，只是加强了对他的监视。

张骞又眼巴巴地等了几年，心里一直为没能完成使命而焦急，但因为匈奴人的严密监视，他也不敢轻举妄动。这时的张骞从外表上已经看不出和匈奴人有什么两样，日常生活也比以前自由了许多。

元光六年（前129年），匈奴人的监视逐渐放松，一天，张骞趁匈奴人不备，召集残存部众逃了出来，往西一直狂奔了数十天，终于逃到了大宛。大宛国王早就听说汉朝是一个物产丰富的东方大国，很想与之建立关系，但苦于远隔千山万水，又有匈奴在中间阻挡，一直未能如愿。现在见张骞到来，他甚为欢喜，问："你们来此所为何事？"张骞回答道："我是汉朝出使月氏的使者，被匈奴挡住了去路，现逃亡出来，请国王派人做向导给我们带路。如果能够到达月氏，他日返回汉朝，一定送丰厚的礼物来报答国王。"大宛国王闻言大喜，就派向导送张骞到康居，康居又将他们送到大月氏。

据史料记载，大月氏国都蓝氏城（今阿富汗北部巴里黑）距离汉都长安约1.6万里，人口约40万。他们从河西走廊迁到此处后，征服了当地的大夏①人，然后在这里定居下来。这一带水草肥美，又无盗寇，他们的生活过得十分平静，加上汉朝离他们实在太远，所以月氏人谢绝了汉使联合对抗匈奴的建议。张骞极力劝说，但大月氏国王始终不为所动。

张骞等人在月氏逗留了一年多。在此期间，张骞曾越过妫水南下，抵达大夏，考察了当地的风土人情。元朔元年（前128年），张骞决定动身返国。鉴于来时的遭遇，他决定不从原路返回，而是沿着塔里木盆地和柴达木盆地的边缘，经羌族区回国，以避开匈奴人。不料此时的匈奴已经将势力扩展到这一地区，张骞一行又落入匈奴人手中。一年后，

---

① 大夏：中亚古国名，公元前171—前139年左右，本居中国西部之大夏人，经今新疆南部西迁，占有妫水（今阿姆河）上游南北两岸之地。为张骞出使西域所到的大夏国。

军臣单于病逝，匈奴内部发生动乱，张骞乘机携匈奴妻子和堂邑父逃亡归汉。

张骞这次出使西域，前后历时12年，去时100多人，回来时只有他和堂邑父二人。为了表彰他们出使西域和勇于探险的精神，汉武帝封张骞为太中大夫，封堂邑父为奉使君。

张骞这次远征，主要去了大宛、康居、大月氏、大夏4个国家，还了解了这4个国家近邻的五六个大国的情况，尽管未能与大月氏建立联盟，以夹攻匈奴，但所产生的实际影响和所起的历史作用是巨大的。自此，不仅西域与内地的联系日益加强，而且中国与中亚、西亚，以至南欧的直接交往也建立了起来。

这时，汉王朝对匈奴的战争已经取得了重大胜利，夺回了河南地。汉武帝对大月氏人的态度虽然觉得遗憾，但也自信即使没有大月氏，汉王朝也能对付匈奴。张骞将自己此行的见闻向汉武帝作了详细报告，对葱岭东西、中亚、西亚，以至安息、印度诸国的位置、特产、人口、城市、兵力等，都作了说明。汉朝君臣总算对西域有了一个真切的了解，开阔了眼界。

在张骞出使西域的同时，汉武帝还加紧了对匈奴的征伐。经过河南、河西和漠北几次大的战役，匈奴元气大伤，濒临崩灭，被迫向西转移。汉武帝知道匈奴必然会加紧对西域诸国的控制，以积蓄力量，伺机反扑，要想彻底打败匈奴，必须堵住他们的退路。所以，他时常召张骞入宫，询问西域的情况。

有一次，张骞在向汉武帝讲述西域情况时突发奇想，认为可以联络乌孙，以断匈奴右臂。他对汉武帝讲了乌孙国的故事：

乌孙国位于匈奴的西边，乌孙王号称昆莫①。它与大月氏原本是祁连、敦煌之间的小国，后来大月氏人杀了乌孙国王，占领了乌孙的国

---

① 昆莫：也写作"昆弥"。汉时西域乌孙国王的名号。

土，乌孙人纷纷逃到匈奴。就在国破家亡的紧急时刻，昆莫降生了，傅父①抱着他逃命，途中婴儿饿得啼哭不止，傅父只得把他藏在草丛中，自己去寻找食物。傅父回来后，被眼前的景象吓傻了，只见一匹狼正在给婴儿喂奶，还有成群结队的鸟儿嘴里叼着肉在一旁飞来飞去。傅父认为这个婴儿有神灵保佑，就抱着他到了匈奴。匈奴单于很喜爱他，待他长大成人，立他为昆莫，并把逃到匈奴的乌孙人交给他统治。昆莫组建了一支军队，带着他们冲锋陷阵，立下了很多战功。此时，大月氏已经被匈奴打败，迁到了西方，打跑了塞族人，占了他们的地盘。昆莫向匈奴单于请求为父报仇，单于同意了。于是，昆莫率领一支人马西进，打败了大月氏人，把他们赶到了大夏人的地盘上，还有不少大月氏人被俘。昆莫从此便留在那里，积聚发展，逐渐强大起来。匈奴单于死后，他宣布脱离匈奴，成立一个独立的小国。匈奴派兵去攻打，却吃了败仗，便愈发认为昆莫是天神，从此敬而远之。

讲完这个故事后，张骞向汉武帝建议道："如今匈奴为我军击败，原乌孙居住地空闲下来。乌孙人留恋故地，又贪恋财物，如果以财物利诱，乌孙人必会迁回故地，然后我们再把汉家公主嫁给乌孙王为夫人，乌孙就成了大汉的亲戚，这样就等于斩断了匈奴的右臂。与乌孙结盟后，乌孙以西的大夏诸国都能归附汉朝。"

汉武帝听了大喜，当即拜张骞为中郎将，派他第二次出使西域。元狩四年（前119年），汉武帝派给张骞300名随从，每人马2匹，牛羊万数，还携带了价值数千万的金币丝帛，同时还派给张骞好几个手持汉节的副使。这时的河西走廊已经畅通无阻，他们不用躲避匈奴人，也不用为粮水发愁，一行人威风凛凛、浩浩荡荡，很快来到乌孙国都赤谷城②。

张骞一行到达乌孙时，乌孙国正在进行内斗。原来，昆莫有十几个

---

① 傅父：古代保育、辅导贵族子女的老年男子。
② 赤谷城：古代乌孙国的都城。故址在今吉尔吉斯斯坦伊塞克湖东南伊什特克附近。

儿子，长子被立为太子，可惜太子英年早逝，临终时他恳请父王立他的儿子岑娶为太子。老昆莫白发人送黑发人，悲痛不已，便答应下来。昆莫的二儿子大禄英勇善战，领兵驻屯在外，部下有1万多人。他也很想做继承人，见父王立了岑娶，非常愤怒，便图谋造反。老昆莫担心大禄会杀岑娶，于是拨了1万兵马给岑娶，让他到别的地方去居住，老昆莫则自备1万骑兵驻防京师。这样，乌孙国被一分为三，昆莫已经无力控制全国，当然也无法顾及对外联盟了。加上乌孙的大臣们一向害怕匈奴，与汉朝又相距甚远，不明底细，更不敢贸然行事。所以，当张骞向昆莫道明来意后，老昆莫只是苦笑着婉言谢绝。

张骞无可奈何，随后分派副使出使大宛、康居、大月氏、大夏、安息、身毒①、于阗等国，与这些国家建立外交关系。张骞回汉时，乌孙国也派遣向导、翻译人员护送张骞回国，并派遣使臣数十人、好马数十匹到长安，一是答谢汉朝皇帝的美意，二是探听汉朝的虚实。

元鼎二年（前115年）张骞回国后被任命为大行，位列九卿，一年后病逝，归葬故乡。又过了一年多，张骞派出的几个副使相继回国，像乌孙一样，这些国家也派人随同汉使来长安朝见进贡。汉朝与西域的关系从此建立起来。

匈奴的伊稚斜单于听说乌孙派人给汉王朝进贡，怒不可遏，准备用武力破坏乌孙与汉朝的联盟。乌孙根本不是匈奴的对手，经过一番思虑，昆莫决定与汉朝结好，依靠汉朝的力量与匈奴抗衡。于是，昆莫向汉朝提出"愿得尚汉公主，为昆弟"的请求。汉武帝答应了这一请求，但要求乌孙先行聘，然后才能嫁公主。可是让哪位公主远嫁乌孙呢？一是昆莫年纪很大，二是乌孙人的生活习惯与汉人完全不同，哪个公主愿意呢？最后，汉武帝指定江都王刘建的女儿细君。刘建是汉武帝的侄子，元狩二年（前121年）谋反，事情败露后自杀，国除为广陵郡，他

---

① 身毒：南亚古国名。一般认为在北印度。

的女儿已经不是翁主①的身份。汉武帝便封细君为公主。

元封六年（前105年），乌孙以千匹马为聘礼，汉武帝遣细君公主嫁给乌孙国王昆莫，并赐予一份丰厚的嫁妆及随从数百人。伊稚斜单于也匆匆打扮了一个女子嫁给乌孙昆莫为妻。老昆莫照单全收，让细君公主做右夫人，匈奴女为左夫人。匈奴人尚左，以左为上，右为下。乌孙与匈奴的习俗相同，也尚左，由此可见，在汉匈之间，老昆莫还是想讨好匈奴。

细君公主嫁到乌孙后，仿汉宫自建宫室。她按照汉武帝的吩咐，常常把带来的钱财和丝绸赐给乌孙王左右的贵官们，以联络感情。但昆莫年迈，而且语言不通，吃的、穿的都和以前的不同，细君公主十分苦闷，常常以泪洗面，哭断衷肠。悲伤之际，她不禁唱道：

吾家嫁我兮天一方，远托异国兮乌孙王。
穹庐为室兮旃为墙，以肉为食兮酪为浆。
居常土思兮心内伤，愿为黄鹄兮归故乡。

这首《黄鹄歌》很快传到长安，听到的人没有不流泪的。汉武帝听了也很哀伤，便每隔一年派使者送去锦绣帷帐。乌孙老昆莫死后，按乌孙风俗，细君公主要改嫁他的孙子岑娶。但是，这一风俗在汉人眼中属于乱伦，细君公主不愿意，上书长安，汉武帝回话说："从其国俗，欲与乌孙共灭胡。"细君公主只得从命。

细君公主嫁给岑娶，生了一个女儿后就去世了。细君公主死后，岑娶上书汉武帝，请求再尚公主。汉武帝又将楚王刘戊②之女解忧嫁给乌孙王岑娶。刘戊是吴楚"七国之乱"的祸首之一，叛乱被平定后自杀。因此解忧同细君一样，也不再是翁主了。汉武帝封解忧为公主，并赐给

---

① 翁主：西汉时刘姓诸侯王的女儿的称号。
② 刘戊：汉高祖刘邦四弟楚元王刘交之孙，楚夷王刘郢客之子。

她一份丰厚的嫁妆。

这两次和亲，对于巩固汉朝与乌孙的友好关系，使乌孙成为汉朝在西域牵制匈奴的一支重要力量，以及促进双方的经济、文化交流等，都起到了积极作用。

在与西域交往的过程中，汉朝与西域的物质、文化交流有了突破性的发展。由张骞为始而开辟的东起长安，经过河西走廊，穿过塔里木盆地，翻过帕米尔高原，通向中亚和西亚，直达地中海东岸的中西通路，全长7000多公里，被后人称作"丝绸之路"。

这条通路的开辟使得汉朝第一次将声威传扬于西域，并逐渐建立起宗主的统治地位，对中华民族大家庭的形成具有重要意义。广大西域地区自此以后逐渐纳入了中国的版图中，成为中国神圣领土里不可分割的一部分。

二、出兵西域

张骞第二次出使西域后，汉武帝经常派使者去西域，每年要派出多则十多批，少则五六批。这就给通往西域道路上的许多小国增加了负担，尤其是楼兰、姑师这两个小国最为严重。

楼兰、姑师两国正处在汉朝通往西域的咽喉要道上，地理位置十分重要。楼兰地处罗布泊北，西域的最东边，恰好在汉朝通往西域的孔道上。姑师又称车师，在今新疆吐鲁番盆地中，其前国都交河城恰在天山山路的南谷口，正处于通往西域北道的要冲。这两个国家以前都是匈奴的属国。

汉武帝一心想招徕西域，但招募的使者良莠不齐，很多人素质很差，看到汉武帝赠送给西域的丰厚礼物，无不动心，所以使团中经常有私自挪用礼物、占为己有的现象。而且他们每次出使，都低价强买胡货，转手倒卖，从中谋取私利。

西域各国也讨厌汉使们的荒诞不实之词，讨厌他们仗势欺人。他们估计汉朝因路途遥远，不会轻易发兵西域，于是开始转变对汉朝使者恭敬的态度，时常断绝汉使的食物供应，汉使们在出使途中常常忍饥挨饿，狼狈不堪。加上匈奴距离西域较近，经常派兵杀掠汉使。匈奴人也看出西域各国对汉使不满，就派出使者前去挑唆，并让楼兰、姑师两国作为他们的耳目，刺探情报，阻拦、攻掠汉使。就这样，汉朝使者的行踪尽在匈奴人的掌握之中，汉朝的使者一旦遇到匈奴骑兵，往往人财两空。

由于姑师、楼兰的抵制和匈奴的侵扰，汉朝使者的生命安全得不到保障，有人向汉武帝建议讨伐楼兰、姑师两国，给西域各国一点颜色看看。

汉武帝权衡利害，认为通往西域的道路对汉朝十分重要，如果道路被阻断，跟乌孙的和亲就会失去作用。因此，汉武帝下定决心维护通往西域的道路，以武力去除西域道路上的障碍。

元封三年（前108年）十二月，汉武帝命从骠侯赵破奴率归降汉朝的匈奴骑兵"属国骑"及郡兵数万开赴匈河水，目的是寻找在西域进行骚扰的匈奴人。匈奴人听说汉朝几万大军前来寻战，心中大为惶恐，赶紧撤兵。

赵破奴领着手下沿着商路长途跋涉，好不容易来到西域附近，结果匈奴人早早就撤走了。赵破奴扑了个空，心中很是不甘，便想借此机会收拾姑师和楼兰这两个小国。

经过一番筹划，赵破奴假装下令班师回朝，做出东归的样子。正为此事紧张得发抖的姑师和楼兰两国的国王这才放下心来，放松了对汉军的戒备。

汉军磨磨蹭蹭地向东走了一段，天色渐渐暗了下来，于是就地安营扎寨。这时，赵破奴和装束整齐的700名精壮轻骑兵悄悄地向西急驰，消失在黑夜之中。随后，汉军营地也偃旗息鼓，向西进发。

楼兰王听了探马报告说汉朝人马真的往东开拔回国去了，心中大喜，以为危机解除了。这次为了防备汉军进攻，他加固了楼兰国的城防，并与匈奴约好，要是汉军来攻，匈奴就趁汉军攻击楼兰疲惫不堪之时，发大兵包围汉军，里应外合，一举歼灭汉朝的西征军。当他得知汉朝军队打道回国，还以为汉军粮草不继，不敢久留，心中十分高兴，忙吩咐手下设宴欢庆。

跟随赵破奴出征的王恢是西域的常客，多次被汉武帝派往西域，对西域各国的情况比较了解。他多次遭到楼兰、姑师两国的劫掠，所以特意侦察了这两个小国的城防和地形。在王恢的带领下，赵破奴率700人马走了一条捷径，于清晨时分赶到了楼兰国的王城外面。

城中的士兵根本没有想到汉军会从天而降，赵破奴率领手下一通砍杀，冲进城内，一路畅通无阻，向楼兰王的宫殿进击。

楼兰王从睡梦中惊醒过来，匆忙起身召集人马抵抗，但仓促上阵，怎能抵挡得住如狼似虎的汉军。楼兰王见手下被杀得七零八落，正想溜之大吉，谁知四周道路都有汉军把守，无路可走，最终被赵破奴生擒。

汉朝大军也连夜赶来接应，两军合在一处，控制了楼兰国的局势。随后，汉军在楼兰国补充粮食和马匹，准备对付下一个目标，即北道上的姑师国。

姑师国王听说汉军中途返回攻破楼兰国，生擒了楼兰王，心中惊恐万状，忙派人向匈奴求救。匈奴也害怕与汉军发生直接冲突，所以没有答应姑师国的请求。

汉军经过休整，军容整齐，粮草充足，而且与楼兰国一战，只有700人参加了战斗，并没有动用汉军的大部人马，因而具有较强的攻击力。王恢和赵破奴决定采用大军合围攻击的办法对付姑师国，以求速战速决，免得陷入被匈奴和姑师内外夹击的境地，况且长途远征，粮草问题也不易解决，只有速战速决才能避免无谓的损失。

姑师是个小国，汉朝几万大军将姑师围了个水泄不通，一次次发动攻击，姑师的守兵虽然顽强抵抗，但在汉军连续不断的攻势下，他们的精神也濒于崩溃。

汉军终于攻破了姑师国的城防，姑师国王见大势不好，马上召集心腹卫士杀开一条血路，向北落荒而逃。汉朝大军攻占姑师国，取得了西征的第二次胜利。

汉军这次攻破楼兰和姑师，不仅直接打击了与汉朝作对的势力，而且给了西域各国一些摇摆不定的势力一个警告，远扬了汉朝的军威。就连大宛、乌孙之类的大国，也被汉军的威力所慑服，从此不敢轻视汉朝。

西征军班师回朝后，汉武帝就封赵破奴为浞野侯，封王恢为浩侯。

为了加强汉朝对东西交通要道的控制，元鼎六年（前111年）秋，汉武帝从武威、酒泉两郡之中分出一些地方，增设了张掖、敦煌两郡，把防线向西推进了不少。河西四郡的设立，使得东西方的交通要道完全掌握在汉朝手中，加强了汉朝西部的边防。

汉武帝看到了西北地区的重要性，下令在河西一带增开田地和水渠，发展农业生产，减轻西北边郡的粮食负担。他还在河西地区修建了不少亭、障等边防要塞，加强了汉朝边疆的警戒系统。

三、征伐大宛

汉朝接触大宛，是从张骞出使西域开始的。大宛是中亚古国，位于帕米尔高原西麓、锡尔河中上游。大宛的国都在贵山城，位于今中亚的费尔干纳盆地，距离汉都长安有1.2万余里。大宛国盛产葡萄、苜蓿，更盛产汗血宝马。汉使曾取回苜蓿和葡萄的种子在长安种植，几年后，一眼望不到边的苜蓿和葡萄令西域使者震惊不已。汉武帝还将自己在上林苑的离宫命名为"葡萄台"。在城南的乐游苑也全面种植了苜蓿。

张骞两次出使西域都去过大宛，尤其是第二次出使西域后，大宛和汉朝已经通使。张骞向汉武帝详细介绍了大宛等西域国家的风俗、民情、特产，还说："大宛在我国的正西方，有万里之远。当地产好马，马出的汗是红色的，当地人称之为'汗血马'。"

汉武帝一向爱马，乌孙国派使者送来的马匹就让他喜不自胜，命名为"天马"；现在听说大宛的汗血马比天马更好，便想弄一匹来看看，于是派壮士车令等人携带千金和金马去大宛的贰师城（今吉尔吉斯斯坦境内）求换汗血马。大宛王毋寡一时拿不定主意，便召集大臣们商量对策。

一个大臣说："我们已经得到了汉朝不少的货物，对于现在这一点东西根本不稀罕。而贰师城里的马都是大宛的国宝，怎么能这样轻易送给别人呢？"其他大臣也附和道："汉朝离我们那么远，路途又艰险。每次派几百名使者来，死得只剩下了一半人，怎么可能派大军前来征伐呢？我看汉朝奈何不了我们。贰师城汗血马是大宛宝贝，决不能给汉朝！"

毋寡听信群臣意见，坚决拒绝了车令的请求。车令恼羞成怒，破口大骂，敲碎金马，拂袖而去。大宛贵族也恼了，对大宛王说："汉使也太轻视我国了，竟这样辱骂您，我们绝对不能放他离开大宛！"

大宛王毋寡立即给东边守将郁成王写了一封信，让他出兵截住车令。郁成王收到信后，带着人马等在汉朝使者回去的路上。车令和随从士兵被团团围住，由于人少势弱，最后被郁成王杀了个干净，携带的黄金和一些礼物也全部被郁成王夺去。

汉朝使节团全部被屠杀，一个不留，这在历史上还是头一次。汉武帝接到报告后大发雷霆，大宛这个小国竟然不把堂堂大汉王朝放在眼里，他发誓要踏平大宛，得到汗血马。曾出使大宛的姚定汉说："大宛兵力薄弱，只要派去3000人马，用强弓硬弩攻击他们，就可将他们全部俘获。"

因为之前赵破奴曾以700余人攻破楼兰，生擒楼兰王，所以汉武帝对西域各国产生了轻视之心，他决定将这个易得的功劳送给自己的宠姬李夫人的哥哥李广利，于是封李广利为贰师将军，率领属国的6000骑兵和郡国那些品行恶劣的少年数万人，前去征讨大宛。同时任命赵始成为军正①，浩侯王恢为向导，李哆为校尉，掌管行军作战事宜。

---

① 军正：古代军中司法官的名称，掌军事刑法。

太初元年（前104年），李广利率军西征大宛。大军西出玉门关，在盐泽（今罗布泊）和沙漠地带艰难跋涉，沿途的小国因为害怕得罪匈奴，纷纷联合起来抵制汉军，不给汉军供应粮草。他们据城固守，汉军能攻下来就有饭吃，攻不下来时只好休整几天绕道离开。由于沿途受冻挨饿，又没有足够的饮水，不断有人倒在行进的路上，再也不能起来。等到达郁成城（今乌兹别克斯坦境内）时，数万人只剩下了几千人。李广利整顿兵马，向郁成发起攻击，结果被大宛兵杀得人仰马翻，伤亡惨重。李广利对李哆、赵始成说："像郁成这样的小城还不能攻下，更不用说大宛国的都城了。"李哆和赵始成也很气馁。李广利遂引兵东撤。

太初三年（前102年），李广利残部退入敦煌，数万大军只剩下十分之一二。他不敢回京，便派人上书汉武帝说："到大宛道远乏食，士卒不怕打仗，却怕饿肚子。兵太少，不足以攻克大宛都城，希望暂且罢兵，再派士兵前去攻打。"汉武帝完全没有料到此次出兵会败得这么惨，他怒发冲冠，立即派使者在玉门关拦阻李广利军，并下令说："军士敢入关者，斩！"吓得李广利只得留驻敦煌。

第一次征伐大宛就这样以失败而告终，朝中大臣也都希望罢兵，但汉武帝根本不听劝告，认为小小的大宛国都攻不下来，西域各国岂不是要小看汉朝？而且得不到大宛的好马，说不定乌孙、轮台（今新疆轮台东南）等国也会轻视、欺凌汉使，不再送马给汉朝。于是，汉武帝积极准备二征大宛。为了保证出征成功，汉武帝赦免了囚徒，征派了很多恶劣少年和边郡骑兵，调集了不计其数的牛、羊、驴、骆驼，组成远征军，仍由李广利统率，继续远征大宛。鉴于上次西征缺粮，这次还组织了一支大军负责转运粮草。大宛都城贵山没有水井，饮用水都取自城外河水，汉武帝为此组建了一支工兵队伍，准备届时破坏大宛都城的水源。另外，他在酒泉、张掖一带又屯驻了一支18万人的队伍，随时准备进行支援。

太初四年（前101年），李广利率领大军第二次征讨大宛，越沙漠，过盐泽，直趋大宛。沿途小国见汉军去而复还，兵强马壮，于是都主动恭奉酒食。汉军到达大宛都城贵山时，减员一半。李广利指挥3万大军将贵山城围得水泄不通，并掘河破坏城内的水源。汉军围攻贵山城40多天，攻入外城，活捉了大宛猛将煎靡。大宛兵惊慌失措，赶紧逃进中城。大宛的达官贵人们计议说："汉军之所以攻城，是因为大宛国王毋寡藏匿良马，杀死汉使。如果我们杀掉毋寡，向汉人进献良马，汉兵一定会解围；如果不解围，再力战而死也不迟。"众人都表示同意，于是杀死大宛王毋寡，派人持其头向李广利求和。李广利立亲汉的昧蔡为大宛王，让昧蔡遣子到汉王朝为质，并挑选数十匹上等骏马和3000多匹中等骏马，班师回国。

沿途中亚各国听说汉军征服了大宛国，大受震动，各国王公贵族纷纷派遣子侄跟随汉军回到中原，为汉武帝呈上贡品，并留在汉朝作为人质，以表示对汉武帝的忠心。

两征大宛历时4年，损失官兵5万多人，耗费钱物亿万，但对控制西域、断匈奴右臂具有重大的战略意义。西征大军凯旋后，汉武帝封李广利为海西侯，食邑8000户；封赵始成为光禄大夫、上官桀为少府、李哆为上党太守。

此后，汉朝与西域诸国的来往更为频繁，给沿途各国带来了沉重的负担。以前楼兰、姑苏两国正是因为不堪供给才反汉，为了不让沿途各国也走上这样的道路，汉武帝决心解决使者沿途的供给问题。他一方面下诏把亭障从玉门关向西延伸，沿盐泽以北一直修到渠犁（今新疆库尔勒）、轮台，驻兵防守，加强在西域的军事渗透，确保交通线的畅通无阻；另一方面在渠犁、轮台屯田，就地解决粮食供给问题。为了管理屯田卒，他还特设"使者校尉"。这样一来，既减省了从玉门关内运粮以供军需之劳，来往的使者到此也可补充粮草，大大减轻了沿途各国的负担；又可以巩固汉朝在西域的统治地位，保证汉朝与西域的交通顺畅。

从此，中国和西域的商路正式开通，东西交往更加频繁，各族人民之间的往来更加密切，加速了经济和文化的交流。

四、平定西羌

在北方抗击匈奴、沟通西域的同时，汉王朝与西羌也有了接触。当时西羌人大多臣服于匈奴，在某种程度上，羌人问题的解决完全可以作为汉王朝对匈奴战争、实施西域大战略中的一个重要组成部分。

据史料记载，西羌起源于青海河湟地区①、渭水上游一带的羌族，西周时期迁移到甘肃临洮一带活动，一般认为羌族是当地土著与外迁来的苗民经过长期共同生活而形成的。战国时期，羌族兴盛，有牦牛种（即越嶲羌）、白马种（即广汉羌）和参狼种（即武都羌）等。其活动范围扩展到祁连山区，并至迟在战国晚期北出扁都口（今青海祁连东南）、霍城（今甘肃山丹）一带，进入河西走廊。

汉高帝元年（前206年）时，一部分羌人与汉族融合，还有一部分生活在陇西以外，大都散布于长城以西，特别是河湟地带。

西羌部落繁多，大多以动物之名为号，如白马、牦牛、参狼、黄羝、黄羊等。有一些以地名为号，如勒姐、卑浦。而较强大的先零、烧当羌则以父号为名。

大致来说，西北诸羌，先零、勒姐、当煎、当阗、封养、牢姐、彡姐、卑浦、乌吾、钟存、巩唐、且冻、傅难诸种在陇西、金城两郡及其塞外。全无、沈氏、部分牢姐在上郡。虔人及部分卑浦在西河郡（今山西河曲附近）。各部自有酋长，数相攻杀掠夺，战祸频频不断。

最初，居住在大榆谷（今青海贵德、尖扎之间）的先零羌是诸羌之中最为强大的，那里水草丰美，自然条件比较优越。它对外向汉朝边境用兵，对内并吞弱小，后被烧当羌等联合击败，逐渐被削弱。

据说，烧当羌本来居住在大允谷（今青海贵德北），人少势弱，后击败先零、卑浦羌，迁居到大榆谷，日趋强大起来。另外，钟羌也很强

---

① 河湟地区：指今青海黄河与湟水两流域之地。

大，号称有兵马10万。至于其他羌部，大者万余人，小者数千人，一时都很活跃。

秦代末年，游徙、生活于河西走廊的羌人渐渐活跃于政治和军事舞台。西汉王朝兴起的时候，这些羌族的部落就臣服于匈奴。汉景帝即位之后，研种羌首领留何率领族人请求归顺，为汉朝守卫陇西要塞。汉景帝欢迎远方来降，把留何及其羌人部落一起迁居到陇西郡中，安排在狄道（今甘肃临洮）、安故（今甘肃临洮南）、临洮（今甘肃岷县）、氐道（今甘肃武山东南）、羌道（今甘肃舟曲北）五县，与汉人杂居，共同守卫西北边防。

汉武帝即位后，一改对匈奴的和亲政策，采取了狂风暴雨式的军事行动，使居住在西北边地的羌人也受到了严重冲击。匈奴浑邪王和休屠王部众的投降，使得羌人和汉朝有了直接的接触。

汉武帝在出兵河西驱逐匈奴的同时，对诸羌人也施加了军事压力，逼迫他们向西迁移。由于匈奴浑邪王的内降和诸羌的西迁，河西一带人烟稀少。

为了加强河西地区的防卫，汉武帝本打算召乌孙回河西故地，但没有成功，于是在河西先后设立了武威郡和酒泉郡，从此，河西一带正式成为汉朝的领土。汉武帝还不断招募百姓和输送囚徒到河西地区开垦荒地，发展生产。这对以后发展西域和继续打击匈奴创造了有利条件。

汉武帝取得河西战役的胜利之后，置敦煌、武威、张掖、酒泉四郡，驻军屯垦，移民实边，在羌人与匈奴中间打入一个楔子，使得两者之间不能交通，从而阻断双方的联系。这样一来，他们要想勾结起来对付汉朝就变得十分困难。

元鼎五年（前112年）九月，分布在今甘肃临夏以西和青海东北一带的先零羌和封养羌、牢姐羌等部落尽释前嫌，结成联盟，然后与匈奴暗中勾结，集结10多万人马，攻打汉朝边郡令居县（今甘肃永登西北）和安故县，包围了枹罕（今甘肃临夏东北），匈奴趁机出兵五原，杀死五原太守，气焰十分嚣张。

汉武帝闻报后勃然大怒，于同年十月派遣将军李息与郎中令徐自为率领10万大军攻打平定。

这次大规模的军事行动在对羌人的作战中是史无前例的。汉武帝强硬的军事行动，使得原本结构松散的羌人内部很快发生了分裂，以先零羌为首的一部分羌人归降汉王朝，枹罕之围被解。汉王朝对投降的羌人以礼相待；另一部分羌人在战乱中离开河西、湟中，向西迁移游牧。

随着汉匈战争的发展及匈奴的战败，羌人对汉王朝的态度也发生了根本性变化，元封二年（前109年）以后，羌人边患基本平息。

为了强化对羌人的管理与监督，汉武帝于元鼎六年（前111年）开始，在羌人居住的地区设置护羌校尉，持节统领内附汉朝的诸羌部落，并逐渐迁徙汉人充实河西的空地。从此，青海东部开始成为我国的行政管理区域。

然而，由于整个地区的民族矛盾始终没有得到彻底解决，所以羌人反叛、起义仍然时有发生，由于移民而引发的对土地的争夺也此伏彼起。

汉昭帝即位之后，除了河西四郡外，又于始元六年（前81年）增设了一个面积辽阔、几乎包括西羌分部中心的金城郡，治所在允吾（今甘肃永靖西北），下辖县数一度达到了13个。这样，在西羌地区以护羌校尉为依托的郡县制度终于建立起来了，河西、羌中正式并入汉王朝的版图。

五、荡平两越

平定南越、东越，是汉武帝勘定边患、拓展疆域的功业之一。

越族是华夏族的一支，是我国境内的一个古老部族，支系特别多，自战国以来便被称为"百越"，分布在长江中下游及东南沿海一带。越国是夏、商、西周以及春秋战国时期活跃于我国东南的诸侯国。相传其始祖是夏王少康的苗裔，为姒姓。初期国都定于会稽山中。越人常随楚攻吴，于是吴越成为世仇。公元前306年，越王无疆伐楚失败身亡。因事先没有指定继承人，于是越国分崩离析。长子玉在福建地区建立起闽越国，次子蹄在核心区浙江建国东瓯，以欧阳为国姓。

公元前221年，秦始皇统一六国后，先后对百越发动了三次战争。公元前219年，秦军攻占东瓯和闽越，设置闽中郡，废除两国国王的封号，改称"君长"。

秦末农民起义后，闽越王无诸率闽中士卒起兵，协同诸侯灭秦。楚汉纷争天下时，无诸辅助刘邦打败项羽。汉高祖五年（前202年）二月，复立他为闽越王，封管闽中故地，建都于冶城（今福建福州）。东瓯国王的侄子欧阳摇，也在惠帝三年（前192年）封为东海王，其国称为东海王国，因都城在温州瓯江流域，所以又称"东瓯王"。

汉景帝初年，吴王刘濞想拉闽越王一起反汉，闽越王不愿意，只有东瓯王追随他。后来刘濞兵败，亡命东瓯。景帝遣使利诱东瓯王欧复贞，王弟欧贞鸣趁劳军之际杀死刘濞，将功折罪。事后，东瓯王改封彭泽王，欧贞鸣封为平都王。

吴王刘濞的儿子刘驹逃亡到闽越，怨恨东瓯王杀了他的父亲，常劝闽越王进攻东瓯。自东瓯横插进闽中以来，闽越一直对其恨之入骨，无诸的继位者郢禁不住刘驹一再劝说，于建元三年（前138年）七月兴兵北击东瓯。东瓯据城死守，粮草无以为继，眼看就要支撑不住了，便派人向汉武帝求助。当时汉武帝年仅19岁，想要出兵救东瓯，但又有些犹豫。他征求太尉田蚡的意见，田蚡回答道："越人相互攻击是很正常的事情，他们就是这样反复无常，不值得去救援。"中大夫严助严词反驳道："只怕力量不能救助他们、恩德不能覆盖他们，如果能够做到，为什么要抛弃他们呢？现在小国因困穷向天子告急，天子不予理睬，他们又能到哪里去诉求呢？这样天子又怎么去领导万国？"汉武帝下定决心，命严助持节到会稽去调遣军队，南下救援东瓯。闽越王郢闻讯，匆匆撤兵。汉军兵退，闽越复又进攻。

建元三年（前138年），东瓯王欧贞鸣战死，其子欧望不堪其扰，于是便请求内迁，汉武帝将东瓯居民全部迁居到江淮流域如庐江郡，并降封为"广武侯"，东瓯国至此消失。

建元六年（前135年），闽越又发兵攻打南越。南越国又称南粤国，其创建者为秦国海龙川令赵佗。秦朝末年，恒山郡真定（今河北正定）人赵佗为将领，与任嚣南下攻打百越。因天下大乱，赵佗趁机割据岭南，建立南越国，自号"南越武王"，建都番禺。全盛时疆域包含今广东、广西（大部）、福建（部分）、海南、香港、澳门和越南（北部、中部的大部分地区）。

汉高祖十一年（前196年），刘邦遣大夫陆贾出使南越，赵佗在他的劝说下，接受汉高祖赐给的南越王绶印，成为汉朝的藩属国。但是，汉高祖死后，吕后临朝，与南越的关系开始紧张。高后七年（前181年），吕后派遣大将隆虑侯周灶率部攻打南越，赵佗于是宣布脱离汉朝，自称"南越武帝"，出兵进攻长沙国。

汉文帝前元元年（前179年），吕后死后，汉文帝派人重修赵佗先祖墓地，并派陆贾再次出使南越劝说。赵佗同意除去帝号，归复汉朝。

汉武帝建元四年（前137年），赵佗去世，其孙赵眜继位。

建元六年（前135年），闽越在吞并东瓯故地后，势力大增。闽越王驺郢发动了对南越的侵略战争。南越遵天子令，不敢擅自发兵迎击，便上报朝廷。汉武帝派出两支大军南下，一支由大行王恢为统率，出豫章郡；一支由大农令韩安国统领，出会稽。东西两路齐头共进，迎击闽越。

汉朝大军压境，闽越人惶恐不安，早就想当国王的驺郢的弟弟余善对宰相、宗族们说："国王擅自发兵进攻南越，也不请示天子，所以天子派兵来讨伐。汉朝兵多且强，即使我们侥幸取胜，后面来的汉兵也会越来越多，最后我们肯定会失败而亡国。现在不如杀掉国王向天子谢罪，天子如果接受我们的谢罪而罢兵，我们的国家就保住了；如果天子不接受我们的谢罪，我们再拼死一战也不迟。如果失败，我们可以逃到海上去。"众人都表示同意,于是杀了国王驺郢,让使者把国王的头奉给王恢。王恢对部将说:"我们来就是为了诱杀国王,现在国王的人头已经送来,又向天子谢罪,不战而胜,没有比这更好的事情了。"他派人将情况告诉韩安国,同时派使者带着闽越国王的头向汉武帝报告。

汉武帝下诏让两位将军撤兵,并说:"郢等人是首恶,只有无诸的孙子繇君丑没有参与谋乱。"于是立丑为越繇王。丑虽然登上了王位,但大权却掌握在余善手中。为了笼络、羁縻余善,汉武帝封他为东越王,与越繇王并处。

余善因怨恨汉武帝立丑而不立他,对汉朝阳奉阴违,暗地里勾结反汉势力,待机而动。元鼎五年(前112年),南越丞相吕嘉造反,东越王余善上书,请求统领8000人马跟随楼船将军杨仆进攻吕嘉。军队来到揭阳(今属广东)时,余善以海上有大风为由,命部队停止前进,然后暗中派人给吕嘉通风报信。汉军攻陷番阳(今广东广州)后,杨仆上书汉武帝,请求率兵攻打东越。元鼎六年(前111年),余善得知杨仆请求讨伐东越,于是自立为帝,公开反汉。当时南越之战刚刚结束,兵马劳顿,所以汉武帝没有批准杨仆的请求,而是命杨仆派出一支军队由大司农张成、前山州侯刘齿统领,进驻梅岭(今江西、广东两省边境之大庾岭)待命。

余善听说楼船将军要诛杀自己,汉军已到边界,便派兵在汉军经过时抵抗阻拦,封将军驺力为"吞汉将军",偷袭梅岭汉军,杀死许多汉军将士,包括3名校尉,张成、刘齿败退。余善闻讯大喜,刻了一枚"武帝"玺,自立为帝。汉武帝得知后派出4路大军进行征讨:横海将军韩说自句章(今浙江宁波西北)入海,浮海南下,从海上进攻;戈船、下濑将军从若邪(今浙江绍兴南)、白沙(今江西南昌东北)南下;楼船将军杨仆从武林(今江西余干北)东进;中尉王温舒自梅岭向东推进。东越派兵在险要处防守,派徇北将军守武林,打败了楼船将军的几位校尉,并杀了长吏。楼船将军派钱唐辕终古杀了徇北将军。汉使越衍侯吴阳劝余善降汉，余善不听。等到横海将军韩说到后，吴阳率邑中700人起义，攻打汉阳（今福建浦城北）的越军，并与建成侯敖、繇王居股谋划杀掉余善后归汉。

汉武帝对平定东越的功臣进行了封赏：封繇王居股为东成侯，食封万户；封建成侯敖为开陵侯；越衍侯吴阳为北石侯；横海将军韩说为按道侯；横海校尉福为缭嫈侯；东越将军多军为无锡侯。

平定东越后，汉武帝下令将闽越国民全部迁到江淮之间，其地并入会稽郡。从此，闽越地区的政局稳定了下来，生产也得到了快速发展。

在荡平东越的同时，汉武帝还对南越进行了整肃。

元鼎四年（前113年），汉武帝派安国少季①出使南越，劝谕樛太后和赵兴入朝觐见天子。当时南越王年少，樛太后是汉人，屡劝国王与臣下要求内属，并上书给汉武帝，请求比照内属诸侯王，3年进贡一次，除去边界的关塞。汉武帝允许后，赐给丞相吕嘉银印及内史、中尉、太傅印，废除原来的黥刑、鼻刑，比照诸侯王，用汉朝刑法，留汉朝使臣安抚南越民众。

吕嘉是南越的三朝丞相，其宗族当官为长吏的有70多人，男的尽娶南越王的女儿为妻，女的都嫁给了王子兄弟宗世。所以，吕嘉在南越的地位很高，比国王更得民心。吕嘉不赞成内属归汉，就让自己的弟弟统领兵马布置在他的住处，声称自己患病，不肯见国王和汉使。这样一来，国王和太后的归汉计划便无法执行。

汉武帝得知这一情况后，认为只有吕嘉作乱，不需要动用大军，于是派韩千秋②与樛太后的弟弟樛乐带领2000人前往南越。吕嘉等人公然谋反，并下令说："国王年幼，太后是汉人，又与使者淫乱，一心想内属汉朝，把先王的宝器都献给了汉朝，以谄媚汉天子。太后还要带很多

---

① 安国少季：灞陵（今陕西西安）人。南越王太后在嫁给赵婴齐之前曾与安国少季私通，所以安国少季出使南越，吕嘉等人便说他与太后淫乱，于是攻杀王太后及汉使者。

② 韩千秋：颍川郏地（今河南郏县）人，曾任济南相，汉武帝时期受命率军出击南越时被杀。

人去长安，将他们卖给汉人当仆人。"随后，吕嘉兄弟带兵攻杀南越国王、太后以及汉朝使臣；又派人告诸郡县，立赵婴齐的南越妻子所生的术阳侯赵建德为王。韩千秋所率2000士兵，攻破数个小城，后在距番禺40里处遭到越军的攻击，全军覆灭。

吕嘉取得胜利后，气焰嚣张，下令把安国少季所持的使节装进盒子里，送到北境，让汉武帝派人来取，并附上谢罪表，语气极为傲慢。汉武帝闻讯极为愤怒，于元鼎五年（前112年）征调10万大军，分5路南下：以卫尉路博德为伏波将军，从长沙国桂阳出发，沿湟水（今福建连江）直下；以主爵都尉杨仆为楼船将军，出豫章，直扑横浦关（今广东大庾岭上）；以归顺汉朝的一越人为戈船将军，出零陵，卜漓水（今广西漓江），抵苍梧；以驰义侯率巴蜀、夜郎兵，下牂牁江①，各路大军在番禺会合。

吕嘉凭借五岭的有利地形拼死抵抗。双方鏖战一年多，元鼎六年（前111年）冬，杨仆带领数万精兵与路博德所带千余人会合。南越王赵建德和丞相吕嘉守城。杨仆居东南面，路博德居西北面；杨仆打败越人，纵火烧城。之后，路博德派人前去招降并下令，降者不但死罪可免，还可以做官。黎明时分，城中的越兵大都投降，赵建德和吕嘉带着几百名亲兵逃出城去，乘船窜入海中。路博德派人追赶，很快将他们俘杀。

吕嘉一死，南越各地纷纷归汉。汉武帝下令废除南越国，分置南海、苍梧、郁林、合浦、珠崖、儋耳、交趾、九真、日南九郡。

安排好设郡事务之后，汉武帝诏令路博德等班师回朝。路博德已经受封为符离侯，这次又立大功，汉武帝增加了他食邑的户数；同时封杨仆为将梁侯、苏弘为海常侯、都稽为临蔡侯；又封南越国投降的4个将领为侯：苍梧王赵光为随桃侯、揭阳县令史定为安道侯、将军毕取为膫侯、桂林监居翁为湘域侯。

---

① 牂牁江：一作牂柯江。即今云南、贵州两省境内北盘江及广西红水河。

南越国自秦末赵佗割据称王后，传5世，享国93年。此后南越各地又归入中华，两广地区从此再也没有脱离过中国版图。

六、通西南夷

为了整合西南地区，汉武帝数次开拓西南夷，经历了开而废、废而又开的曲折历程。当时，围绕着内地巴郡和蜀郡的外圈，即今天的四川省西部及南部，贵州、云南分布着数以百计的少数民族，称为西南夷。西南夷各立君长，组成几十个部落，小的有上百人，大的有千余人，包括今云南地区的滇国（今云南滇池附近）、巂（今云南保山一带）、昆明，贵州境内的夜郎，四川境内的邛都（今四川西昌）、徙（今四川天全）、笮（今四川合江）、冉駹（今四川茂汶）等。其中，贵州境内的夜郎、云南境内的滇和四川境内的邛都等最大。夜郎、僰等地因在巴、蜀两地之南，被称为"南夷"；邛、徙、笮、冉駹等地在巴、蜀之西，被称为"西夷"。

在秦统一天下之前，西南夷就与中原地区有了联系。秦惠文王更元九年（前316年），秦灭巴、蜀二国，并在此设郡。楚顷襄王二十年（前279年）左右，楚将庄蹻率军通过黔中到滇池，使滇归属于楚国，后因黔中被秦攻占，滇、楚交通断绝，庄蹻在滇称王。秦统一天下后，曾在西南地区修"五尺道①"，使西南边民可以由此入川，再由四川入关中。

汉朝建立后，君臣致力于休养生息，无暇顾及西南夷之事，直到汉武帝时才开始通西南夷。

建元六年（前135年），汉武帝派大行王恢出兵闽越，王恢派番阳

---

① 五尺道：秦始皇统一六国后，为加强中原地区与西南各族之间的联系而开筑的一条从蜀地通往云贵高原的重要道路。

令唐蒙①去南越，南越人用蜀郡产的枸酱招待唐蒙。唐蒙问如此美味的酱来自于哪里，南越人说是从西北的牂牁江运来的。回到长安后，唐蒙专门派人调查了经营这种食品的商人，终于搞清这种东西原本是蜀地特产，只是通过夜郎国的商人经牂牁江运往南越而已。当时牂牁水道有近百步宽，可以通过较大的船，直达番禺。

这一情况令唐蒙深为高兴，他确认自己发现了一条可以绕过五岭天险、直捣南越腹地的进军路线，即由蜀地出兵，过夜郎而进攻南越侧翼。他马上把这个消息上奏汉武帝，建议道："迅速联系夜郎，利用它的几十万军队，顺牂牁江而下，必可制服南越。"

汉武帝同意了唐蒙的建议，于是任命他为郎中将，率领1000名士卒，携带很多辎重、珍宝，从巴、蜀、筰关出发，去见夜郎国王多同。古代交通不便，信息闭塞，夜郎王自以为方圆几千里，就夜郎国最大，不免妄自尊大起来。他得意地问唐蒙："汉与夜郎谁大？"这就是成语"夜郎自大"的由来。

唐蒙闻言哑然失笑，但碍于礼节，没有表现出来，让随从拿出事先准备好的丝绸、珠玉送给夜郎王，又讲述了大汉北驱匈奴、西征大宛、南平南越等诸多事情。夜郎王看着这么多的珍稀宝贝，又听着大汉的威武事迹，不禁羞愧难当，后悔自己不该井底看天，不自量力。

唐蒙见时机已到，便告之汉朝的严威圣德，晓以利害，劝夜郎王举国内附，以期封侯。夜郎王听了心有所动，便和唐蒙约定，由朝廷在当地任命官吏，让夜郎王的儿子担任县令一级的官员。

唐蒙回去向汉武帝汇报了夜郎的情况，汉武帝将夜郎设置为犍为郡，下属僰道县（今四川宜宾）等12个县。

为了更好地控制西南地区，唐蒙又在此地发动巴郡、蜀郡的官吏士卒数千人，修筑从僰道到牂牁的道路。

---

① 唐蒙：西汉官员，先为番阳（今江西鄱阳东北）令，后被汉武帝任命为中郎将，出使夜郎，成功说服夜郎归顺大汉，置犍为郡。

西南地区多山，地形复杂，修路不易，加之湿热，巴郡军民中有许多人因生病而死去，更多的人开始逃跑。针对这种情况，唐蒙动用战时法令，诛杀了一些消极对抗的地方首领，但他的严惩措施并没有取得积极的效果，反而激起了地方势力更强烈的反抗，修路工作眼看就要进行不下去了。

汉武帝听说此事后，急令司马相如去西南夷责备唐蒙迅速改正，并传檄谕告巴蜀民众，唐蒙所为并非皇上本意，同时要求"檄到，亟下县道，使咸喻陛下之意，毋忽"。由此可见，汉武帝处理西南夷问题是非常谨慎的。如果不是汉武帝采取紧急措施，防止事态扩大，后果很可能不堪设想。

由于唐蒙出使西南夷送给夜郎等少数民族君长很多贵重的礼物，邛、筰等君长听说后，也想臣属汉朝，希望比照南夷的待遇，请求汉朝委任他们官职。汉武帝就此征询司马相如的意见。司马相如原本是蜀中人，对西夷部落略知一二，便说："邛、筰、冉、駹等地离蜀郡很近，道路易于开通，而且秦朝时已设郡县，到汉朝建国初期才废除。在这样的地区设置郡县，其价值超过唐蒙一直想开通的南夷。"汉武帝对司马相如的意见颇为赞许，于是任命司马相如为中郎将，持节出使，并任命王然于、壶充国、吕越人等为副使，带上巴蜀的财物作为礼品送给西夷君长。西夷各君长甚为喜悦，自动拆除了边界关卡，表示愿意臣服汉朝。司马相如在此地设置十多个县，一个都尉，属蜀郡管辖。从此，西至沫（今大渡河）、若（今雅砻江）二水，南到牂牁江的边塞都统一了起来。此外，人们还在孙水（今安宁河）上架桥，直通邛都。

由于西南夷地区山岭险峻，修路工程艰巨，费用很高，士卒多半累死在工地上，收效不大，蜀民和一些京城官员都认为开通西南夷劳民伤财、不划算。为此，汉武帝派公孙弘前去当地视察，公孙弘回来后汇报说西南夷的事情很不顺利。当时汉朝与匈奴正在打仗，元朔二年（前127年），主父偃建议筑朔方城，公孙弘提议停止通西南夷之事，一心一意对付匈奴。汉武帝从大局出发，接受了公孙弘的建议，暂停对西夷邛、筰、冉駹等的经营，仅在南夷夜郎设置了两县、一都尉，令犍为郡太守自保。

元狩元年（前122年），曾经出使西域的张骞向汉武帝提出了一个探索蜀地通往身毒通道的建议。原来，张骞出使西域经大夏时，曾经看到过蜀地出产的细布和邛山出产的竹杖。大夏人说是从东南方向的身毒国来的，离大夏有几千里。由此，张骞判断从西南夷地区可通身毒，然后再到大夏，这样就可以不经过匈奴控制的河西地区而到达西域。

汉武帝听了很高兴，马上命令张骞主持此事，并派王然于、柏始昌、吕越人等为使臣，沿着蜀郡、犍为郡一带的山路，寻找身毒国。使者们找了一年多，无功而返，因为道路都被昆明国封闭，无法前进。

汉武帝见使者受阻，计划征讨昆明。昆明有方圆300里的滇池，汉武帝专门在长安修"昆明池"练习水战。但因为当时战事频繁，能够征调服役的人越来越少，汉武帝便下令凡官吏不恪尽职守、玩弄法令者，一律发配到长安御苑去砍伐荆棘，挖掘"昆明池"。长安城为之震动。

元鼎五年（前112年），在向南越发动全面进攻之际，汉武帝派遣驰义侯传檄犍为郡，希望当地士兵助战，实施当初唐蒙借路出奇兵的战略计划。

汉使的到来引起了当地部族首领的恐慌，且兰（今贵州都匀、黄平、贵定一带）国君担心军队远征后，邻国会趁机抢走国内的老弱人众，于是聚众反叛，杀死汉使和犍为郡太守，公开对抗汉王朝。这时，南越已被平定，汉武帝原准备平定南越的八校尉引兵而还，诛杀且兰国君，平定了南夷。

此后，在汉朝的政治、军事压力下，邛、筰、冉駹、白马相继归汉。汉朝在邛设越巂郡（今四川西昌一带）、筰设沈黎郡（今四川汉源一带）、白马设武都郡（今甘肃西和境内）、冉駹设汶山郡（今四川茂县），还设置了牂柯郡（今贵州黄平西南）。

汉武帝又命令王然于借着攻破南越和南夷的兵威，讽谕滇王入京朝见。滇王有部众几万，其东北有劳浸、靡莫等同姓部落相依靠，都不愿归附汉朝。劳浸、靡莫两国数次欺侮汉朝使者、吏卒。元封二年（前109年）秋，汉武帝命郭昌和卫广①发巴蜀兵击败劳浸和靡莫，滇王见无路可逃，只好举国降服，请汉武帝在其地设置官吏。于是，汉武帝在滇国设置益州郡，赐予滇王王印，仍让他统治当地。

元封六年（前105年），益州郡昆明反叛，汉武帝赦免京师亡命之人，让他们从军参战，派拔胡将军郭昌攻打益州昆明等地，取得了胜利。从此，西南地区大部分都重归中国版图，西南各族人民与汉族的关系逐渐密切，广大西南地区得到了进一步的开发。

汉武帝在经营西南夷时充分展示了他恩威并施的政治手段，在对当地的开发和管理上采取了因地制宜、因俗而治的措施，为我国西南地区早期的开发管理奠定了政策基础。

七、剑指朝鲜

在开拓西南夷的同时，汉武帝没有停下征伐的脚步，很快又将利剑指向了朝鲜。

据史料记载，朝鲜自古就与中国联系密切，据传商纣王荒淫无道，众叛亲离，他的叔父箕子带领5000名殷民逃到朝鲜（今朝鲜半岛北部），在那里建立了一个王国，并将耕织、养蚕等先进的生产技术带了过去。

到战国时期，朝鲜与中原的往来逐渐增多，齐国运进了朝鲜的虎豹之皮，燕国的铁器和货币"明刀"也传入了朝鲜半岛。战国末期，乐

---

① 卫广：汉武帝第二任皇后卫子夫同母异父的弟弟。中郎将，曾平定南夷、攻打昆明国。

毅①灭齐的壮举令燕国进入全盛时期，燕国曾经略定真番（今韩国首尔）、朝鲜，在那里进行有效的统治，修障筑塞。秦灭燕国后，朝鲜划属辽东郡管辖。汉初，汉高刘邦觉得朝鲜太远，不利于统治，就把疆界划到浿水（今朝鲜大同江），由封国之一的燕国管辖。

汉高祖十一年（前196年），燕王卢绾叛变，投降了匈奴汗国。燕国人卫满率众逃亡，集结党羽1000多人，改穿异族服饰，把头发结辫，向东出塞，渡过浿水，来到朝鲜半岛，进行开荒式的征服。卫满率领部属刚来朝鲜时，得到了朝鲜王箕准的礼遇。

箕准拜卫满为博士，赐给圭，封给他西部方圆百里的地方。箕准之所以这样做，是想让卫满守卫西部边境。但卫满是个很有政治野心的人，他以封地为依托，不断招引汉人流民，积聚政治和经济力量。汉惠帝元年（前194年），羽翼丰满的卫满派人向箕准假传汉朝要派大军来进攻的消息，请求到箕准身边守护。箕准不知其中有诈，答应了卫满的请求。

卫满趁此机会率军向王都王险城（今朝鲜平壤）进发，一举攻占了王都，然后自立为王，国号仍称朝鲜，史称"卫氏朝鲜"。卫氏王朝建立后，控制了朝鲜半岛的北部地区，与西汉燕地相邻。

此时汉王朝正处于惠帝统治时期，天下初定，辽东太守经朝廷批准，主动与卫满相约：卫满为汉朝藩属外臣，为汉朝保卫塞外，不使汉朝边境受到侵犯；塞外各族首领朝见汉朝天子，以及各国与汉朝通商，不许从中阻挠。作为回报，汉朝答应对卫满进行兵力和物资上的支援。

卫满利用西汉藩属外臣这一合法身份，加上汉王朝的军事、经济支持，不断侵略和征服周边的小国，如真番、临屯（今韩国江原道江陵）都主动归顺，卫氏政权的势力因此迅速膨胀，领地扩大到方圆几千里。

汉武帝即位后，卫满的孙子卫右渠成为朝鲜王，更是大量招引汉人流民，以此增强卫氏政权的实力。随着势力的日益雄厚，卫右渠不但不

---

① 乐毅：中山灵寿（今河北）人，魏将乐羊后裔，通晓兵法，初在赵，后辅佐燕昭王振兴燕国。后因燕惠王猜忌而投奔赵国，被封于观津，号为望诸君。

再向汉朝通商朝贡，而且还阻碍邻近真番等小国与汉朝通商朝贡。一时之间，各小国与汉朝的联系因卫右渠从中作梗而中断。

元朔元年（前128年），朝鲜半岛小番君南闾等因不满朝鲜王的控制，率28万人归降汉朝，汉武帝在那里设立苍海郡，但又在元朔三年（前126年）春因北方战事而罢除。

苍海郡的一度置废，向卫右渠表明了汉武帝的政治立场，引起卫右渠的极度不满。因此，他在加紧对境内部族进行控制的同时，也拒绝了南方的真番、辰国经其领土朝见汉武帝的要求。这样一来，双方的矛盾终于爆发。

元封二年（前109年），汉武帝派涉何为使前往朝鲜，责怪并晓谕卫右渠，要他去晋见汉天子，但卫右渠倚仗自己逐渐增强的实力，始终不接受汉武帝的诏书。涉何未能完成使命，担心回去后无法交代，行到浿水边时，派人杀了为自己送行的卫氏朝鲜裨王，然后迅速渡河入塞，向汉武帝谎报说杀了朝鲜大将。

汉武帝听说涉何杀死了一个朝鲜将军，连连称赞他做得好，尽管卫右渠没有来朝见，但杀掉他们的一员大将，总是有功的，便不再责怪涉何，并任命涉何为辽东郡都尉，防御朝鲜。都尉辅佐太守掌管军事，防御盗贼。辽东郡都尉负责与朝鲜接壤地带的防卫。

很快，涉何官居辽东郡都尉的消息传到了卫右渠耳中，他怨恨涉何，于是率大军越界攻袭，洋洋自得的涉何官位还没坐稳就丢了性命。事情发生后，汉武帝勃然大怒，决定用武力来解决朝鲜问题，在全国招募死罪之人组成一支东征大军。这年秋天，汉武帝下令分海陆两路进攻朝鲜：海路由楼船将军杨仆率领，从齐地横渡渤海；陆路由左将军荀彘率领，从辽东南下。约定二军合击，同攻朝鲜都城王险城。

然而，汉武帝显然低估了朝鲜军队的战斗力。卫右渠发兵据险狙击汉军，荀彘一路先被卫右渠军击溃。杨仆率部在朝鲜西海岸登陆后，攻占列口（今朝鲜殷栗），挥兵北上，推进到王险城下。此时，他的5万大军只剩下7000人。卫右渠挥兵出击，杨仆败走，慌乱之中与军队失去了联系，躲进山中，藏了10多天才出来召集散兵。荀彘也召集残部，再次发起进攻，但始终未能突破卫右渠在浿水南岸的防线。

汉武帝见军事进攻无法取胜，又发起政治攻势，派卫山到王险城召抚卫右渠，否则将再派大军征讨。卫右渠虽然接连打败汉军两员大将，但他深知自己绝非大汉的对手，便来了个顺水推舟，表示愿意归降，并派太子到汉朝廷谢罪，献出50匹马和一批军粮。

护送朝鲜太子的兵马有1万多人，他们到了浿水，扎下大营，派一些人随太子渡河。卫山和荀彘见状，怀疑他们使诈，勒令太子等人不得携带兵器，徒手渡河；而朝鲜太子本来就怀疑汉使招降的诚意，于是不渡浿水，掉头返回。卫山招降没有成功，汉武帝认为他处置失当，下令杀了他，随后命令在朝鲜的两路大军加紧进攻王险城。

荀彘的军队得到补充后强渡浿水，突破敌军防线，推进到王险城下。杨仆也重整旗鼓与荀彘会合，分别从南面、西北夹击王险城。卫右渠据城坚守，双方相持不下。汉军围攻数月，没有取得任何进展。杨仆的5万军队渡海时损失很大，抵达朝鲜时已所剩不多，初次进攻又遭惨败，所以士兵们这次攻城并不是很卖力，总是想着讲和。而荀彘是侍中出身，深受汉武帝信任，他手下的士卒多是燕代一带之人，勇猛强悍，这次成功突破浿水防线，士气旺盛，攻势猛烈。

朝鲜大臣看出了汉军两员大将的矛盾，于是派出密使觐见杨仆，商量投降的条件。荀彘屡次派人要求杨仆约定日期发动总攻，杨仆每次都表示同意，但最后都是坐山观虎斗。荀彘揣度杨仆前有丧师的罪过，现在又与朝鲜大臣私下交好，而朝鲜方面没有投降的迹象，因而怀疑杨仆阴谋反叛，但他一直不敢发作。

荀彘和杨仆两将不和，大大削弱了汉军的战斗力。汉武帝知道后，急忙派济南太守公孙遂前去调解处理，并授权他遇事可便宜从事，不必请示朝廷。

公孙遂到了朝鲜，来到荀彘军前，荀彘高兴不已，把内心的怨气全发泄了出来："朝鲜早就该打下来了，之所以拖了这么久还未能攻下，都是因为楼船将军不遵守预定的作战计划。"

接着，荀彘又把自己平素怀疑杨仆想要谋反的想法一五一十地告诉公孙遂，最后说道："现在情况十分严重，若不先发制人将其拿问，恐怕要酿成大祸，不仅楼船将军要谋反，他还可能和朝鲜兵一道来消灭我的军队。"

公孙遂在朝中素来跟荀彘友善，现在听说杨仆有可能谋反，不禁倒吸一口凉气，万万没想到事情已如此糟糕，看样子还真得先下手为强了。于是，公孙遂用天子恩赐的符节将杨仆诱至荀彘军营，然后不由分说将其五花大绑，然后把他的部队交给荀彘指挥。

荀彘并统两军后，立刻发起急攻。朝鲜相路人、尼豁相参和将军王唊等人商量说："现在杨仆被抓起来，仗又越打越急，恐怕我们无法坚持到底，而卫右渠又不肯投降。"他们商议一番之后，一齐逃奔到汉营中投降，大大削弱了朝鲜军队的力量。

元封三年（前108年）夏，尼豁相参指使人杀死卫右渠，投降了汉军。但王险城一直没有拿下，原来有个叫成已的朝鲜大臣仍然继续抵抗不降。荀彘发动宣传攻势，派卫右渠的儿子卫长和降相路人的儿子路最告谕当地百姓停止抵抗，并杀死了成已，王险城终于被攻破，卫氏朝鲜宣告灭亡。

朝鲜战役终于落下了帷幕。本以为轻松就能解决的事情，却耗时多年，且伤亡惨重，汉武帝异常愤怒，参与作战的将领只要略有过失，皆被处以极刑，几个主要角色都受到了严惩。荀彘被认为罪大恶极，先是违背作战计划，指挥失当，后又绑架杨仆挑起内讧，而且杀戮甚多，最终被腰斩弃市。公孙遂也因擅拘大臣而被斩首。杨仆虽然罪过较轻，但为图军功，私自招降也是大过一件，被判死刑，后倾家荡产才捡回一条性命，被贬为庶人，潦倒不堪，不久也一命呜呼。

随后，汉武帝在朝鲜设置真番郡、临屯郡、乐浪郡和玄菟郡，历史上称为"汉四郡"。四郡之下设有很多县，郡县长官由汉朝廷派遣汉人担任。"汉四郡"的设置，说明汉武帝已经将朝鲜半岛北部纳入了汉王朝的直接统治范围。

汉武帝对边疆地区的开拓，对中国历史和经济文化的发展起了极为重要的推动作用。祖国的辽阔疆域，大体上是在汉武帝时期对西北、东南、南方和西南地区开拓的基础上形成的，从而奠定了祖国地大物博的基础。

随着疆域的扩大，周边众多民族也渐渐融入华夏大家庭，成为中华民族的一员，为我国成为统一的多民族国家奠定了基础。

第九章　倡导汉赋重科技

一、搜集遗书

汉武帝时期，不仅开辟了广大疆域，而且在文治方面也毫不逊色，开创了保护、继承和发展中华传统文化的辉煌时期。

汉武帝从小就接受了很好的文化教育，对文学艺术和其他文化事业都怀有浓厚的兴趣，而且他还酷爱文化典籍，非常重视搜集图书。

书籍是文化的主要载体，是文化传承的媒介，而秦始皇一把火烧断了这个链条，使得知识、文化的传播无以延续。面对这一严峻形势，汉朝初年朝廷曾下诏广开献书之路，广泛收罗书籍篇章，这一活动到汉武帝时达到高潮，并形成了制度。

据史料记载，有一次，汉武帝在皇家藏书处看到这些费了很大劲才收集起来的零乱散落的竹简，喟然长叹道："朕真痛心啊！"他决心把经过秦火燔余的古代文化典籍尽可能地搜集、整理、保存起来。因此，他下令继续在全国各地征集图书。

与此同时，汉武帝还在太常府、太史府和博士官办公处建设藏书之所，皇宫内也增设辟延阁、广内、秘室府等藏书之所，专门保管、整理搜集来的图书。他还下令设置抄写图书的专职官员，翻抄包括经书和诸子百家在内的图书典籍。

当时，不仅朝廷各有关机构大力搜求遗书，郡国等地方官府也争相搜求遗书，其中成效最为显著的有两位。

一位是河间献王刘德。刘德是汉景帝刘启的次子、汉武帝的兄长，于景帝前元二年（前155年）四月受封为河间王。刘德喜好儒学，衣着服饰、言行举止都效仿儒生。山东的许多儒生都依附于他。每次从民间寻到一本好书，刘德必定好好地书写学习，以掌握其内容，又以金银玉帛作为赏赐，征求四方之书。他所采取的办法吸引了众多献书者，因而藏书甚多，可与官家藏书相等，而且其中的大部分都是古文及先秦旧书，价值较高。

另一位是鲁恭王刘余。刘余是汉景帝的第四子，于景帝前元二年（前155年）被立为淮阳王，后改封鲁王。刘余好声色，养狗马，晚年痴迷音乐。他不喜辞辩，说话口吃。据《汉书》记载，刘余"初好治宫室，坏孔子旧宅以广其宫……于其壁中得古文经传"。此次从孔府墙壁中得到的有古文《尚书》《礼记》《论语》《孝经》等，其中古文《尚书》比汉初伏生①所传的《尚书》29篇还多16篇。孔子后人孔安国"悉得其书"，"以今文读之"。

当时，地方郡国所得遗书均通过各种途径献给朝廷，比如献王刘德来朝献雅乐；孔安国所得孔壁之书也献给了朝廷，因当时恰逢蛊祸之事，没能列于学官，后来刘向②根据其书，校阅欧阳、夏后尚书。

在汉武帝的直接关心和支持下，国家搜集的图书一天天多了起来。当时搜集的遗书主要有儒家经籍、诸子传记、史书及曲辞诗赋。另外，相关机构对各地的计书也冀为收藏。每当收到一种好书，汉武帝都十分高兴。在保存、整理和流传古代文化典籍方面，他很有远见和魄力，同时也做出了巨大的贡献，不仅促进古籍整理和学术研究、学术思想的发

---

① 伏生：一说伏胜，字子贱，济南（今山东邹平）人，曾为秦代博士。汉初，以《尚书》教于齐鲁间，汉文帝时，派晁错向他学《尚书》。西汉的《尚书》学者都出其门下。

② 刘向：字子政，原名更生，沛县人。汉皇族楚元王刘交的后代。西汉经学家、目录学家、文学家。

展,而且对中国古代史学著作、历史资料的保存起了重要作用,比如他设立专门史官、先后任命司马谈①、司马迁父子为太史令。太史令的职责之一是收藏各种典籍,如儒家经籍、诸子传记、史书、天文、历法、卜筮等书和天下计书。所以《史记》虽然是司马谈、司马迁父子所修,但条件却是汉武帝创造的,可以说没有汉武帝,就不会有《史记》。

汉武帝搜求遗书还促进了目录学的发展。为了更好地利用搜集到的书籍,就需要分类整理、校对、编订书目。据《汉书·艺文志》记载,成帝时因为书籍散失很多,就派谒者陈农向天下求遗书,诏令光禄大夫刘向校经传、诸子、诗赋,步兵校尉任宏校兵书,太史令尹咸校数术,侍医李柱国校方技。每校订完一部书,刘向都要编订目录,归纳要义,摘录之后上奏皇帝。刘向死后,汉哀帝让他的儿子刘歆②继续这一事业。刘歆把这些文章整合成《七略》上报给汉哀帝,于是有了《辑略》《六艺略》《诸子略》《诗赋略》《兵书略》《术数略》《方技略》。这是我国国家藏书的第一部分类目录学著作,它的出现对于书籍的收藏、利用和学术研究的发展具有极其重要的意义。

二、大兴汉赋

汉武帝是汉朝第一位对文学感兴趣的皇帝,在他的支持和倡导下,汉赋成为汉代文学的主流。这是一种既有散文的章法格局,又有诗的节奏韵律,夸张铺陈,"体物写志"的文学形式。

赋的成就,继承了先秦诸子散文巧文多智的特色。西汉早期的赋大多属于借物抒怀、意境深沉的篇章,比如贾谊的《吊屈原赋》等。而汉初作赋较为出名的当数枚乘。汉武帝当太子时就非常仰慕枚乘,即位

---

① 司马谈:西汉史学家、思想家。夏阳人。曾任太史令、太史公。他根据《国语》《世本》《战国策》《楚汉春秋》等书,撰写史籍,死后,由其子司马迁续成《史记》。

② 刘歆:西汉末古文经学的开创者,目录学家、天文学家。沛县人。曾任黄门郎、中垒校尉。继承父业,总校群书,撰成《七略》。王莽执政后任"国师"。后谋诛王莽,事泄自杀。

后以安车蒲轮征召枚乘。枚乘创作的赋有九篇,今存三篇,其中的《七发》开辟了汉武帝时期长篇赋的先河。

枚乘有一个儿子叫枚皋,曾为梁共王郎,后遭人诬陷逃亡长安。汉武帝欣赏他作赋的才能,召他入宫,拜为郎。由于枚皋对经学不精通,诙笑如同倡优,而且好嫚戏,获得了汉武帝的宠幸,作为武帝的文学侍从经常在全国各地游走。汉武帝命他作赋,枚皋才思敏捷,总是一气呵成,所以作赋甚多,留下了120多篇。

在汉武帝的积极推动下,赋的创作很快进入全盛阶段,名家名作迭出,其中最为著名的是大文学家司马相如。司马相如在景帝时曾担任武骑常侍,客游梁地时作了一首《子虚赋》。有一次,汉武帝读到《子虚赋》,被文章中和谐的音调、华丽的辞藻、奇特的构思所吸引,赞不绝口。当他看到作者的名字是"司马相如"时,以为是古人所作,不由感慨万千地说:"真是遗憾啊,没能跟这样的人生活在同一个时代!"

负责给汉武帝养狗的太监杨德意听到后,对汉武帝说:"皇上,这个司马相如是臣的同乡!"汉武帝听了十分高兴,马上就要召见这位自己欣赏的才子。

司马相如,自小喜欢读书、击剑,他的父母非常疼爱他。12岁那年,司马相如无意间读到了史书,对战国时期的蔺相如极为仰慕,于是把自己的名字改为相如。

当时蜀郡太守文翁大兴教化,时常选取本郡的士人到京城去学习,司马相如也被选中,历时5年,学成归来。文翁派司马相如为教授。文翁去世后,司马相如不愿再做老师,便前往长安游学。

20岁时,司马相如出资30万缗买了个郎官,做了景帝的武骑常侍。他从小就学过击剑,但相比之下,他更喜欢文学,由于景帝不喜好辞赋,所以他过得甚为郁闷。有一次,梁王刘武入京朝拜,邹阳、枚乘等也随其入京。司马相如很喜欢与这些人交往,于是以生病为由辞官,来到梁国居住,整天与这些读书人一起游山玩水,弹琴作赋。他那篇著名的《子虚赋》就是在这个时期创作的。

然而好景不长，梁王出事，抑郁而亡，后来的继任者不喜辞赋，司马相如只得返回成都。失去了官职，他本就贫寒的生活更是举步维艰。这时，临邛县令王吉邀请他去了临邛。老友相见，不胜唏嘘，王吉十分同情司马相如的怀才不遇。

当时临邛县有一位富人名叫卓王孙，他听说县令家里来了一位贵客，便设宴邀请，以图结交。起初司马相如托病拒绝，但经不住对方多次邀约，只得前去赴宴。卓王孙有一个女儿，名文后，又名文君。她久仰司马相如的文采，便从屏风外窥视他。司马相如装作没有看到，但当受邀抚琴时，他弹奏了一曲《凤求凰》：

凤兮凤兮归故乡，遨游四海求其凰。时未遇兮所无将，何悟今兮升斯堂！有艳淑女在闺房，室迩人遐毒我肠。何缘交颈为鸳鸯，胡颉颃兮共翱翔！凰兮凰兮从我栖，得托孳尾永为妃。交情通意心和谐，中夜相从知者谁？双翼俱起翻高飞，无感我思使余悲。

文君深为他的气派、风度和才情所吸引，也产生了敬慕之情。宴会完毕，司马相如托人赏赐文君的侍者，以此向她转达倾慕之情。于是，卓文君趁夜逃出家门，去找司马相如，司马相如带着她私奔成都。卓王孙得知女儿私奔后，大怒道："女儿极不成材，我不忍心伤害她，但也不会分给她一个铜钱。"

有人劝说卓王孙，但他始终不肯听。过了好长一段时间，文君感到不快乐，对司马相如说："长卿，只要你和我一起去临邛，向兄弟们借贷也完全可以维持生活，何至于让自己困苦成这个样子！"

于是，司马相如和文君来到临邛，卖掉车马，开了一间小酒家。卓文君当垆卖酒，掌管店中事务；司马相如则系着围裙，夹杂在伙计们中洗涤杯盘。卓文君是一个罕见的女人，居然从来不爱慕虚荣；司马相如也是一个罕见的文人，居然一点也不自卑，丝毫没有羞愧感。这对才子佳人开的小酒店远近闻名，门庭若市。

卓王孙知道后，感到无脸见人，整天不出大门。他的弟兄和长辈都劝他说："你只有一子二女，又不缺少钱财。如今文君已经委身于司马相如，司马相如一时不愿到外面去求官，虽然家境清寒，但毕竟是个人才，文君的终身总算有了依托。而且，他还是我们县令的贵客，你怎么可以叫他如此难堪呢？"

卓王孙无奈，只得分给文君奴仆百人，铜钱百万，又把她的衣被财物一并送去。随后，司马相如和文君双双回到成都，购买田地住宅，过上了富足的生活。

司马相如被汉武帝召进朝廷后，汉武帝问他："这《子虚赋》果真是你所作？"

司马相如答道："是，但这赋只写诸侯的事情，并不值得一看。请让我写篇天子游猎赋，赋成后就进献皇上。"

汉武帝立即命人拿来笔墨，司马相如奋笔疾书，洋洋洒洒，写下了著名的《上林赋》。他以夸张的手法、华丽的文采和丰富的词汇，描写了宫苑的富丽、田猎的欢乐，又暗寓讽刺。

在内容上，它以宫殿、园囿、田猎为题材，以维护国家统一、反对帝王奢侈为主旨，既歌颂了统一大帝国无可比拟的声威，又对最高统治者有所讽刺，开创了汉代大赋的主题之一。

在形式上，它摒弃了模仿楚辞的俗套做法，以"子虚""乌有先生""无是公"为假托人物，设为问答，放手铺写，结构宏大，层次严密，语言富丽堂皇，句式多有变化，加上对偶、排比手法的大量使用，使全篇气势磅礴，形成铺张扬厉的风格，进而确立了汉代大赋的体制。

汉武帝被这篇华丽的辞赋迷住了，欣喜之余，当即封司马相如为郎，赐给笔札，让他专事写赋。从此，司马相如一直跟随在汉武帝左右，写下了大量的诗赋。流传至今的《子虚赋》和《上林赋》是较为重要的两篇，在我国文学史上占有极高的地位。

汉武帝在自己身边罗致了许多作赋的文人，除了枚皋、司马相如外，还有东方朔、严助、吾丘寿王、婴齐、庄匆奇等，这些人都是赋家，以文学得官。

汉武帝搜罗、蓄养大批文人学士，一方面命他们随从出巡，作辞献赋，量才录用，同时也让他们参与政治，在朝廷中担任一官半职。当有大事廷议时，也让这些人参加，对公卿的奏本提出意见，平时则作为专职的文学侍从和俳优弄臣蓄养起来。

汉武帝经常与群臣在柏梁台聚会饮酒赋诗，据说古诗中的"柏梁体①"就是由汉武帝和群臣赋诗而开始流行起来的。汉武帝自己创作诗赋的水平也相当高，流传至今的《瓠子歌》《秋风辞》和《李夫人赋》等都非常精美，表现出相当高的文学修养。《汉书·外戚传》中收录了他的《李夫人赋》：

美连娟以修嫮兮，命樔绝而不长。
饰新宫以延贮兮，泯不归乎故乡。
惨郁郁其芜秽兮，隐处幽而怀伤。
释舆马于山椒兮，奄修夜之不阳。
秋气憯以凄泪兮，桂枝落而销亡。
神茕茕以遥思兮，精浮游而出畺。
托沈阴以圹久兮，惜蕃华之未央。
念穷极之不还兮，惟幼眇之相羊。
函荾荴以俟风兮，芳杂袭以弥章。
的容与以猗靡兮，缥飘姚虖愈庄。
燕淫衍而抚楹兮，连流视而娥扬。
既激感而心逐兮，包红颜而弗明。
欢接狎以离别兮，宵寤梦之芒芒。
忽迁化而不反兮，魄放逸以飞扬。

---

① 柏梁体：七言古诗的一种，又称柏梁台体、柏梁台诗。采用联句方式，每人一句，每句用韵。

何灵魄之纷纷兮，哀裴回以踌躇。
势路日以远兮，遂荒忽而辞去。
超兮西征，屑兮不见。
寖淫敞恍，寂兮无音。
思若流波，怛兮在心。

《汉书·艺文志》中对汉武帝及其左右文人、臣下所作的赋有记载，其中，司马相如29篇、枚皋120篇、太常蓼侯孔臧20篇、吾丘寿王15篇、常侍郎庄匆奇11篇、严助35篇、朱买臣3篇、司马迁8篇、郎中臣婴齐10篇、倪宽2篇、阳丘侯刘隁19篇、汉武帝自创2篇等。汉武帝及其左右共作赋283篇，而汉初八家——陆贾、朱建、赵幽王刘友、贾谊、庄忌、枚乘、淮南王刘安及未具名的臣下宾客作赋共172篇。由此可见，汉武帝时的赋数量比汉初多许多，而且赋的质量也更成熟，更有创造性。比如，司马迁称赞司马相如的赋说："其要归引之节俭，此与《诗》之风谏何异？"

赋在汉武帝时能发展到如此高度，与汉武帝的大力倡导是分不开的。

三、设置乐官

汉武帝不仅大力倡导赋，对礼、乐、诗也极为重视。这是因为，礼能使人区别贵贱等差，乐可以使人目标、感情一致。提倡礼、乐，有利于维护和协调封建等级制度中的亲疏贵贱尊卑的社会关系。汉武帝尊儒，儒家提倡礼教，加上他本人非常喜欢诗赋，所以他才会如此重视这些方面的推广。

乐府一名本指中国古代掌管音乐歌舞的官署。乐府在秦代初置，汉初相沿。元鼎五年（前112年），汉武帝在掌管雅乐的太乐官署之外另设乐府，其职责是采集汉族民间歌谣或文人的诗来配乐，以备朝廷祭祀或宴会时演奏使用。它搜集整理的诗歌，后世就叫"乐府诗"，或简称"乐府"。这是继《诗经》《楚辞》后兴起的一种新诗体。

乐府在西汉哀帝之前是朝廷常设的音乐管理部门，行政长官是乐府令，隶属于少府，是少府所管辖的十六令丞之一。西汉朝廷负责管理音乐的还有太乐令，隶属于奉常①。

太乐令和乐府令在行政上分属两个系统，起初在职能上有大致明确的分工。太乐令主管的郊庙之乐，是前代流传下来的传统古乐。乐府令执掌天子和朝廷平时所用的乐章，它不是传统古乐，而是以楚声为主的流行曲调。最初用楚声演唱的乐府诗是《安世房中歌》十七章，另外，高祖刘邦的《大风歌》在祭祀沛宫原庙时用楚声演唱，也由乐府机关负责管理。以上是从惠帝到文景时期见于记载的两种主要的乐府诗形式。到汉武帝时，乐府得到了空前发展。汉武帝强化了乐府的职能，不仅组织文人创作朝廷所用的歌诗，还广泛搜集各地歌谣。许多民间歌谣在乐府演唱，并得以流传下来。

根据相关史料记载，汉武帝时，乐府令下设三丞：音监、游徼、仆射，而且乐人分工很细，如"郊祭乐员""骑吹鼓员""邯郸鼓员""巴俞鼓员""竽员""瑟员""琴员"等。又根据《汉书·礼乐志》所言，至成帝末年，乐府人员达800多人，成为一个规模庞大的音乐机构。汉武帝到成帝期间的100多年，是乐府的昌盛时期。

汉武帝不仅创设了乐府这个管理音乐的专门机构，还设置了专管音乐事务的官吏，任命李延年为协律都尉②。

李延年是中山人，出身倡家③，父母兄弟都通晓音乐，以乐舞为职业。他"性知音，善歌舞"，年轻时因犯法而被处腐刑。他在宫里主管皇帝猎犬的地方做事。

汉武帝知道李延年出身于音乐舞蹈世家，对这个刑余之人倒也挺喜

---

① 奉常：官名，秦置，为九卿之一，掌宗庙礼仪。
② 协律都尉：官名。西汉武帝一度置，以李延年为之，佩二千石印绶，掌谱作新曲。
③ 倡家：古代指从事音乐歌舞的乐人。

欢。而李延年也曲意逢迎，为讨汉武帝的欢心，在汉武帝面前演唱了《佳人曲》：

> 北方有佳人，绝世而独立。一顾倾人城，再顾倾人国。宁不知倾城与倾国，佳人难再得。

汉武帝一听，不仅对曲子着了迷，更对曲中所描述的美人着了迷，一心想找一个如此倾国倾城的佳人相伴左右。后来，他遇到了李延年的妹妹李夫人，感觉此女正是曲中所唱的貌美如花、绝世而独立的佳人，于是将她立为妃。后来，李夫人生下了昌邑王刘髆，李延年也被封为"协律都尉"，负责管理皇宫的乐器，深受汉武帝宠爱。

当时还有音乐家张仲春协助李延年管理音乐事务，另有丘仲①造笛，作为协律的乐器。每当汉武帝读到自己喜欢的辞赋时，就叫李延年配上乐谱，"以合八音之调"。汉代著名的《郊祀歌》十九章，就是由李延年谱曲而流传下来的。

有一年正月，汉武帝和群臣在甘泉宫的圜丘上用乐舞祭祀天帝。70名童男童女同声歌唱庄严动人的颂歌，从黄昏一直唱到天明。夜空中不时闪过星辉。汉武帝以为这是神光照耀祠坛，是天帝对他的感召，于是虔诚地在竹宫（指甘泉祠宫）里遥望参拜。动人的颂歌声让他和百官肃然动心，无限虔敬。汉武帝十分迷信，把音乐和神权联系在一起，但不管怎样，他对音乐歌舞的重视和提倡，使汉代的音乐发展到了很高的水平。

汉武帝时的乐府，除了负责制定乐谱、训练乐工以外，还有一个更重要的任务，那就是派人到全国各地采集民歌，集中于乐府。古代赵国、代国、秦国、楚国各具地方特色的民歌，因此得到全面的搜集和系统的整理。《汉书·艺文志》里记载了吴、楚、汝南歌诗15篇，燕、

---

① 丘仲：西汉时人，汉武帝时担任乐官，以造笛闻名。

代、雁门、云中、陇西歌诗9篇，邯郸、河间歌诗4篇，齐、郑歌诗4篇，淮南歌诗4篇，左冯翊秦歌诗3篇，河南周歌诗7篇等，其中很多民歌在汉武帝时期由乐府搜集、整理才得以流传下来。

汉武帝时搜集的民歌共有260篇，在地域上包括了今长江流域的江苏、安徽、浙江、湖北、湖南和黄河流域的甘肃、陕西、山西、河北、内蒙河套地区、山东及河南等地。

在汉武帝的热心搜集和推崇下，民间音乐风行于上流社会。皇室子弟也爱好俗乐，有些甚至能自己作曲和吹弹乐曲。贵族们更是竞相效仿，在自己府中招收乐工。由于蓄养乐人的贵戚豪富之家也参与了搜集民歌的活动，汉朝出现了大量的民歌和具有较高技艺的乐工。

乐府经过文人加工，仍然保持着浓郁的民歌特色。它的内容广泛而深入地反映了当时的社会生活，形式活泼自由，句子从一二字到八九字，参差错落。这种现实的内容、新颖的形式、生动的语言，充满生活情趣的风味，充实了汉代的诗坛，开创了中国诗史的新局面。

四、改历易服

汉武帝不仅重视传统文化，还很重视科学，其中表现最突出的便是太初历的颁布。

汉初以前，主要采用古六历，即黄帝历、颛顼历、夏历、殷历、周历、鲁历。古六历均属阴阳历，都是四分历，即一个回归年的时间定为365又1/4日。战国时期诸侯国林立，各国因地域、习俗的不同，推行的历法也各不相同。黄河中游地区居住的主要是夏族后代，那里实行夏历，以正月为岁首，称夏正；东南方殷族所建诸侯国如宋国，以十二月为岁首，称殷正；周王室及同姓诸侯国以十一月为岁首，称为周正。秦朝奉行战国时期制定的颛顼历，统一后颁行全国，以十月为岁首。汉承秦制，沿用颛顼历，天长日久，日月差数得不到校正，出现了"朔（农历每月初一）晦（农历月终）本不应见到月亮的时间却见到了月亮，上弦（农历初七、初八月亮缺上半）、下弦（农历二十二日、二十三日月亮缺下半）时却见到了圆月"的现象。历法的错乱，不仅不利于民众的生产、生活，而且也有损于代行天道的天子的威望，所以当时社会上要求改正朔的呼声愈来愈高。

基于上述原因，太初元年（前104年），汉武帝命令公孙卿、壶遂①、司马迁与星官射姓、历官邓平、方士唐都、巴郡落下闳等20余人共造太初历。其中，历数学家落下闳是主要的造历者。落下闳是巴郡人，自小就对天象观察极为着迷，并在家乡小有名气，后来经同乡、太常令谯隆和太史令司马迁推荐，从四川来到京城长安与当时的官方天文学家唐都、邓平一起研制历法。

在改历过程中，不同领域的专家们经常发生激烈的争论。民间天文学家落下闳与邓平、唐都等20多人和官方的公孙卿、壶遂及司马迁都各有方案，大家谁也说服不了谁，最后形成了18种不同的历法。

汉武帝经过仔细对照比较，认为落下闳与邓平的历法优于另外17种，便予以采用，于太初元年（前104年）颁行，因而新历又被称为"太初历"。

太初历颁行后，遭到了司马迁、张寿王等人的反对，张寿王甚至提议改回殷历。为了验证孰优孰劣，朝廷组织了一次为期3年的天文观测，同时校验太初历和古六历的数据，结果表明，太初历更为符合天象。从此太初历站稳了脚跟，一直延用188年。

为了表彰落下闳的功绩，汉武帝特授以侍中之职，但落下闳坚辞不受。邓平也被任命为太史丞。

太初历的颁行，标志着汉王朝"受命改制"的完成。太初历每年是365.2502日，一朔望月等于29.53086日，将1天分为81分，所以又称"八十一分律历"。不仅如此，太初历还首次把二十四节气增入历

---

① 壶遂：梁（今河南商丘南）人。御史大夫韩安国将他推荐给汉武帝，任大中大夫。武帝太初元年（前104年），与公孙卿、司马迁等共定汉历，参与主持制订《太初历》。官至詹事。

法；按古时斗建之说，以冬至所在月为十一月，以正月为岁首，故又称"夏历"；以没有中气的月份为闰月；推算出135个月有23次交食的周期。这是我国历法史上的一次重大改革，是第一部比较完整的历法。

易服色和改正朔一样，即更易衣服、车马的颜色，也是新王朝应天承运而改制的重要内容。它源于"五德终始说"，由战国时期齐国人邹衍创立。

邹衍将"阴阳说"和"五行说"进行糅合，借以说明天人感应和天道循环的理论。邹衍宣称，人类的各项活动都和阴阳五行相通，并互为影响，由此引起各种变化。五行即土、木、金、火、水五种物质。五德就是五行的德性，即土德、木德、金德、火德、水德。五德不仅相生相克，而且终而复始，不断循环。每个王朝，都必定是得到五德中的一德，并由上天显示符应。这个王朝根据所得的五行之德的性质，制定本王朝的各种制度。

一个王朝德衰之后，肯定会被另一个克胜此德的新王朝所取代。而新王朝兴起的时候，上天便会显示符应，某个君主认识到符应的含义，便要依据本王朝所受的五行之德的性质进行改制，是为"顺天承运"，成为受天命者。

邹衍的"五德终始说"深受各朝统治者的推崇。秦始皇根据邹衍的学说，确认秦为"水德"，于是依照水德之性进行改制。如改正朔，以建亥之月为岁首；颜色尚黑，衣服、旌旗均用黑色；与水德相应的数字是6，所以符传长度、法冠高度各为6寸，车轨宽6尺；水德主阴，阴主刑杀，因而尚法严刑。

汉高祖刘邦平民出身，不懂五德终始之说，加上当时西汉初立，万事凋敝，根本顾不上制定新制，所以认为汉也是获水之德，承袭秦制，色尚黑。汉文帝时，汉建国将近30年，新王朝的统治日益巩固，随着政治、经济、文化的发展，秦朝的旧制已经不适应新形势的需要。

汉文帝前元元年（前179年），太中大夫贾谊上奏说："请改正朔、易服色、定官名、兴礼乐，以立汉制，更秦法。"

10余年后,鲁人方士公孙臣根据五德循环的理论,上书汉文帝说:"汉朝获得的是土德,应该改用新的元年,根据土德改正朔、易服色。汉获土德,上天一定会示以符瑞,这种符瑞当是黄龙出现。"文帝命精通乐律和历法的丞相张苍办理此事,但张苍认为公孙臣一派胡言,不予理会。汉文帝前元十五年(前165年),黄龙果然在成纪县出现,张苍因为自己的失误而辞职。文帝任命公孙臣为博士,与其他一些饱学之士论证汉得土德的观点,主持草拟改正朔、易服色的方案。这时文帝正宠信方士新垣平,新垣平也积极主张改正朔、易服色、巡狩、封禅等事。然而没过多久,新垣平因骗术暴露而被杀。从此,文帝对改正朔、易服色之事再也不感兴趣,不过,这些事为汉武帝的改制奠定了思想和舆论的基础。

汉武帝在改正朔的同时,根据"五德终始说",采纳公孙臣的论断,认为汉获土德而受命。秦为水德,汉以土德克水德而代秦,乃"顺天承运",这就为汉代秦、改易秦制找到了理论根据。

汉既为土德,土黄色,所以易秦尚黑之色而尚黄,衣服、旌旗、车马均以黄色为最尊,这就是"易服色"。与土德相应的数字是5,因此"数用五",如官吏的印章刻文都用5个字,丞相之印文为"丞相之印章",诸卿及郡守、相印文不足5字者,以"之"字补足。

汉武帝在改正朔、易服色的同时,还定官名、协音律、定宗庙百官之仪等,作为国家的定制,永垂后世。

五、新兴技术

重视科学的汉武帝,在炼钢、推广新式农具、造纸等方面也取得了很大的成果。

首先是炼钢技术。我国在春秋中期就已经出现并使用铸铁了,而钢则出现在春秋后期。战国时期开始有了生铁柔化技术,并普遍使用百炼钢。

到汉武帝时期，又出现了炒钢新技术。所谓炒钢，就是把生铁加热成半液体、半固体状态，进行搅拌，利用空气或铁矿中的气进行脱碳，获得熟铁或钢的技术。在河南巩义市铁生沟冶铁遗址发现了一座低温炒钢炉，研究发现此炉在西汉中期已经存在，证明当时已经有了炒钢技术。在铁生沟的冶炼炉内及其附近还发现了许多煤块、煤饼和煤渣，说明我国在西汉中期已经用煤冶铁。炒钢技术的出现和使用，使冶铁业的水平和产量都有了很大的提高，可以向社会大量供应优质熟铁和钢铁，以满足生产和战争的需要。

汉武帝时期大兴水利，长期对匈奴征战，又推广新式农具，需要大量的钢铁制品，当时靠的就是这些先进的冶炼场。比如在中山靖王刘胜的河北满城汉墓二号墓发现了一件大型的铁犁铧，高约10.3厘米，脊长32.5厘米，底长21厘米，宽30厘米，重3.25公斤这是考古界发现的较早的汉代大型铁犁铧；弧形刃，中间起脊，平底，底的后部有三角形銎孔。这种大型铁犁铧可深耕，能提高劳作效率。西汉中期以后，这类工具已经普遍使用于生产中。

据考古发现，西汉中期以后犁壁的使用较为普遍。犁壁可翻土、松土、开沟、培垄，把下面的土翻上来，经太阳暴晒，有杀虫的作用。考古发现的犁壁，据推测大多是西汉中期以后制作的。陕西省发现的犁壁有马鞍形、菱形、方形缺一角、板瓦形。陕西礼泉县出土了一件马鞍形犁壁，高22厘米，宽23厘米，下面前端有突尖，使用时插入犁铧突脊的小孔中。在生产中，犁壁、犁铧、犁冠连接在一起即可耕田。

汉武帝时，赵过推广代田法，使用两头牛拉的耦犁，耕作时要求把一亩土地整理成三条垄、三条沟，大型犁铧安上犁壁，恰好能既开沟，又培垄，一气呵成。

汉武帝时还推广了一种新式农具——耧车。据史料记载，武帝末年时，赵过为搜粟都尉，用耧车播种，其法"三犁一牛，一人将之"，一天能播种一顷。赵过所推行的三脚耧，后世有畜力、人力拖曳两种，直到新中国成立前后，我国农村还在使用。

汉武帝时期，还出现了原始纸。1957年在陕西西安灞桥一座墓葬中出土了我国最早的纸标本，颜色呈米黄色，发现时已经裂成数十块，最大的碎片长宽各有10厘米左右，厚约0.14毫米。据专家研究推测，此纸的年代大概在元狩五年（前118年），有人认为这是世界上现存最早的植物纤维纸，比东汉蔡伦造纸早了200多年。

20世纪70年代，在甘肃居延肩水金关遗址出土了一件与宣帝甘露二年（前52年）木简共存的麻纸标本，出土时揉成一团，展开后最大的一片长、宽约20厘米，色泽白净，薄而均匀，一边平整，一边稍起毛，质地坚韧。专家鉴定，这片纸以苎麻成分为主，由废旧麻絮、绳头、布料等制成。由此可以断定，宣帝时已经出现了纸。

1933年，在新疆罗布泊汉代烽燧亭址中又出土了一片与宣帝黄龙元年（前49年）木简共存的纸片。

以上事实充分说明中国在公元前一个多世纪就已经出现了纸。

汉武帝时期出现的原始纸为东汉时期的蔡侯纸奠定了坚实的基础，这是中华民族对世界文明做出的巨大贡献之一。

第十章 求仙访道重祭祀

一、崇尚祭礼

汉武帝少年登基，雄才大略，一生创下无数丰功伟绩，是当之无愧的千古圣君。但他也因此极为自负，好大喜功，热衷祭祀、封禅、求神问道等盛典活动，以彰显自己的无上威仪。

据《汉书·郊祀志》记载，汉武帝即位后，曾大刀阔斧地进行改革，使祭祀礼仪活动大大增加。

其实，在原始社会，我国就已经有了祭祀礼仪，商周时进一步发展，尤其是周公制礼作乐，对后世影响深远。秦汉时期的祭祀活动都是在周制基础上损益增补来的。西汉建立之初，仍然袭用旧制，汉武帝虽然增加了不少祭祀活动，但仍以祭天地为主。天地化育万物，深受古人崇拜，后来人们就把天地作为有意志、有人格的神灵加以祭祀。当然，崇拜天地鬼神，必然会导致迷信方士、迷信祥瑞、灾异等现象。

据史料记载，汉武帝时期举行的祭祀活动种类繁多，除了大型的泰山封禅外，还包括各式各样的祭祀庆典，比如祭五帝。汉武帝在即位第二年就到雍祭祀五帝——青帝、赤帝、黄帝、白帝、黑帝，此后每三年祭祀一次。这五帝除了黑帝是汉武帝增加的，其他四帝都是秦代时就有的。

另外就是祭三一。所谓三一，就是太一、天一、地一，三一是汉武帝郊祀的新神。起初，一个叫谬忌的方士上书请求祭太一，他说："太一是所有天神中最尊贵的，辅佐太一的是五帝。古代天子在春秋两季到东南郊祭太一，每天用太牢①祀祭，接连祭祀7天，筑坛，开八通鬼道。"汉武帝闻言，命令管祭祀的太祝②在长安城东南郊筑太一坛，按照谬忌所说进行太一祭祀。后来又有人上书说："古代的天子每三年祭拜一次三一，即天一、地一、太一，用太牢。"汉武帝听了，又命令太祝在太一祭祀坛上一起祭祀三一。

元狩四年（前119年），齐地方士少翁以方术见武帝，声称能使武帝夜见所幸王夫人之魂魄，于是被拜为文威将军，劝武帝建造甘泉宫，中为台室，置祭具，以致鬼神。他对汉武帝说："皇上想与神通话，宫室、被服如果与神灵所用的不一样，神灵就不会到来。"汉武帝对他的话深信不疑，便命人建造了甘泉宫，以便与神通话。甘泉宫内画了太一、天一、地一诸位神灵像，设置祭祀用具，汉武帝经常祭拜，但是过了一年多，汉武帝连神的影子也没有见到，更别提与神通话了。

两年后，上郡来了一位巫师，说他能让汉武帝与神通话，汉武帝便将他召进甘泉宫祭神，没想到这次真的与神通了话。当时，汉武帝在长安京兆鼎湖（今陕西大荔东南）生了病，这个巫师传达了神君的话："皇上不必为病伤神，病好转后请振作精神到甘泉宫与我相会。"汉武帝听了非常高兴，赶紧来到甘泉宫，没想到病果然好了。这个巫师所祭的神很多，其中最为尊贵的就是太一。人们虽然看不到它，但可以听到它说话，声如常人，来去带风。汉武帝命人将神君所讲的话记录下来，史称"画法"。

元鼎五年（前112年），为祭祀太一，汉武帝在甘泉宫内建造了泰畤坛。此坛与太一坛一样，也是3层高，四周环绕着五帝坛。太一祠内所用的祭品和雍地祭上帝的差不多，另外又加了醴酒、枣、干肉。祭祀时先杀白鹿，在它的肚子里装上猪和酒；再杀白牦牛，将鹿装进牦牛的

---

① 太牢：古代帝王祭祀社稷时，牛、羊、豕（猪）三牲全备为"太牢"。亦作"大牢"。
② 太祝：古代官名，又称大祝，西周为诸祝官之长，掌管祭祀祝祷等事。秦汉有太祝令、丞，为太常属官。

肚子里。祭太一时,掌祭的祝宰①身穿绣着花纹的紫色衣服。祭五帝时,掌祭者分别穿青、赤、白、黑、黄各色衣服。

元鼎五年(前112年)十一月初一恰好是冬至,黎明时分,汉武帝进行郊祀礼,祭太一,早上祭日,晚间祭月。由于太一的地位比不上天子,所以天子只需行长揖礼。祭太一的仪式与在乡地进行郊祀的典礼一样。祭祀过后,有司②说:"祠上射出了光芒。"公卿说:"当年皇上在云阳宫(即甘泉宫)郊祀太一时,有司奉上6寸的璧玉、上好的牺牲品,那天夜里祠上出现了美丽的光辉,到了白天,黄气徐徐升天,非常壮观。"祠官宽舒等人说:"这是神灵护佑我大汉,才会出现这样的祥瑞。"后来,汉武帝到泰山作明堂,又在明堂祭祀太一、五帝。他进行这些活动,目的是想把天上的地位秩序复制到人间。

上帝、后土是人们心目中两个最大的神。周代时,冬至日祭上帝,夏至日祭后土。汉代时,雍地、长安东南郊、甘泉宫都有郊祀上帝的设施,却没有祭后土的设施。元鼎四年(前113年)冬,汉武帝到雍郊祀,说:"如今朕亲自郊祭上帝,可是后土却无祀,不合礼制啊!"有司与太史令司马谈、祠官宽舒等人讨论说:"祭天地用牛作牺牲,牛角的形状像茧或栗,现在陛下要亲自祭后土,宜在泽中圜丘上筑五坛,每坛用一头黄牛犊,具备太牢,祭礼后就埋在土中。陪祭的官员要穿黄色衣服。"汉武帝深以为然,便巡行到汾阴,又听人说在汾水旁看到有数亿红纱般的光腾起,于是在汾阴建立了后土祠,祠的形状与宽舒等人所说相同。汉武帝亲自进行了祭拜,与祭上帝的礼仪一样。就这样,祭后土也有了固定的地点与设施。

从此,汉武帝经常在甘泉祭上帝,在汾阴祭后土。用他自己的话说:"巡祭后土,祈为百姓育谷。"这说明古代祭后土的目的是为了祈求丰年。

---

① 祝宰:古代官名,负责祭祀牺牲的供应。春秋战国置。
② 有司:官吏和官署的泛称。古代设官分职,各有专司,故称。

此外，汉武帝还非常重视对名山大川的祭祀。据《汉书·武帝纪》记载，武帝在建元元年（前140年）五月曾下诏让主管祭祀的官员将修山川之祠作为一年中经常进行的事情，祭礼要有所增加。元封五年（前106年）冬，汉武帝南下巡狩，到达今湖南、安徽、江西等地，在九嶷山祭虞舜，登南岳天柱山，对经过的名山大川都进行了祭拜。

总的来说，汉武帝主要祭祀两类山，一是埋葬名人的山，比如在桥山（今子午岭）祭黄帝，在湖南九嶷山祭舜帝；二是五岳诸山，比如到东岳泰山，除了进行封禅和祭明堂外，有时还专门去祭泰山，元封二年（前109年）四月就专门去祭泰山。另外，他还祭过中岳嵩山的太室山①、东莱的芝罘山，修封泰山时经过北岳恒山，也进行了祭拜。

二、泰山封禅

封禅，指帝王到泰山祭天地的大典。泰山是我国"五岳"之首，在泰山之巅祭天，与天的距离最近，人神沟通方便。初有所行，后世相袭，久而成俗。《史记·封禅书》说："自古受命帝王，曷尝不封禅？"帝王是受命于天来治理民众的，所以功成治就后，理所当然要进行封禅。登上泰山，筑土为坛，祭祀上天，以报答上天的功德，叫作"封"；然后到山南梁父山上筑土为坛，祭祀大地，报答后土，叫作"禅"。

最早想要到泰山封禅的是春秋时期的霸主齐桓公，但是遭到了管仲的劝阻。齐桓公说："我北伐山戎②，经过孤竹③；西伐大夏，越过沙

---

① 太室山：位于河南登封北，为嵩山之东峰。据传禹王的第一个妻子涂山氏在此生下启，山下建有启母庙，故称之为"太室"。
② 山戎：古代北方的一支少数民族，又称北戎，匈奴的一支。活动地区在今河北北部。
③ 孤竹：商代国名。在今河北卢龙西北。一说在卢龙南。

漠,登上卑耳山(今山西平陆西北);南征楚国,达到召陵(今河南漯河),望见熊耳山;我召集兵车之会三次,乘车之会六次,共九合诸侯,拯救天下之难。各国诸侯都不敢违抗我的命令,这与夏、商、周三代君王相比,又有什么不同呢?我想在泰山封禅。"

管仲争辩说:"古代封禅时,要得到东海比目鱼、西海比翼鸟,加上15种不召而来的祥瑞。如今凤凰没来,麒麟不至,嘉禾未生,而蓬蒿藜莠等恶草却长得很茂盛,鸱枭等恶鸟多次出现,在这种情况下举行封禅,恐怕不妥吧?"齐桓公听了也自觉功德不够,只得打消封禅的念头。

我国历史上第一个到泰山封禅的是秦始皇。秦始皇吞并六国,一统天下,九鼎归秦。公元前219年,秦始皇巡行东方,召集齐、鲁的儒生博士七十多人,至泰山下稽考封禅的礼仪。众儒生说法不一,于是秦始皇自定礼制,自泰山之阳登山颠。在岱顶行登封礼,并立石颂德。自泰山之阴下山,行降禅礼于梁父山。

公元前205年,汉高祖刘邦东击项羽,入关中,在雍建立黑帝畤,名北畤。但当时忙于战争,高祖无暇顾及封禅诸事,文、景时实行无为而治,致力于安民,而封禅花费甚巨,当然不会去做。汉武帝即位时,汉王朝经过60多年的休养生息,国力强盛,天下太平。于是,官员和儒生们都希望汉武帝能够改制封禅。汉武帝对此也很感兴趣,于建元元年(前140年)任用赵绾、王臧等人草拟封禅计划。但是当时汉武帝刚即位不久,窦太后还掌握着部分权力,而她不喜儒术,崇尚黄老,结果赵绾、王臧被治罪,封禅之事暂时搁置。

元狩四年(前119年),汾阴郡守送来一只宝鼎,汉武帝非常高兴。齐人方士公孙卿见状,趁机进言说:"汉之圣者在高祖之孙且曾孙也,宝鼎出而与神通,封禅。"同时将一本有关古鼎的《申公书》呈上去,并说黄帝就因封禅而得以跟神仙沟通。汉武帝问道:"申公是什么人?"

公孙卿回答说:"申公是齐地人,与仙人安期生①素有往来。他聆听过黄帝的话,没有别的书,只有这部《申公书》。"接着,他向汉武帝讲述了有关黄帝的一个传说。黄帝采首山②之铜铸成宝鼎,然后就有垂着须髯的龙从天上下来迎接黄帝,黄帝骑上龙,群臣与后宫妃嫔70多人也都爬到龙的身上,还有很多人挤不上去就抓住龙的须髯。龙飞上天后,须髯脱落,抓髯的人都掉了下来。汉武帝听了,忍不住感叹道:"朕要是能像黄帝一样上天,离开妻子如同脱去鞋子一样容易,人间还有什么可留恋的呢?"

公孙卿赶紧又奏道:"先祖黄帝得宝鼎时是冬至,今陛下得宝鼎也在冬至,黄帝后来封禅泰山,然后成仙登天。所以今天得此宝鼎可谓天赐吉物,皇上应该封禅泰山。如今海内一统,九州平安,以此太平盛世举办封禅,承受天命,实乃朝廷所盼,黎民所望。泰山封禅乃普天之下最神圣的大典,前有三皇五帝文王武王秦始皇,今应有我当朝文治武功的大汉天子,所以,泰山封禅势在必行。"

汉武帝闻言,面露喜悦之色,立即让群臣商议泰山封禅之事,并积极筹划封禅事宜,时常和公卿、儒生博士议论封禅的程序礼仪。

元鼎年间,汉朝的政治、军事、经济等活动达到高峰,在大败匈奴之后,又相继平定了两越、西南夷,开通了通往西域的道路,大汉的国土拓至边疆,声威远震;盐铁官营、算缗、告缗、统一货币等经济政策大见成效,国库丰足,可以称得上是功德卓著、恩泽广及四方了。汉武帝志得意满,加上方士们的劝诱之语,他封禅的念头更加强烈。

然而等到真要进行封禅时,众人才发现群儒对封禅的礼仪知之甚少,因为自秦始皇以后,近百年没有举行过封禅大典,而秦始皇封禅又搞得很神秘,具体做法也没有留下文字记载。于是,汉武帝命令儒生参考《尚书》《周官》《王制》等,草拟封禅礼仪。但50多个儒生拘泥于

---

① 安期生:道教神仙,传为琅琊人,常年卖药于东海边,人呼"千岁翁"。
② 首山:在今河南襄城县南,为伏牛山之首,所以称为首山。

《诗》《书》等古籍，墨守章句，不知变通，又各执一词，争论了几年也没能拿出一个像样的方案来。

元鼎六年（前111年），左内史倪宽进奏说："皇帝的功德感动了上帝，天地并应，符瑞昭明，封禅是圣王大典，应该实行。但是大典的细节、仪式，经书上缺乏记载。臣以为封禅的目的是向上天报告成功，祭祀天地神灵，只要诚心诚意就可以了。至于具体的仪式，只有圣明的君主才能制定，非臣下所能拟就。现在已经拖了数年时间，让群臣讨论是不会有结果的。皇帝金声玉振，完全可以自行决断。"

汉武帝闻言觉得有些道理，便自己制定了封禅的礼仪。他先按照古代先"振兵"，再释旅，然后才举行封禅的原则，经过一番精心的准备，于元封元年（前110年）三月，率领诸侯王、列侯、文武百官、骁勇扈从等大队人马东巡，去泰山举行封禅大典。至泰山，派人上岱顶立石。之后东巡海上。

当行到东海之滨时，只见大海浩瀚无际，雾霭腾腾，时而碧波粼粼，皓月映辉；时而恶浪滔天，惊涛蔽日，变幻无穷，神秘莫测。眼前的景象令一向迷信神仙的汉武帝为之沉醉，立即下令祭祀八神。

齐人得知皇帝到此祭神，趁机上书条陈各种神怪之事和奇药秘术，汉武帝一心想成就长生不老之身，当然一一听从，派出一批又一批船只出海寻找蓬莱神仙。先后出海人数达到了千人以上，但没有一个找到神仙。

四月，汉武帝率领群臣、扈从返回泰山，正式举行封禅大典。他按照自己设计的封禅仪式，先是到泰山脚下的小山梁父山，祭祀地神。他命令担任侍中的儒生都头戴鹿皮帽，身着官服，腰系丝带，笏板插在腰间，参加射牛仪式，并且随他在泰山东坡之下祭祀天神。祭祀礼仪仿照祭祀太一神的做法。他还命人修建了一座祭坛，宽一丈二尺，高九尺，在坛下埋了一些他写给神的书信。因为书信写在玉上，所以称为"玉牒"。玉牒上所写的内容完全保密。祭礼后，汉武帝单独与侍中奉车霍子侯①登上泰山,在山顶封土而建的祭坛上祭天,祭祀的仪式和祈祷的内容均密不告人。

第二天,汉武帝从阴道(北坡)下山,到泰山东北一座叫肃然山的小山举行禅礼,礼仪与祭后土的礼仪相同。举行封禅时,汉武帝身穿黄色衣服,用乐舞,并以江淮地区出产的3条脊棱灵茅②献神,用五色土建造祭坛。祭坛上堆满了从远方运来的奇兽珍禽等,以示加礼。

在举行封禅祭礼的地方,夜间似乎有光芒照耀,白天有白云从封土中升起,于是便有人说:"祭坛上夜有光亮映射,昼有白云飞出,这一定是神灵的显示。"

封禅典礼的成功,使汉武帝十分高兴。这意味着他已经正式受命于天,上天对大汉天子所报的功德是满意的。下泰山后,他坐在明堂上接受群臣的祝贺。他对群臣说:"在祭祀太一神时,好像有吉祥的光彩,连绵在望。朕深为出现的奇异景象所震惊,但不敢中途停下来。于是登上泰山祭祀天神,至梁父又至肃然山祭祀地神。自此以后要有一个新的开端,以期与大夫们共勉。"

说完又下令赏赐百姓每百户1头牛,10石酒;对80岁以上的老人、孤儿、寡妇,再加布帛2匹;除此之外还免除博县、奉高、蛇丘、历城四县的徭役和当年的租税及往年欠下的租税;同时大赦天下,并赐天下有爵者一律擢升一级。

接着又下诏书,宣布以后每五年巡游一次,至泰山举行封禅大典。各诸侯国都要在泰山脚下修建府第,作为朝会时的住所。由于这一年举行封禅大典,汉武帝下诏改年号为元封元年。

方士们见皇上高兴,又趁机进言:"举行封禅大典时,天晴日朗,这是吉兆,蓬莱仙岛上的神仙们看来是可以请到的。"

汉武帝本来就求仙心切,于是又一次兴高采烈地来到海边,希望能

---

① 霍子侯:即霍嬗,西汉名将霍去病之子。元封元年(前110年)跟随汉武帝登泰山封禅后不久暴卒,谥号为哀。

② 灵茅:菁茅,古代帝王祭祀封禅时常用其滤酒去滓。

遇到神仙。但他显然要失望了，为此他准备亲自出海去寻找蓬莱仙岛。群臣极力劝阻，但汉武帝根本听不进去，始终固执己见。这时，东方朔会奏道："与神仙相遇，要出于自然，不能急躁强求。果真有缘，不怕遇不到；如果无缘，纵然到了蓬莱山，见到神仙也没有什么好处。臣以为陛下可先回宫中，安静等待，神仙自会降临。"

东方朔这番话说得相当委婉，而不像其他大臣那样直言劝阻，汉武帝总算听进去了，最终取消了亲自出海的计划。恰巧封禅后不久，霍子侯突然暴病而亡，汉武帝非常难过，于是起驾离去，沿海岸北上至碣石，自辽西巡视北部边疆到九原，五月回到甘泉宫。此次东巡封禅，历时2个多月，行程1.8万余里。

这一次泰山封禅后，汉武帝在元封五年（前106年）、太初元年（前104年）、太初三年（前102年）、天汉三年（前98年）、太始四年（前93年）、征和四年（前89年），先后到泰山封禅，其频繁程度大大超出"古者天子五年一巡狩，用事泰山"的古制。

汉武帝举行封禅大礼，虽然是出于方士的迷信宣传及本人想成仙不老的愿望，但这种具有神秘性和宗教色彩的隆重典礼，也神化了"受命于天"的人间帝王的统治，对加强封建专制主义中央集权起到了很大作用。

三、迷恋方术

无论是祭五帝、太一，还是泰山封禅，汉武帝除了想为自己歌功颂德、神化自己的统治外，还有一个目的就是求仙修道，成就不老之身。这一点与秦始皇颇为相似。为此他迷信方士，相信方士的胡说八道，一旦发现自己上当受骗就诛杀方士。据史料记载，受汉武帝宠信的方士主要以李少君、齐人少翁、栾大为代表。

元光二年（前133年）冬，汉武帝到雍城的五畤原（今陕西凤翔南）祭祀天帝，途中遇到一个名叫李少君的方士。李少君原是深泽侯赵修的舍人，主管方药。他故意隐瞒自己的年龄和身世，声称他有能使人长生不老的秘方，引得王侯们争相与他结交。王侯们听说他能驱使鬼神，心中敬畏，又听说他能使人长生不老，都赠送给他大量的金银财宝，请他赐福。

李少君常说一些机巧之语，但总是出奇的应验。有一次，他跟随武安侯田蚡一起去赴宴，在座的有一位90多岁的老人，李少君对他说："我曾经和你的祖父在南山打过猎。"为了加强自己所说之言的可信程度，他又故意描绘了一番狩猎地点的地貌。老人证实自己年幼时确实和祖父去李少君所说的那个地方打过猎。听了老人的话，宾客们无不目瞪口呆。

李少君见汉武帝时，汉武帝拿出自己收藏的一件古铜器，问他认不认识此器。李少君曾听说宫中有齐桓公时代的铜器，想必是这件了，就编造说："此器是齐桓公十年陈列于柏寝台的那件。"一验铜器上的款识，果然不错。宫中之人都吃惊不已，认为这人是神仙。

李少君向汉武帝建议说："祭祀灶君，就可以驱使鬼神为陛下服务。驱使鬼神，就可以得到丹砂。丹砂烧炼，就可以化成黄金。使用这种黄金制成的饮食器皿就能延年益寿。延年益寿才能见到蓬莱山上的神仙，见了神仙再去泰山封禅，就能长生不死。黄帝就是这样修炼成仙的。臣在海上遨游的时候，见到过古代神仙安期生。他给了我一个大枣，有甜瓜那么大。此人生活在蓬莱仙岛中，与他投合，他才与人见面，不投合则隐而不见。"汉武帝急问怎样才能见到安期生，李少君又胡说了一番。汉武帝却深信不疑，于是按李少君指明的求仙之路，开始祭祀灶君，并派遣道家的方士到东方的大海之中，寻找蓬莱山的所在和安期生的仙踪，最好能把炼丹术也学回来；同时又让李少君在宫中化丹砂等药剂，炼制黄金。

可惜李少君并不能长生不老，不久就病死了。汉武帝认为李少君是个仙人，绝不可能死亡，只是抛去肉身，变为神仙了，于是命人继续研究李少君的遗方，访求蓬莱安期生，但始终没有结果，还引得齐、燕的方士纷纷到朝廷中来谈论神仙之类的事情。

李少君死后,汉武帝又宠信了齐地方士少翁。元狩四年(前119年),汉武帝因为宠爱的王夫人病逝,整天闷闷不乐。少翁得知后,便以能通鬼神来求见汉武帝。他利用方术让汉武帝在夜晚从帷幕中看到了王夫人和灶鬼,于是被拜为文成将军,赏赐甚多。

少翁受到汉武帝的宠信后,更加卖力地吹嘘自己的法术。他对汉武帝说:"皇上要想与神仙往来,可是现在的宫室和陈设都不像神仙用的东西,神仙又怎么会来呢?"

汉武帝一心想会见神仙,对于少翁的建议全盘接受,命工匠们把皇宫中所有宫殿的殿顶、柱子和墙壁都画上五彩的云头、仙车之类的东西,帷幕和被服上也都绣上神仙的云气,希望这样能迎来天神。但过了一年多,少翁用的方法都没奏效,始终不见神仙下凡。汉武帝心中产生了怀疑。为了挽回皇上的信任,少翁又故弄玄虚,把字写到绢帛上,拌到饲料中,让牛吞下,然后指着牛对汉武帝说:"这只牛的肚子里有奇怪的东西。"他装模作样地掐指算了半天,才回头对汉武帝说:"这牛的肚子里准有天书。"

汉武帝觉得挺神秘,马上让手下把那头牛宰了,果真从牛肚子里扯出一条绢帛来,上面还写着字。

手下人把帛书呈送上来,心里都很佩服少翁,认为他真的是个仙人。汉武帝虽然迷信,头脑却比较冷静,他仔细看了看帛书,觉得有些不对劲。尽管帛书上的字写得稀奇古怪,字句也晦涩难懂,但上面的字体和少翁的字有某种相似之处。毕竟做贼心虚,少翁不敢直视皇帝。汉武帝见状也就明白过来,恼恨少翁欺骗自己,下令将他拉出去斩了。他害怕天下人笑话自己,下令不得宣扬此事,违者处斩。因此,少翁被处死的事情只有很少几个人知道。

元狩二年(前121年),胶东康王刘寄去世后,他的王妃与新王合不来,相互明争暗斗,于是就想讨好武帝,就让自己的弟弟乐成侯丁义于元鼎四年(前113年)上书推荐栾大,求见汉武帝,谈成仙之术。汉武帝杀掉少翁后很快便后悔了，现在见到栾大自然十分高兴。

栾大是胶东王府的宫人，与少翁师出同门。他身材魁梧，相貌英俊，而且气派不凡，在皇帝面前敢于胡吹瞎侃，汉武帝很喜欢他，把他当作贵宾招待。

栾大对汉武帝说："臣常往来海中，见到安期生、羡门一类的仙人，可是他们认为臣地位低下而不相信臣；又以为康王不过是诸侯，不值得传授方术。臣数次向康王进言，但康王都不重用臣。臣的老师说，'黄金可以用奇药炼成，河水决堤可以堵塞，长生不死之药可以求得，仙人可以找到。'但臣生怕落得与文成将军一样的下场，哪里还敢再谈方术？"汉武帝急于得到仙药，便撒谎说："少翁被杀纯属谣言，他是吃马肝中毒死的，这谁不知道？朕对于失去少翁也很痛心。"栾大继续忽悠道："臣的老师无求于人，而是人们有求于他。陛下一定要请他来，就应该提高使者的地位，使其尊贵，这样神仙的使者就会感到陛下的诚心，才能请到神人。"

汉武帝想验证一下栾大的技艺，让他斗棋，果然棋子互相触击。这样一来，武帝也就相信了栾大的法术。当时他正为黄河决口而忧虑，又想到国库空虚，而栾大说能轻易堵住黄河决口，还能使黄铜变金子，于是拜栾大为五利将军，后来觉得封号不够气派，又加封栾大为地士将军、天士将军、大通将军，并封其为乐通侯，食邑2000户，赐给列侯的住宅和僮奴千人、帷幄器物以充实其家，并把皇后卫子夫所生的卫长公主嫁给栾大为妻，赠给万金。

为了显示对栾大的恩宠，汉武帝还亲自到栾大的新住宅里做客。栾大的面子之大，轰动了整个长安城。汉武帝还给了栾大特别的恩宠，他命人用精美的白玉刻成玉印，上书"天道将军"四字，特地派大臣送到栾大府上。

栾大的陡然富贵，成为长安城内的热门话题，消息很快传遍了天下。于是，沿海一带的齐国、燕国的方士云集京城，指天发誓，声称也能请到神仙。

元鼎五年（前112年），栾大不敢入海求仙，便到泰山去祭祀。汉武帝派人跟去查验，什么也没有见到。栾大怕骗术败露，又胡说自己见到了老师，其秘方用尽了，没有应验，并声称已经去海中和仙师见过面。汉武帝识破了栾大的谎言，便喝令手下将其拿下，当时就收回栾大腰挂的6颗金印、玉印，打入大牢。

廷尉经审讯栾大，认定栾大确系故意诈骗，欺罔圣上。汉武帝得到确实的审讯记录后，对栾大施以极刑——腰斩。

处置完栾大，汉武帝又想起栾大是乐成侯丁义推荐入宫的，认为丁义是罪魁祸首，于是也给丁义定了一个欺君罔上的罪名。丁义原本是想邀宠，不想却因此惹下大祸，被绑赴法场斩首，暴尸街头。

栾大死后，汉武帝仍然没有停止求仙的脚步，很快又相信了方士公孙卿等人。元封元年（前110年）冬，汉武帝为泰山封禅，先到内蒙古向匈奴单于示威，又到中岳太室山，然后又东游海上，齐人纷纷上书谈神怪奇方，数以万计，可是没有一个应验的。这是汉武帝求仙的高潮，竟然都以失败而告终，这让汉武帝感到无比懊恼。元封二年（前109年）春，方士公孙卿对汉武帝说："我在东莱山看到了神人，欲见天子。"汉武帝赶到东莱，住了好几天，连神人的影子也没见着，不过却看到了巨人的脚印。

征和四年（前89年），汉武帝已经68岁，太子刘据被他逼死后，他感到精神支柱已然崩塌。看到自己日暮途穷，他求仙的心情又迫切起来，于是召集方士询问神仙究竟在哪里。方士们说："神仙在仙山上，仙山在东海里。可是每次出去，船总是被风刮回来，因此没人能到达神山。"

汉武帝决定亲自去寻找神山，大臣们拦也拦不住。他来到海边时，正碰上大风大浪，排天巨浪向岸边冲来，拍打在岩石上，水沫四溅，震耳欲聋。由于风急浪高，根本无法行船，汉武帝在海边苦等了十几天也没能起航，他认为这是天意，只得遗憾地回了长安。这是他最后一次大规模的求仙活动。

直到晚年，汉武帝才对求仙问道之事产生悔意。当时大鸿胪田千秋称，方士们大谈神仙之事，却无一个灵验。故应该将他们全部罢斥。汉武帝接受了他的建议，终于停止祭神求仙活动。他懊悔地说："过去朕被这些方士蛊惑，屡遭欺骗。天下哪里有什么仙人！只要放平心境，节制饮食，再以药物滋补，自可延年益寿。"在历次无果后，他终于从求仙问道、祈求长生不老梦幻中幡然醒悟。

第十一章　晚年悔过轮台诏

一、生活奢靡

汉武帝在位时期建树非凡，功勋卓著，英明神武。但他终究不是完人，也有七情六欲。他一生贪图享乐，可谓声色犬马，极尽奢靡。

汉武帝年轻时热衷于射猎，时常带领一群年轻侍卫溜出宫外射猎，玩得太野，遇到一些危险是很正常的事情，而且给老百姓造成了很大的困扰。为了保证自身安全，也为了减少对百姓的骚扰，他命令太中大夫吾丘寿王带领两个擅长测量的人把阿房宫遗址以南、鳌屋（今陕西周至东南）以东的封地全部买下来，然后照数给百姓一块荒田。他让人把这片土地圈起来，直至南山，扩建上林苑。上林苑建成后，每年秋冬，他都要来此射猎取乐。

汉武帝还特别喜欢猎捕凶猛的熊罴、野猪，并在长安城内外建了许多兽圈，将动物圈养起来供自己取乐，仅未央宫中就有10处，其中一处是彘圈，即养野猪的地方；还有一处是狮圈。建章宫有虎圈。各处兽圈都有专门的官员负责管理。汉武帝不仅观赏这些野兽，还时常斗兽，而充当斗士的通常是触犯了他的人，飞将军李广的孙子李禹就是其中之一。

李禹为人强悍耿直，他的妹妹是皇太子刘据的嫔妃，颇受宠爱。据说有一次李禹和一位官员喝酒，在酒桌上羞辱了对方。当时那个官员没敢发作，事后向汉武帝告了状，说李禹倨傲无礼。汉武帝便将李禹召去，让他去与猛兽比试一下，并亲临现场观看。

李禹腰上系了一根绳索，被悬进老虎圈。眼看就要到达圈底时，汉武帝心软了，念及李广对大汉的功绩，赦免了李禹。但李禹极其倔强，他一刀割断绳子，下到虎圈中，非要与老虎斗个输赢不可。汉武帝震惊于他的胆识，赶紧命令众人将他救出。后来，李陵在北伐匈奴时兵败投降，李禹也被殃及身亡。

其实这样的事情还有很多。斗兽可以说是汉武帝的一大乐事，为了自己的快乐，很多时候他完全不顾及他人的生死。

理政之暇，汉武帝常以歌舞为乐。他经常把一些擅长歌舞的女子召入宫中，卫皇后、王夫人、李夫人等都是这样入宫的。他在后宫中还养了一批女乐，以及一些擅长音律的宦官，比如李延年。汉武帝很喜欢看俳优①的表演。自春秋战国以来，王公贵族多豢养俳优来取乐，汉武帝尤好此道，休闲时，俳优不离左右，其中最出名的当数郭舍人。

郭舍人滑稽诙谐，极受汉武帝宠爱。相传郭舍人之母为武帝奶娘。汉武帝奶娘的家人依仗权势为所欲为，甚至光天化日之下在长安城中抢劫他人财物，汉武帝一直不忍心惩处。有些大臣提议将奶娘一家迁离长安。汉武帝批准了。但奶娘不愿意离开，便去找郭舍人帮忙。郭舍人献计说："即入见辞行，疾步数还顾。"奶娘照此入见汉武帝辞行，礼毕，往外走时频频回头，一脸的恋恋不舍，这时郭舍人在一旁厉声喝道："老女人快走，陛下现已成年，你还指望他喝你的奶水活命吗？不必再回头了！"这句话成功勾起了汉武帝的回忆，他遥想当年奶娘的哺育之恩，忍不住鼻子发酸，便诏令奶娘不必迁出，并把那些说奶娘坏话、提议让奶娘迁出长安的大臣统统治罪。

汉武帝休闲时还经常参加或观看一些游艺活动，比如射覆，即将某物藏在一个容器中让人去猜；再如射壶，即往壶里投矢，是宴会中助兴的游戏；还有蹴鞠等等。

---

① 俳优：古代以乐舞谐戏为业的艺人。

汉武帝不仅爱好广泛，而且生性风流。在中国封建社会，统治者通常一妻多妾，皇帝是其中的典型代表，皇宫中除了皇后、妃嫔外，还有几百名甚至上千名宫娥采女，而汉武帝在这方面比一般皇帝更胜一筹。据《汉武故事》记载：

凡诸宫美人，可取七八千。……常从行郡国，载之后车。与上同辇者十六人，员数恒使满；皆自然美丽，不假粉白黛黑。侍衣轩者亦如之。自言能三日不食，不能一日无妇人。善行导养术，故体常壮悦。

汉武帝不仅在皇宫中养有数千佳丽，还经常外出猎艳。据《太平广记》记载：

汉武帝尝微行造主人家。家有婢，国色。帝悦之，乃留宿。夜与主婢卧。

此外，汉武帝生活极其奢侈。比如，西域献来了一件吉光裘①，入水不湿，汉武帝经常穿此服上朝听政；他所使用的马笼头是身毒国献来的，以白玉做成，马络头则由玛瑙石做成，马鞍由白光琉璃制成，在黑暗中常可照亮10多丈。汉朝的皇帝死后下葬时都穿金缕玉衣，而汉武帝所穿的玉匣上都刻着蛟、龙、鸾、凤、龟、鳞等图案，后人称之为蛟龙玉匣。汉武帝的床装饰着多种宝物，被称为"七宝床"，实在是奢淫至极。后宫的妃嫔用品也极尽奢华，比如李夫人用玉簪搔头，宫人们皆效仿，导致一时之间玉价抬高了数倍。

汉武帝奢靡的生活方式，大大加重了人民的负担，激化了社会矛盾。东方朔就曾指责这种风气是"以靡丽为右，奢侈为务，尽狗马之

---

① 吉光裘：吉光，又称吉良、泽马。吉光裘指用吉光毛皮制成的衣服，亦泛指极其珍贵的裘服。

乐，极耳目之欲，行邪枉之道，径淫辟之路，乃国家之大贼，人主之大蜮"。

随着岁月的流逝，年龄的增长，晚年汉武帝又迷上了鬼神之说，开始千方百计地寻求长生不老之药。求长生、想万寿无疆可能是每一个封建帝王的理想，汉武帝也不例外，他想无限制地维持皇权，维持他那穷奢极欲、声色犬马的生活，然而，这种生活必须与现实的物质条件相适应。为了笼络那些方士，让他们为自己寻求不老之术、成仙之道，汉武帝出手非常大方，赐予高官厚禄。

为了满足自己骄奢淫逸的需要，汉武帝还大兴土木。他不满足于先祖留下的宫室，一改汉初诸帝的节俭之风，开始增扩前代的宫室，兴造无数宫馆楼台，又在北宫门增修前殿；从建元中起，增扩甘泉宫，添置宫馆殿室，加筑通天、明光、迎风、露寒、储胥、望仙、腾光、五帝、群神等宫、观、台数十处。建元三年（前138年），汉武帝又陆续兴建犬台、葡萄等离宫70所、10池，昆明、平乐等20观，还有涿沐、益寿、延寿诸馆。元狩三年（前120年），汉武帝又修昆明池，周围40里，池中有豫章台、灵波殿等建筑物。诸如此类，无不彰显着汉武帝的奢靡性格。

汉武帝时期广开三边，中外商务往来频繁，中原大地涌进来诸多奇珍异宝及奢侈品，这更刺激了汉武帝骄奢淫逸的欲望，他把这些外国使节、商人安排在豪华的宫苑内，并赏赐无数。

庞大的开支耗尽了文景以来的积蓄，国家财政陷入危机，为了增加朝廷收入，汉武帝实施了一系列的经济改革。然而，很多措施不仅收效甚微，还增加了平民百姓的负担，大量农民因为破产而沦为流民，四处迁移。到元封四年（前107年），关东流民达百万之巨，社会矛盾严重加剧；天汉年间，社会矛盾终于激化，穷苦的百姓再也忍受不了痛苦的日子，纷纷揭竿起义。

星星之火迅速燃遍大地，南阳、楚、齐、燕赵之间都有人树起旗帜、建立名号，攻取城镇，释放罪犯，惩治官吏。

汉武帝十分震怒，立即派出绣衣使者到各地督军镇压起义者。绣衣使者的手段极其狠辣，主张宁可错杀一千，不可漏掉一个。一时间，无数百姓丢了性命。绣衣使者不仅屠杀义军，还屠杀镇压义军不力的地方官吏，上至州刺史、郡太守，下至一般小吏，凡办事不力的一律就地正法，史称"沉命法"。许多官吏因此死于非命，一些官吏企图蒙混过关，即使发现起义也不再上报，因为农民起义越来越多。

所幸汉武帝晚年有所悔悟，推行了一系列积极的经济政策，及时实行抚民富民政策，这才避免自毁江山的悲剧发生。

二、新欢旧爱

由于佳丽无数，汉武帝的后宫经常上演众嫔妃为争宠而斗智斗勇的戏码，最典型的当数陈皇后与卫子夫的斗争。

陈皇后阿娇是汉武帝的原配妻子，两人可谓青梅竹马，汉武帝对阿娇曾有过"金屋藏娇"的许诺。汉武帝是在阿娇的母亲馆陶长公主的帮助下才得立太子，继而继承帝位的，因此，他对阿娇也恩宠有加，即位后马上立阿娇为皇后。然而，阿娇是一个恃宠而骄、骄纵蛮横之人，经常干涉汉武帝的私生活。汉武帝遇到卫子夫后，开始慢慢冷落阿娇。

阿娇不甘失宠，采取了各种手段来对付卫子夫，但在天子的保护下，阿娇的诸多手段都落了空，不仅没有夺回汉武帝的爱，反而冷遇更甚。加上阿娇入宫数年，始终没有生下子嗣，这更不利于她巩固地位。陈皇后认为自己之所以失宠，只是因为不能生育，若能为皇上生儿育女，何愁压不倒卫子夫？因此，她请遍天下名医，10余年间药费多达9000万钱，但丝毫没有起到作用。

无计可施的陈皇后最终想到了巫蛊之术。当时汉武帝祀神求仙，迷信巫术，以致天下迷信巫蛊之风大起，在京城、后宫之中，巫蛊之风也相当盛行。巫蛊是从匈奴传入内地的。据史料记载，巫蛊术主要是将木偶埋于地下，然后诅咒，说这种方法可以蛊害情敌，甚至置人于死地。

这种以木偶为道具的巫术是一种原始的偶像伤害术，起源于原始的狩猎时代，最初只是狩猎前对猎物施行的巫术，进入阶级社会后被推而广之，应用于仇敌。但巫蛊之术并不仅仅有这种偶像伤害，还包括另一种更神秘的法术，即蛊术。《说文解字》中说："蛊，腹中虫也。"作为巫术的蛊是把各种害虫放在一个器皿里，令其相互残杀，最后一个生存者成为各种害虫中的强者，即为"蛊"。通过饮食等渠道，使蛊虫进入对方腹中，可以达到致其丧命的目的。

为了挽回汉武帝的心，陈皇后决定采用巫蛊之术来对付卫子夫。元光五年（前130年）七月，陈皇后听说有一个叫楚服的女巫法术很高，能用咒语使皇帝回心转意，还能把仇敌置于死地，便冒险派人把楚服请入宫中作法。

陈皇后恶狠狠地问楚服："我恨死卫子夫，如何惩罚她，你有什么办法？"

行巫术者都精明无比，楚服很清楚皇后的心病，便说："用诅咒的办法可以把她咒死。"于是，楚服教陈皇后巫蛊秘术，每日念咒，咒死痛恨之人。楚服的方法对陈皇后而言就如同一根救命稻草，她重重赏赐了楚服，然后开始按楚服所教的办法制作了一个小布人，写上卫子夫的名字，每天用针扎、刺这个"卫子夫"。谁知卫子夫没死，陈皇后的阴谋却败露了。

巫蛊之术在汉宫中是被绝对禁止的。陈皇后在深宫行巫蛊术，诅咒皇帝的宠妃卫子夫，很快，皇后宫中有一位想要邀功的宫人告发了陈皇后。

汉武帝得知此事后勃然大怒，命著名的酷吏张汤严查这起"大逆不道"的案件。张汤陪伴汉武帝多年，深知皇上的心事，明白此次皇上大动肝火是想借故废掉皇后。他决定顺从皇帝的意愿，严查此案，将巫人楚服枭首于市，搜捕、斩杀了宫内的内侍和宫女300多人。

本来就想废后的汉武帝也借巫蛊案收回了陈皇后的印玺，废去尊号，贬入长门宫。馆陶长公主见女儿闯下如此大祸，连忙进宫去向汉武帝叩头请罪。汉武帝追念旧情，避座答礼，并好言劝慰道："皇后的行为有违大义，不得不将她废黜。你应该向她说明道义，放宽心怀，不要轻信闲言而产生疑虑和恐惧。皇后虽然被废，仍会按照法度受到优待。"馆陶长公主闻言，也只得千恩万谢而归。

长门宫地处偏僻，荒草萋萋，宫室破落，弥漫着一股衰朽的气息。陈阿娇幽居于此，虽然生活方面供养如初，颇受优遇，但终究是被废之后，自然没有了昔日的荣光，再优厚的生活也消除不了她内心的愁闷悲思。她时常回忆起小时候与汉武帝在一起的快乐时光，想起汉武帝"金屋藏娇"的诺言，笑声犹然在耳，宛如昨日，那是多么令人留恋的两小无猜的岁月啊！

可是，如今"金屋"变成了"冷宫"，夜清床冷，形影相吊，寂寞难熬，真可谓度日如年。她常常倚窗垂泪，几次想要了却残生，但始终抱着一丝希望，幻想汉武帝有朝一日能回心转意，将她接回宫去。冷静休整了一段时日后，她心中又燃起了一股生的热望。

陈阿娇知道汉武帝很喜欢读赋，尤其是司马相如的赋。于是，她托人带上百斤黄金，求司马相如为她作上一赋，以感动汉武帝。

司马相如本是个多情才子，他不忍心让冷宫中的废后失望，便答应了下来。而后，陈阿娇向司马相如倾倒出一腔苦水，如泣如诉，哀恸至极。司马相如既同情又感动，铺纸挥毫，聚浓情于笔，作了一篇《长门赋》，赋中有这样一段：

夫何一佳人兮，步逍遥以自虞。
魂逾佚而不反兮，形枯槁而独居。
言我朝往而暮来兮，饮食乐而忘人。
心慊移而不省故兮，交得意而相亲。
伊予志之慢愚兮，怀贞悫之欢心。
愿赐问而自进兮，得尚君之玉音。
奉虚言而望诚兮，期城南之离宫。

修薄具而自设兮，君曾不肯乎幸临。
……
忽寝寐而梦想兮，魄若君之在旁。
惕寤觉而无见兮，魂迁迁若有亡。
众鸡鸣而愁予兮，起视月之精光。
观众星之行列兮，毕昴出于东方。
望中庭之蔼蔼兮，若季秋之降霜。
夜曼曼其若岁兮，怀郁郁其不可再更。
澹偃蹇而待曙兮，荒亭亭而复明。
妾人窃自悲兮，究年岁而不敢忘。

《长门赋》诉说了陈阿娇困居长门宫的凄凉处境以及盼望君主再来的急切心情。不久，这篇《长门赋》便广为传颂，而且很快就传到了皇帝的耳中。汉武帝读过之后着实感动了一把，但他仍然没有把陈阿娇接回宫中。

此后，卫子夫受宠日隆。元朔元年（前128年），卫子夫为汉武帝生了一个儿子。汉武帝喜不胜言，给小儿取名为据，并册封卫子夫为皇后，下诏大赦天下，普天同庆。

陈阿娇得知卫子夫生子立后，彻底绝望。她再也不哭、不哀、不叹，默默看着日出日落，日渐憔悴。元光六年（前129年），陈阿娇的父亲堂邑侯陈午去世。元鼎元年（前116年），馆陶长公主去世。两位亲人的去世，更让陈阿娇心灰意冷，带走了她所有的希望与热情。她又百无聊赖地过了几年，含恨在长门宫去世，被葬在霸陵郎官亭东面。霸陵是文帝的陵墓，文帝是馆陶长公主的生父。汉武帝没有让陈阿娇入葬自己的茂陵，足见他对陈阿娇的讨厌程度。

三、巫蛊之祸

征和元年（前92年）的一天傍晚，正在建章宫休息的汉武帝，恍惚之间看到一个身穿黑衣、身材魁梧的男子，手拿一把利剑从高墙一跃而下，进入建章宫。汉武帝吓了一跳，急呼左右期门、羽林速来护驾。

左右环集捕拿，但并无刺客踪影，大家都觉得十分诧异，认为是汉武帝的错觉，但谁也不敢说出真相。汉武帝则认定有刺客，非常愤怒地命令左右捉拿刺客。左右卫士无奈，只得关闭宫门，展开严密的大搜捕，最终还是一无所获。

汉武帝不肯承认是自己老眼昏花，于是又发动三辅的骑士，搜遍方圆数百里的上林苑，几经折腾，仍然没有发现刺客的踪影。但汉武帝仍不肯罢休，下令关闭长安所有城门，挨家挨户搜查，闹得全城鸡犬不宁，整整搜寻了11天，始终没有捉到刺客。最后宫门的守卫官做了冤死鬼，糊里糊涂被斩了头。

如此结局使汉武帝内心滋生了一个奇怪的念头。他暗想，我明明看见有人带剑闯宫，怎么如此严密的搜捕，居然发现不了刺客的行踪？莫非是妖魔鬼怪不成？他积疑生嫌，结果闹出了一件巫蛊重案，其祸害遍及深宫。这次祸端还得从丞相公孙贺说起。

公孙贺的夫人是皇后卫子夫的姐姐卫君孺，因为这层关系，公孙贺一直官运亨通，高居丞相之位。

公孙贺深知伴君如伴虎，他初登相位时，成天战战兢兢，唯恐一不小心冒犯了天颜。转眼三五年时间过去了，谨小慎微的他受到了汉武帝的青睐和赏识。

诸事一帆风顺，公孙贺的胆子渐渐大了起来。他有个宝贝儿子叫公孙敬声，从小娇生惯养，因为裙带关系，年纪轻轻就做了太仆，声势显赫。他自恃为卫皇后的姨甥，骄淫无度。

公孙贺觉得自己已经坐稳了相位，又得到当今皇上的宠信，认为危险期已经过去，因而懒得过问和管束儿子的胡作非为。

征和元年（前92年），在公孙贺的纵容下，公孙敬声在泥潭中越陷越深。为了满足自己淫奢的生活，他急需大笔钱财，于是把手伸向了军费。他一共擅自动用北军的军费1900万钱。这件事被人告发后，汉武帝下令将公孙敬声捕入狱中。

公孙贺溺爱这个宝贝儿子,想方设法要救他出来。恰巧当时朝廷正在紧急追捕阳陵游侠朱安世,但一直没有进展。于是,公孙贺急忙给天子上书,请求天子允许自己捉拿京师大侠,以赎儿子之罪。汉武帝同意了。

为了救儿子一命,公孙贺严令手下人四处查捕。他得知朱安世混迹京都,就在长安城中挨家挨户地搜查。由于他的严格督察,朱安世终于落网。

吏役等人都认识朱安世,因为朱安世为人仗义,出手大方,所以他们才暗中相助,任由朱安世逍遥法外。这次公孙贺亲自督促、严密搜捕,吏役们无法再设计掩护,只得将朱安世拿下。吏役们受过朱安世的好处,心中有些不安,于是就告诉了他是什么原因,以免朱安世责怪他们。朱安世得知公孙贺是为了救他的儿子才这样卖力地搜捕自己,十分恼怒,但仍笑呵呵地说:"这下丞相一家要灭族了!"身边的人听了都如坠云里雾里,不明所以。

朱安世入狱后,给汉武帝上书告发公孙敬声与阳石公主私通,还立祠命巫人在里面作法,诅咒宫廷。此外,公孙敬声还在甘泉宫驰道旁埋下木头人,用非常恶毒的语言诅咒天子不得好死。

朱安世久居长安,对汉武帝以及王室贵戚之家都有所了解,他知道汉武帝非常痛恨行巫蛊之人,也知道贵戚们多与巫蛊之事有联系,因此他先发制人,告了公孙贺一状。

果然,汉武帝见了朱安世的举报,深信不疑,怒不可遏。这些年来,他身体多病,心绪不宁,早就怀疑是有人在用巫蛊之术暗中谋害他,现在看到朱安世的上书,顿时怒火直冒,随后又联想到前些天所见的行刺男子,飘忽无踪,恐怕就是这些人的巫蛊之术所致。他当即下令立即逮捕丞相公孙贺,严加追查。

廷尉杜周奉命处理这起巫蛊大案。杜周本是一个专承皇上旨意罗织罪名的酷吏,这次等于又给了他一个展示残酷本性的机会。他兴奋之余，开始罗织条文，牵藤攀葛，一大批贵戚大臣被卷入这个案子中。

阳石公主是汉武帝的亲生女儿，与诸邑公主都是卫皇后所生，又与大将军卫青的儿子卫伉为表兄妹。卫伉本来继承了父亲的爵位，后来因坐罪①被夺去侯位。这些人都与巫蛊案有牵连，而且对公孙贺父子被捕极为不满。杜周查明这些情况后，一并将这些权贵列入罪犯名单，认为他们应被一并处死。

这案子在京城引起了轰动，不久，公孙贺父子在狱中被折磨致死，卫伉被杀，甚至连汉武帝亲生的两位公主也难逃活命，奉诏自尽。

杀了自己的女儿和这么多权贵，汉武帝毫不惋惜，反而认为杜周办案得力，给予了重赏。随后，他命涿郡太守刘屈氂接任丞相一职。

刘屈氂是中山靖王刘胜的儿子。刘胜嗜酒好色，据说有100多个妻妾，生了120多个儿子。刘屈氂是庶出，本没有多少升迁的机会，没想到这次竟然能从涿郡太守一跃成为丞相，心中喜不自胜。

汉武帝担心相权过重，准备模仿汉高祖旧制，分设左右丞相。右相一时没有合适的人选，汉武帝就先任命刘屈氂为左丞相，并加封他为澎侯。

公孙贺父子一案透露出一个信息，那就是卫氏外戚已经落魄了。在这件案子中，许多卫氏族人被杀，包括皇后卫子夫所生的阳石公主和诸邑公主、卫青的长子卫伉，还有卫子夫的姐姐即公孙贺的妻子卫君孺，难免不让人多想。

很快，一场政治清洗开始了，汉武帝开始着手打击卫氏外戚集团。

卫子夫姿色过人，还生有儿子，加上大将军卫青、骠骑将军霍去病的关系，其荣宠维持了38年之久。卫皇后生的儿子刘据7岁被立为皇太子，史称戾太子。

汉武帝起初对太子刘据恩宠有加，为他开博望苑，以招揽宾客。在封建社会，母以子荣，子也以母贵。汉武帝每次出巡，都把朝中事务嘱

---

① 坐罪：特指因连坐而获罪。

托给太子，宫廷内务则交付卫皇后。

岁月无情，卫皇后一天天衰老，往日浓密的秀发青丝也逐渐被稀疏的白发取代，这样的她对生性风流的汉武帝逐渐失去了吸引力，太子刘据也逐渐失宠，母子日益不安。汉武帝觉察后，对卫子夫的弟弟卫青说："汉家事业处于草创阶段，百废待兴，朕不变更制度，后世不便效法；而且四夷侵凌中国，不出师征伐，天下便不得安宁，所以不得不劳扰天下百姓，如果后世又如朕之所为，就会重蹈亡秦覆辙。太子敦重好静，一定能安定天下，不让我担忧。想寻求守成的君主，哪里还有比太子更贤德的呢？朕听说皇后和太子心情不安，认为朕不再宠爱他们了，其实哪有这回事？请将朕的意思晓谕皇后和太子。"

卫子夫听了卫青转告的话，也为自己的不当疑惧而感到惭愧，便带着太子刘据一起向汉武帝请罪，双方消除隔阂。

元狩六年（前117年），霍去病英年早逝。元封五年（前106年），卫青辞世。卫皇后和太子失去重要羽翼，只得处处谨慎小心，规避嫌疑，才得以勉强维持地位。

太子刘据由于自幼受儒家思想的熏陶，长大后性格温和，处事谨慎，待人仁慈敦厚，与外儒内法、刚烈果决的汉武帝截然不同。汉武帝认为他的思想、主张、气质、作风等都不像自己，内心不喜。

汉武帝执行酷吏政治，刑罚严苛，因而制造了不少冤狱，株连许多无辜之人。太子刘据仁厚恭慈，对父皇的做法很是看不惯，常常趁着与父皇见面的机会，劝告父亲不要重用酷吏，应该施行德教。卫子夫担心太子过多过问朝政会引起汉武帝的反感，影响到储位，又担心酷吏们报复，便多次告诫太子少说话。

每当军队准备出动时，太子刘据总是劝阻汉武帝不要征讨四夷，兴师动众，劳民伤财。汉武帝不愿与他辩论，只是笑着拍拍他的肩头说："由朕来承担艰苦，将来由你来享福，难道不好吗？"太子刘据心中不同意，但也无话可说。

时间一久，朝廷中逐渐形成了帝党和太子党两个对立的政治集团。

太子得民心，宽厚的大臣都亲附刘据。深酷用法的大臣也结成党羽，不断诋毁太子，自大将军卫青死后，他们更想谋害太子。而汉武帝与皇后、太子之间越积越厚的隔膜，为一些人搬弄是非创造了可乘之机。

征和二年（前91年）夏季的一天，太子刘据进宫拜谒母后，母子二人谈话的时间稍稍长了一点，黄门苏文就向汉武帝进谗言说："太子整日在皇后宫中调戏宫女。"

汉武帝听了并没有说什么，只是下令将太子宫中的宫女增加到200人。太子感到事出有因，忙派人打听，这才知道是苏文捣的鬼，不由对他恨之入骨。

苏文是汉武帝身边的黄门侍郎，他见一计不成，又派汉武帝的贴身宦官小黄门常融、王弼等秘密监视太子，抓住太子的一点小过错就添油加醋地奏报给皇帝。卫皇后知道这件事后，切齿痛恨，让太子奏明皇帝，杀死苏文等人。

但是太子生性善良，不愿为这些琐事打扰父皇，便坦然说道："只要我不做错事，又何必怕苏文等奸邪小人！父皇英明，不会相信邪恶谗言，用不着忧虑。"

苏文等人见汉武帝对密报太子之事并不反感，更加猖狂。

有一次，汉武帝生了一点小病，派常融去召太子进宫。常融回来之后，对汉武帝说："太子听说皇上有病，面有喜色。"汉武帝听了没有说话。这时，太子来到宫中给父皇请安。汉武帝察言观色，看见太子的脸上有哭过的痕迹，却在自己面前强颜欢笑，感到十分疑惑，于是暗地里派人查明真相，这才知道一切都是常融捣的鬼，十分愤怒，下令将常融处死。经过这件事后，卫皇后和太子更加小心谨慎，避免嫌疑。

四、父子离心

是福不是祸，是祸躲不过。不管卫皇后和太子刘据如何小心，该来的终究会来。

据史料记载，汉武帝后宫佳丽达七八千人，一般选15岁以上、20岁以下的女子充实宫中，年满40岁则遣散出宫，卫子夫因为年老色衰，当然也日渐失宠。汉武帝疏远卫子夫后，又先后宠爱王夫人、李姬、李夫人、尹婕妤和邢夫人等，晚年最宠爱的是钩弋夫人。

钩弋夫人姓赵，河间人。有一年，汉武帝巡狩路过河间，方士说此地有奇女子，汉武帝便命人召来相见，只见这个女子双手握成拳状，虽然当时已经10多岁了，但是依然不能张开手掌。

汉武帝让这位漂亮的女子过来，伸出双手将她的手轻轻一掰，少女的手便被分开，手掌心里还紧紧握着一只小玉钩。汉武帝以为这是天意，随后便派人把这个女子扶入随行的辎车，将她带回皇宫。这位女子进宫后便被封为婕妤，深得汉武帝的宠爱，被称为拳夫人，她就是钩弋夫人赵婕妤。

太始三年（前94年），赵婕妤生下刘弗陵。据说刘弗陵和上古的尧帝一样，都是怀胎14个月而生。汉武帝认为刘弗陵与众不同，便称其所生之门为"尧母门"。及至刘弗陵五六岁时，汉武帝又认为他壮大多智，跟自己很像，便产生了立他为太子的念头。当时的宠臣水衡都尉江充看出了汉武帝的心思，于是一场阴谋由此产生。

江充本名江齐，赵国邯郸人，他把自己能歌善舞的妹妹嫁给赵太子刘丹，从而成为赵王刘彭祖的座上客。后来，刘丹怀疑江齐将自己的隐私告诉赵王，便派官吏追捕江齐。江齐仓皇逃入长安，更名江充，向朝廷告发刘丹与同胞姐姐及父王嫔妃有奸乱，并交通郡国豪猾，狼狈为奸，恣意妄为。

汉武帝对诸侯不法、藐视朝廷法度和天子权威者最为忌讳，阅读江充的奏疏后勃然大怒，下诏包围赵王王宫，逮捕了赵太子刘丹，并判其死罪。

赵王刘彭祖是汉武帝的异母兄弟，他上书为儿子说情，说江充不过是无耻小臣，利用万乘之君报一己私仇，请求汉武帝允许他在赵国招募勇士，随汉军北征匈奴，以赎刘丹之罪。汉武帝每时每刻都在防范诸侯王在军事上发展势力，刘彭祖的请求自然被拒绝了。

后来刘丹免死，但被废掉了赵太子之位。之后刘彭祖又入朝请平阳长公主和隆虑公主向汉武帝说情，希望可以恢复刘丹的赵太子之位，但没有得到允许。

赵太子遭殃，江充则得到了汉武帝的赏识。汉武帝在犬台宫召见了江充。江充为了这次召见煞费苦心：他身穿轻柔的禅衣，曲裾后垂交输，头上的步摇冠像一盘肉皮冻，抖抖颤颤的。这副奇怪的打扮，配上江充魁梧的身材、容貌，显得十分威武，还有一丝神仙气概。

汉武帝看惯了大臣们整齐而刻板的朝服，见到江充这身装扮后，感到十分新奇，对左右人说："燕赵国多奇士。"首先对江充有了三分喜欢，接着他又询问了江充一些朝政之事，江充的回答都令他感到满意。后来，江充出使了一次匈奴，回来被任命为能代表皇帝和朝廷处理事务的直指绣衣使者，督捕三辅盗贼，检察贵戚近臣。

当时汉武帝正派遣大量军队北征匈奴，草原、戈壁、沙漠等地作战需要大量的车辆和马匹。京师那些奢侈无度的贵戚近臣大多僭越礼制，多备车马，江充上书弹劾他们，建议没收他们的车马，并把他们押解至北军，等待随军攻打匈奴，得到了汉武帝的批准。这让贵戚子弟们十分惊慌，纷纷去参见汉武帝，连连叩头，请求哀怜，愿意出钱赎罪。军兴之际正是用钱的时候，汉武帝龙颜大悦，命他们将钱缴送北军，得钱数千万。这件事后，汉武帝认为江充忠直，"奉法不阿，所言中意"，对他更加信任。

太始三年（前94年），太子家使乘车马行驶在专供天子交通的御路驰道上，正好遇上江充。江充依法拘押太子家使，没收了车马。太子为家使求情，江充没有答应，并将此事报告了汉武帝，从此与太子刘据结仇。

江充见汉武帝日渐老去，担心太子刘据掌权后对自己不利，加上此时朝野上下党派之争愈演愈烈，便勾结苏文、常融等人，决定设下阴谋来构陷太子刘据。

江充升任水衡都尉时,正值阳陵大侠朱安世告发丞相公孙贺父子行巫蛊事。江充从中受到启发,觉得可以用巫蛊之事做文章来加害太子刘据。有一天,汉武帝患了病,江充上奏说,宫中有蛊气,皇上有病就是因为它在作怪。于是,汉武帝让他查办此事。

江充率领胡人巫师各处掘地寻找木头人,并逮捕了那些用巫术害人、夜间守祷祝及自称能见到鬼魂的人,又命人事先在一些地方洒上血污,然后对被捕之人进行审讯,将那些染上血污的地方指为他们以邪术害人之处,并施以铁钳烧灼之刑,强迫他们认罪。于是,百姓们相互诬指对方用巫蛊害人,官吏则每每参劾别人为大逆不道。从京师长安、三辅地区到各郡、国,因此而死的先后有数万人。

一下子冤死了这么多人,江充也并不打算停手,因为他构陷太子的目的还没有达到。他深知汉武帝此时的疑惧心理极强,便指使胡人巫师檀何说"宫中有蛊气,不将这蛊气除去,皇上的病就一直不会好"。

汉武帝不疑有他,便命江充和按道侯韩说等人办理此案,查获后宫惑行媚道的木偶,作为诅咒汉武帝的罪证上报。

江充非常狡猾,并没有先拿太子开刀,而是领着他的捕蛊队伍,先从嫔妃中不太受宠的人着手,然后依次搜寻,一直搜到皇后和太子宫中。在搜卫皇后和太子刘据的宫室时,江充搜得特别仔细,每寸泥土都翻了个遍,果然在这两个地方翻出了很多木头人。太子宫中的木头人身上还缠有帛书,上面写的都是些悖逆犯上的语句。

江充扬言:"在太子宫中找到的木头人最多,还有写在丝帛上的文字,内容大逆不道,应当奏闻陛下。"

太子刘据根本就没有埋藏过什么木头人,现在凭空被挖出这么多罪证,他心里既吃惊又恐惧,便问少傅石德应当怎么办。石德是万石君石奋的孙子,一直以谨小慎微而著称。他担心自己身为太子的老师会受到牵连而被杀,便想着先发制人,献计说:"前丞相公孙贺父子、两位公主和卫伉等人,都因为巫蛊之祸而丢了性命。现在江充和女巫手持诏旨,到东宫挖出这么多木头人,分明是他们想栽赃陷害。这要是报告到皇上那儿去，恐怕你百口莫辩。你可以假传圣旨，将江充等人逮捕下狱，彻底追究其奸谋。况且陛下有病住在甘泉宫，皇后和您派去请安的人都没能见到陛下，陛下是否健在实未可知，而奸臣竟敢如此，难道您忘了秦朝太子扶苏之事了吗？"

太子刘据听了，愕然道："江充系奉父皇诏旨前来，我这做儿子的怎么能擅自对他们进行逮捕和讯问呢？不如前往甘泉宫请罪，或许能侥幸无事。"

石德阴沉着脸说："奸臣嚣张狂妄到了何等地步！你如果不尽快动手，恐怕要重蹈扶苏的覆辙。"

刘据还是不敢擅自诛杀，他想前往甘泉宫晋见汉武帝，希望能当面说清此事，或许能侥幸脱难。他刚想动身，却听说江充已派人飞马前往甘泉宫奏报去了。刘据顿时没了主张，只得壮胆按照石德所说的行事。

同年七月初九，刘据派门客冒充皇帝使者，逮捕了江充等人。按道侯韩说怀疑使者是假的，不肯接受诏书，被刘据门客杀死。刘据亲自监杀江充，骂道："你这赵国的奴才，先前扰害你们的国王父子还嫌不够，如今又来扰害我们父子！"随后又将江充手下的胡人巫师烧死在上林苑中。

当时汉武帝正在甘泉宫避暑，只有皇后和太子在京师。刘据杀掉江充和檀何之后，派舍人无且携带符节，趁夜来到未央宫长秋殿门口，请长御倚华①报告卫皇后，然后调发中厩的车马载运长乐宫的卫士，并打开军械库分发兵器，让他们守备宫门。

一时间，长安城中一片混乱，纷纷传言太子造反。苏文趁乱逃出长安，来到甘泉宫，向汉武帝报告说太子很不像话。

汉武帝对平素一向谨慎的太子刘据很放心，听了苏文的报告，只是淡淡地说："太子肯定是害怕了，又愤恨江充等人，所以发生这样的变

---

① 倚华：西汉武帝朝女官，字倚华，姓、名皆不详。长御是女官名。她是西汉一朝唯一留名于史书的长御，推测应为卫皇后的心腹。

故。"然后派使臣召刘据前来。使臣不敢进入长安，回来报告说："太子已经造反，要杀我，我逃了回来。"汉武帝这才信以为真，大动肝火。

丞相刘屈牦听到事变的消息后，连忙逃跑，连丞相的官印、绶带都丢了，并派长史骑驿站快马奏报汉武帝。

汉武帝责问丞相长史道："丞相现在在干什么呢？"

长史战战兢兢地回奏道："丞相在封锁消息，不敢擅自采取行动。"

汉武帝愤怒地说："事情已经闹大了，整个长安城都在疯传，还有什么好保密的？丞相难道没有听说过周公大义灭亲，诛杀管叔和蔡叔这件事吗？"于是给丞相颁赐印有玺印的诏书，命令他："捕杀叛逆者，朕自会赏罚分明。应用牛车作为掩护，不要和叛逆者短兵相接，杀伤过多兵卒！紧守城门，决不能让叛军冲出长安城！"

刘屈牦正惶恐不安，接到汉武帝的诏书后，不由壮了几分胆量，命人先将诏书颁示出去。

不久，汉武帝又下令凡是三辅地区以及附近各县的士卒，全都划归丞相刘屈牦调遣。刘屈牦有了权力，马上有了胆量，当即调集人马，将内城团团围住，一心要捕拿太子。

太子刘据听了这个消息后，慌不择路。他又假传圣旨，赦免都城监狱的囚徒，分给他们兵器，由少傅石德和门客张光分别率领。他还宣告百官，说皇上病危，奸臣作乱，应当速讨，大家共同讨伐逆贼等。

百官毫无头绪，分不清丞相和太子谁真谁假，但听得长安城里喊杀声震天动地。太子刘据和丞相刘屈牦各自督兵交战，杀了三天三夜，仍然胜负不分。

到了第四天，有人传来消息说汉武帝仍然健在，现已移驾建章宫。这时，长安城中才知太子矫诏谋反。于是，太子的部下军心涣散，胆大的还临阵倒戈，反过来帮助丞相同讨太子。就连民间也知道太子刘据造反，因而没人敢去帮他。

刘据见寡不敌众，先派长安囚徒如侯持节去征调长水、宣曲两地的胡人骑兵。汉武帝的侍郎马通知道这个消息后，追上如侯，诛杀了他，然后率领两地胡人骑兵前往长安帮助丞相刘屈氂。丞相刘屈氂的部下越战越多，而太子刘据的手下则越战越少。

刘据走投无路，乘车来到北军军营南门之外，站在车上，召见护北军使者任安，颁予符节，命令任安发兵。但是任安拜受符节后，返回营中，闭门不出。

刘据无可奈何地退了回去。他集合数万人，在长乐宫西门与丞相刘屈氂的军队展开血战，双方死伤数万人，鲜血流进了水沟里。

局势越来越不利于太子了。七月十七日，刘据兵败，南逃到长安城覆盎门①。当时司直田仁率兵把守城门，他觉得刘据与汉武帝是父子关系，不忍阻拦，就打开城门放太子一行逃出长安。

刘屈氂要杀田仁，御史暴胜之为了救田仁一命，急忙对刘屈氂说："司直是二千石的高级官员，即使有罪该杀，也应向皇上奏明才对，怎么可以随意杀戮呢？"刘屈氂觉得有理，就把这事禀报汉武帝。

汉武帝听后大发雷霆，将暴胜之逮捕治罪，并责问他说："私自放走谋反之人，丞相杀他，是在执行国家的法律，你为什么要擅自阻止呢？"暴胜之惶恐不安，为免连累家人，只好自杀谢罪。

这之后，汉武帝派宗正刘长、执金吾刘敢携带皇帝下达的谕旨，收回用以帮助刘据起兵、象征皇后实权的皇后玺绶。卫皇后无以解释自己的行为，只得以死明志，自杀身亡。

汉武帝认为任安是老官吏，见出现战乱，想坐观成败，看谁取胜就归附谁，对朝廷怀有二心，因此将任安与田仁一同腰斩。马通因擒获如侯，被封为重合侯；长安男子景建跟随马通擒获石德，被封为德侯；商丘成奋力战斗，擒获张光，被封为其侯。

对于参加叛乱的人，汉武帝毫不客气，下令凡是太子刘据的门客出入过宫门的，一律诛杀。凡是跟从太子作战的人，尽管有些是被胁迫加入的，全家也都要被放逐到敦煌去。因为太子逃亡在外，为防不测，在

---

① 覆盎门：西汉长安城城门之一，位于汉长安城南城墙最东。

长安各城门设置屯守军队。

五、太子冤死

一败涂地的刘据从长安城逃出后，带着两个儿子慌不择路，一直向东逃去。汉武帝怒火冲天，屠杀了大批与太子有牵连的人。群臣忧惧交加，不知如何是好，也不敢进谏。唯独壶关三老令狐茂①上书替刘据分辩：

"我听说，父亲就好比是天，母亲就好比是地，儿子就好比是天地间的万物，所以只有上天平静，大地安然，万物才能茂盛；只有父慈母爱，儿子才能孝顺。皇太子本是汉朝的合法继承人，将承继万世大业，完成祖宗的重托，论关系又是皇上的嫡长子。

"江充原本为一介平民，不过是个市井中的奴才罢了，陛下却对他尊显重用，让他挟至尊之命来迫害皇太子，纠集一批奸邪小人，对皇太子进行欺诈栽赃、逼迫陷害，使陛下与太子的父子至亲关系阻塞不通。太子进则不能面见皇上，退则被乱臣的陷害所困扰，独自蒙冤，无处申诉，忍不住愤恨的心情，起而杀死江充，但又害怕皇上降罪，被迫逃亡。

"太子作为陛下的儿子，盗用父亲的军队，不过是为了救难，使自己免遭别人的陷害，臣认为并非有什么险恶的用心。《诗经》上说：'绿蝇往来落篱笆，谦谦君子不信谗。否则谗言无休止，天下必然出大乱。'以往江充曾以谗言害死赵太子，天下人无不知晓。而今陛下不加调查就过分地责备太子，发雷霆之怒，征调大军追捕太子，还命丞相亲自指挥，致使智慧之人不敢进言，善辩之士难以张口，我心中实在感到痛惜。

"希望陛下放宽心怀，平心静气，不要苛求自己的亲人，不要对太子的错误耿耿于怀，立即结束对太子的征讨，不要让太子长期逃亡在

---

① 令狐茂：上党人，汉武帝时被封壶关三老。

外！我以对陛下的一片忠心，随时准备献出我短暂的性命，待罪于建章宫外。"

汉武帝看了令狐茂的上书，感动之余稍有醒悟，但他不愿直接承认自己行为过火，所以没有明令赦免太子。太子刘据在重金悬赏之下藏匿不出。他向东逃到湖县（今河南灵宝北），隐藏在泉鸠里一户人家家里。这户人家家境贫寒，主人通过织卖草鞋来奉养刘据。

刘据觉得过意不去，他想起自己在湖县有个朋友家道殷实，于是写了一封求助信派人送去，不料却因为这封信走漏了风声。邻里人知道泉鸠里有几个来路不明的京城人。消息很快地传到了地方官吏的耳中。

征和二年（前91年）八月初八，地方官围捕刘据。刘据估计自己难以逃脱，便回到屋中，紧闭房门，自缢而死。前来搜捕的兵卒中有一山阳男子名叫张富昌，用脚踹开房门。新安县令史李寿跑上前去，将刘据抱住解下。主人为了保护刘据，在门外与吏役们展开格斗，无奈寡不敌众，被乱刀砍死。太子刘据的两个儿子拼死抵抗，同样死在乱刀之下。至此，刘据父子三人全都命归黄泉。

汉武帝虽然感伤于太子刘据之死，但因自己有言在先，也只得封李寿为邘侯，张富昌为题侯。

太子刘据之死，使汉武帝的头脑终于清醒过来，开始调查宫中挖掘木头人的内幕。各方面的调查结果呈送上来，他一看就明白了，卫皇后和太子根本就没有埋过什么木头人，都是江充他们从中捣鬼，陷害太子和卫皇后。汉武帝逐渐了解到太子刘据确实是被江充一伙人所逼迫，在不得已的情况下才铤而走险，并没有丝毫谋反之意。

汉武帝懊丧不已，他自悔之前冒失不察，无辜断送了子孙三人的性命。想到这些，他心中充满了悔恨。

这时，管理高祖庙的郎官田千秋说有急事奏报。汉武帝同意召见。只见一个身高8尺、白发苍苍、相貌堂堂的老臣，疾步进来伏地跪叩，哽咽着说道："皇上，太子冤枉，老臣拼死也要为太子说两句公道话。太子生性忠厚老实，这次起兵纯属受江充、苏文等奸贼陷害，不得已才起兵自卫……皇上为什么不明辨是非？而且，天子的儿子动用天子的兵，本也罪不该杀，何况他是被逼迫的，他被奸贼阻拦，父子无法相见以说明情况，万般无奈才出此下策啊！"

田千秋声泪俱下，又接着说："老臣之所以斗胆前来陈述，是因为昨天晚上梦见一白发老者来对我说，让我去向皇上替太子喊冤，老臣醒来后才知道是梦，心想莫非是先祖之灵向我托梦。老臣不敢怠慢，于是连夜赶来皇宫向皇上如实禀报。老臣擅闯皇宫，甘愿受罚，老臣已准备好一死！"

汉武帝听了既震撼又感动，颤颤巍巍地走到田千秋面前，说："我们父子之间的事，一般认为外人难以插言，只有你知道其间的不实之处。这是高祖皇帝的神灵派你来指教朕，你应当担任朕的辅佐大臣。"

汉武帝当即任命田千秋为大鸿胪，并下令将江充满门抄斩，将苏文烧死在横桥之上。曾在泉鸠里对太子兵刃相加的人，也被满门抄斩。

尽管处死了罪魁祸首，但汉武帝心中的郁闷并没有解除。他深知自己是造成这次大祸的罪魁祸首！他无以自慰，于是命霍光在宫中建造了一座思子宫。

霍光是河东平阳人，霍去病的异母弟弟。霍去病死后，霍光升为光禄大夫，他行为端正，言谈处事小心谨慎，一切循规蹈矩，照章办事，甚至每天上朝所走路线都从不逾规，所以汉武帝十分器重他。而且，汉武帝思念霍去病，对霍去病的这个弟弟怀有一种特殊的感情，自从太子死后，汉武帝经常宣他入宫协助内廷处理政事。

不久，汉武帝从长安来到太子死地——湖县刚建好的思子宫。一进入思子宫，他不由得神色黯然，悲伤不已。霍光把他带到思子台前，并指着它说："皇上，这就是您要我督建的思子台。"

汉武帝问霍光："太子就是在这里死的吗？"

"是的，圣上。"

汉武帝抬起头看看茫茫苍天，想到亲生儿子永远离开了自己，泪水潸然而下。大臣们也都发出唏嘘声。汉武帝对身边的人说："扶朕到台上去，朕要祭奠太子。"

这时，四周哀乐响起，汉武帝接过香烛，在霍光和司马迁的搀扶下，缓缓登上思子台。他手举香烛对着苍天拜了又拜，心里默念着对刘据的歉意，既悔又恨。天下百姓听说后，既恨他乱听谗言，又替他感到辛酸。

因这场巫蛊之祸牵连入狱的人几年不绝，一直到后元二年（前87年），汉武帝临终之前来往于长杨宫、五柞宫之时，望气的方士说长安狱中有天子气，汉武帝就下令派使者录各官府狱中案犯，无论轻重，全部处死。当时丙吉①受命治巫蛊狱，恰逢汉武帝的曾孙、太子刘据的孙子也因巫蛊之祸受牵连入狱，丙吉让人妥为养护。当内谒者②命郭穰夜间到狱中处理犯人时，丙吉紧闭狱门不让使者入内，说："皇曾孙在此，他人无罪而死都不可以，何况皇帝的亲曾孙呢？"直到天明，使者也没能入狱。郭穰将情况向汉武帝汇报，汉武帝恍然大悟，便下诏"赦天下"。所以，史料记载狱中犯人"独赖吉得生，恩及四海"。丙吉所救的这个孩子便是后来的汉宣帝刘询。

六、轮台罪己

汉武帝终究不是一位昏庸的皇帝，晚年他的思想发生了很大的变化，由多欲政治改弦更张为思富养民、与民休息，进入了反省期。

这主要是因为，从天汉元年（前100年）开始，大汉天下屡屡发生不幸事件，其中比较突出的事件有三：

一是全国各地农民起义接连爆发。汉武帝一生征伐不断，使天下虚耗，加上他生活奢侈、求仙封禅耗费甚巨，尽管君臣协力，通过一系列财政、经济政策筹集了大笔钱财，但很快又耗尽，结果国库空虚、民穷

---

① 丙吉：西汉鲁国人，少时研习律令，初任鲁国狱史，后升至廷尉监。
② 内谒者：宫官名。掌内外传旨通报之事，多由宦官担任。

财匮。老百姓难以生存，只得铤而走险。刚开始，汉武帝用严刑峻法加以镇压，然而镇压越剧，反抗愈烈。天汉三年（前98年），几乎全国范围内都出现了农民暴动。残酷的社会现实使汉武帝逐渐认识到武力镇压虽能一时奏效，但终究难保长治久安，唯有在政策上改弦更张才是解救之法。

二是对匈奴战争的失败。天汉二年（前99年）、天汉四年（前97年）、征和三年（前90年），汉武帝派贰师将军李广利率汉军3次讨伐匈奴均以失败告终。最后一次出征前夕，丞相刘屈氂和李广利合谋立昌邑王刘髆为太子。后刘屈氂被腰斩，李广利妻被下狱，当时李广利正乘胜追击，听到消息恐遭祸，欲再击匈奴取得胜利，以期汉武帝饶自己不死，结果还是失败了，他只得率军投降匈奴。这件事给了汉武帝很大的刺激。

三是征和元年（前92年）、征和二年（前91年）的巫蛊之祸。太子刘据被逼谋反，兵败自杀。不久，汉武帝发现巫蛊事件多属陷害，大都是乱臣故意制造的冤案，这才明白太子刘据的冤情，然而太子已死，后悔也来不及了。后来老臣田千秋上书为太子鸣冤，汉武帝深受感动，决定为刘据平反昭雪。

其实，早在文治武功的鼎盛时期，汉武帝就意识到外事征伐、内事兴作是劳民政策，但那时的劳民也是不得已，他将改弦更张、与民休息的希望寄托在太子刘据身上，他要身当其劳，然后由刘据来收拾残局，完成政策的转变。这从他让大将军卫青给太子和卫皇后传话就能看出来。然而他的想法是好的，现实却是残酷的，刘据的死以及诸多不幸事件的发生，彻底打乱了他的计划，迫使他对自己的行为进行深刻的反省，他意识到改弦更张已经等不到下一代了，必须马上开始才行。

征和四年（前89年）三月，汉武帝带领臣下出巡到钜定（今山东广饶），在事先准备好的小块田地上亲耕，以示重视农本。他对大臣们说："朕自即位以来，做了许多狂悖荒唐的事，使天下百姓愁苦不已。"他表示追悔，并宣布："从今以后，国家大事凡有伤害百姓、浪费天下钱财的，统统罢免！"

同年，搜粟都尉桑弘羊和丞相御史等人上了一道奏章，说西域轮台有沃土5000顷，提议在轮台以东捷枝（今新疆轮台东）、渠黎（今新疆库尔勒、尉犁以西一带）兴屯田，筑列亭，设置屯田守兵，威服西域，辅助乌孙；并招募百姓去边疆开垦，用获得的收入来充实国库，以解财政之危。

这个建议如果放在以往，汉武帝一定会高兴地接受，但渐趋年迈的他和从前已经大不一样了，他一反常态地否决了桑弘羊等人的建议，并于六月下了一道追悔前非的诏书《轮台诏》。

《汉书·西域传》记载了这一著名诏书，内容如下：

前有司奏，欲益民赋三十助边用，是重困老弱孤独也。而今又请遣卒田轮台。轮台西于车师千余里，前开陵侯击车师时，危须、尉犁、楼兰六国子弟在京师者皆先归，发畜食迎汉军，又自发兵，凡数万人，王各自将，共围车师，降其王。诸国兵便罢，力不能复至道上食汉军。汉军破城，食至多，然士自载不足以竟师，强者尽食畜产，羸者道死数千人。朕发酒泉驴橐驼负食，出玉门迎军。吏卒起张掖，不甚远，然尚厮留其众。

曩者，朕之不明，以军候弘上书言"匈奴缚马前后足，置城下，驰言'秦人，我丐若马'。"又汉使者久留不还，故兴遣贰师将军，欲以为使者威重也。古者卿大夫与谋，参以蓍龟，不吉不行。乃者以缚马书遍视丞相、御史、二千石、诸大夫、郎为文学者，乃至郡属国都尉成忠、赵破奴等，皆以"虏自缚其马，不祥甚哉！"或以为"欲以见强，夫不足者视人有余"。

易之，卦得大过，爻在九五，匈奴困败。公车方士、太史治星望气，及太卜龟蓍，皆以为吉，匈奴必破，时不可再得也。又曰："北伐行将，于鬴山必克。"卦诸将，贰师最吉。故朕亲发贰师下鬴山，诏之必毋深入。今计谋卦兆皆反缪。重合侯得虏候者，言："闻汉军当来，匈奴使巫埋羊牛所出诸道及水上以诅军。单于遗天子马裘，常使巫祝之。缚马者,诅军事也。"又卜"汉军一将不吉"。匈奴常言:"汉极大,然不能饥渴,失一狼,走千羊。"

乃者贰师败,军士死略离散,悲痛常在朕心。今请远田轮台,欲起亭隧,是扰劳天下,非所以优民也,今朕不忍闻。大鸿胪等又议,欲募囚徒送匈奴使者,明封侯之赏以报忿,五伯所弗能为也。且匈奴得汉降者,常提掖搜索,问以所闻。今边塞未正,阑出不禁,障候长吏使卒猎兽,以皮肉为利,卒苦而烽火乏,失亦上集不得,后降者来,若捕生口虏,乃知之。当今务在禁苛暴,止擅赋,力本农,修马复令,以补缺,毋乏武备而已。郡国二千石各上进畜马方略补边状,与计对。

在《轮台诏》中,汉武帝首先讲了对西域和匈奴用兵所造成的粮草的困难、士卒的伤亡、作战决策的难度及失误等,承认是他相信了卜卦之言而未听公卿之谏,才造成诸多失败。这是他的错误,作为一国之君,他为此而"深陈既往之悔"。他说:"此前有人建议增加赋税,每个百姓增加30钱,以补充入不敷出的军费开支,这样做明显加重了老弱孤独的困苦。现在有人又建议派军卒到轮台去屯田,轮台在车师以西1000多里,上次开陵侯攻打车师,虽然取得了胜利,迫使车师王投降,但终因路途遥远,粮草缺乏,致使数千人死于途中,更何况轮台还在车师的西面呢!"

在《轮台诏》中,汉武帝把桑弘羊等人提议扩大轮台屯田斥为扰民,把招募囚徒去匈奴搞暗杀的方案斥为非仁义之举;痛责边陲长吏营私舞弊,致使边防松弛。最后他宣布:"当今最重要的任务,在于严禁各级官吏对百姓苛刻暴虐,废止擅自增加赋税的法令,鼓励百姓致力于农业生产,恢复为国家养马者免其徭役赋税的法令,用来补充战马损失的缺额,不使国家军备削弱而已。"

"禁苛暴",就是要从高压转向宽容,这实际上是对从前推行严刑峻法的否定。"止擅赋",这是针对各种赋敛而说的,包括缓解财政危机而采取的各种措施。汉武帝承认以往对百姓所征收的赋税过重。"力本农"是汉朝的基本国策,汉初各位帝王曾反复强调这一点。汉武帝在诏书中承认自己背离了父祖遗训，现在决心改变，把经济工作的重心重新转移到农业生产上来。马匹不仅是重要的武备力量，而且是重要的农业生产和交通运输工具，所以汉武帝针对军马在开边活动中损失惨重的问题提出了"修马复令"。

古人云："人非圣贤，孰能无过？过而能改，善莫大焉。"汉武帝年轻时的多欲给百姓带来了灾难，给国家带来了混乱，但他在晚年认识到了自己的错误，下追悔前非的诏书，恤贫治水，改弦更张，实行"富民"政策。尽管他悔悟得晚了一些，但毕竟在大汉朝"土崩"之前实行了，使其避免了像秦王朝那样迅速覆灭的结局。后世对汉武帝痛下罪己诏的做法称赞有加，比如唐人褚遂良①赞道："帝幡然悔悟，情发于中，弃轮台之野，下哀痛之诏，人神感悦，海内乃康。向使武帝复用弘羊之言，天下生灵皆尽之矣。"

汉武帝在《轮台诏》中定下了国家的大政方针——发展农业，在颁布《轮台诏》的同时又封丞相田千秋为富民侯，以表明自己推行富民、养民政策的决心。

田千秋为人敦厚，富于智慧，在执行汉武帝的"富民"政策中起到了关键性作用。他目睹了汉武帝后期连年治狱，诛罚繁多的做法，不管是朝中大臣还是普通百姓，都被弄得惶恐不安。经过深思熟虑，他在执政行事时以身作则，认真称职，既安慰了晚年的汉武帝，又宽舒了天下百姓。

"富民"政策的重点内容是把国家的主要力量集中到农业生产上来，汉武帝首先改革亩制，统一实行大亩制，而且在税率上实行减免政策，他曾在任命田千秋为丞相的时候下诏："方今之务，在于力农。"商鞅开阡陌，240步为一亩，称为大亩。秦国实行大亩制，所以又称为西田。其他小国都以百步为一亩，称为小亩，即东田。汉朝建立初期，洛水以东的地区仍实行东田制，现在汉武帝将东田全部改为西田，统一

---

① 褚遂良：字登善，唐杭州钱塘（今浙江杭州）人，博学多才，精通文史，尤工隶楷，贞观中，以善书为太宗所用。官至尚书右仆射。武后掌权后遭贬。

施行大亩制，还保持了从前三十税一的税率。如此一来，就等于由三十税一改为百一而税，大大减轻了农民的负担。

汉武帝晚期的"富民"政策所取得的最大成就是变革农业，推行代田法和新田器。汉武帝任命著名农学家赵过为搜粟都尉，负责管理农业生产技术，提高粮食产量。赵过总结劳动人民的经验，提出了一种叫"代田法"的新耕作方法。

这种耕作方法是以宽一步、长百步的一亩地为例，纵分田地为三甽三垄。甽深一尺，宽一尺；垄台垄土高出地面，也是宽一尺。种子播于甽中。苗长高时，不断挖拨垄土培固甽中苗的根部，使其耐旱抗风。第二年，甽、垄互换其位，以调节地力。西北地区雨少风大，这是一种适合当地自然条件的比较科学的耕作方法。

为了更有效地推广代田法，赵过做了长期准备和细致安排，他有计划、有步骤地进行了试验、示范和全面推广等一系列工作。

第一，在皇帝行宫、离宫的空闲地上进行生产试验，证实代田法比一般田地每亩可增收一斛，为推广奠定了基础。

第二，设计和制作新型配套农具，为顺利推广代田法创造了良好的生产条件。

第三，利用行政力量在京畿内要求郡守命令县、乡长官、三老、力田、有经验的老农学习新型农具和代田耕作的技艺。

第四，先在家田、三辅区域公田上重点示范、推广，并逐步向边郡居延等地发展，最后在边城、河东、三辅、太常、弘农等地广泛推行，并取得了成效。成功之后，各边城、河东、弘农、三辅等地区都纷纷学习代田法。

另外，新田器耧车和耦犁的出现也大大提高了劳动生产力。为配合代田法的实行，赵过设计了一种精巧的播种机——耧车。耧车由耧架、耧斗、耧腿、耧铲等构成，可播种大麦、小麦、大豆、高粱等。分为一腿耧至七腿耧多种，其中两腿耧播种较为均匀。三脚耧有三个开沟器，播种时用一头牛拉着耧车，耧脚在平整好的土地上开沟播种，同时进行覆盖，省时省力，效率可以达到"日种一顷"。

赵过还设计了耦犁，这是一种由二牛合犋牵引、三人操作的耕犁，二人在前各牵一牛，一人在后扶犁。还有一种单长辕犁，一人在前牵二牛，一人在后扶犁，控制犁辕。平都县令也发明了一种人力犁，使用这种犁，人力多的一天能垦耕30亩，人力少的一天也能垦耕13亩。

为了鼓励农民使用新农具，汉武帝特意给级别二千石的地方官下诏，指示他们组织各级地方官，会同农村基层组织的乡官三老、力田、里父老等人，学习使用这种新农具。农忙季节到来之前，在三辅附近和全国主要农业耕作区，经常可以看到地方官组织各地乡官下田学习耕种。他们学会后再传授给农民，从而掀起了一股学习新技术、使用新农具的热潮。

在这些有力措施的保证下，疲惫不堪的农民又能够回到土地上辛勤耕作了。流亡在外的农民也纷纷回归故里，抛荒的土地重新得到了垦殖。官吏的剥削相对减轻，农民的生产积极性得到发挥，农产品开始小有蓄积。

农业生产的发展，又促进了手工业的发展和商业的繁荣。农工商贾各兴其业，使西汉的经济发展进入鼎盛阶段。

可以说，汉武帝后期所实行的富民政策是一场大革命，汉武帝本人在这场革命中起了关键性的组织作用，在劳动人民创造的雄厚物质基础上，达到了稳定社会的目的。

七、杀母立子

汉武帝晚年下诏罪己，自责曾经"不德"，并说由于自己不德才发生巫蛊之祸，伤害了士大夫们的心。正所谓积郁成疾，由于时常处于忏悔之中，汉武帝的身体也日渐衰弱，他意识到当务之急是选一个放心可靠的继承人，把自己的"富民"政策贯彻下去，以确保汉室江山的延续。

汉武帝一共生有6个儿子：卫皇后生太子刘据；王夫人生子齐怀王刘闳，元狩六年（前117年）受封齐王，元封元年（前110年）去世；李姬生燕刺王刘旦、广陵厉王刘胥，与齐怀王刘闳同时受封；李夫人生刘髆，天汉四年（前97年）受封昌邑王；最后一个是钩弋夫人即赵婕妤所生的刘弗陵。

太子刘据死于巫蛊之祸，让汉武帝悔恨不已，其他几个儿子哪个能承担大任呢？

汉武帝本人一生好大喜功、内心多欲，他罢黜百家，表彰六经，重儒术，兴太学，修郊祀，改正朔，定历数，协音律，作诗乐，本是一位英明的皇帝，即使征伐四夷，北逐匈奴，连年用兵，劳师靡饷，但也能开疆拓土，宣扬国威。但另一方面，他的多欲又表现出好色求仙，大兴土木，侈谈封禅，奢好巡游，任用酷吏峻法，暴虐人民，最终落得上下交困，内外无亲。到晚年下《轮台诏》，他才彻底认识到多欲政治的弊端，因而与以前的政策彻底决裂了。在选择继承人方面，他的想法也和以往不同，偏向于敦厚有德者，摒弃多欲的政治倾向。

征和元年（前92年）三月，赵敬肃王刘彭祖死，封国中急需有人嗣位。

刘彭祖娶江都易王刘非的宠姬淖姬，生有一子，取名刘淖子。恰好淖姬的兄长因为受宫刑在皇宫里担任宦官，为了了解赵国立嗣的情况，汉武帝就召见了他。

汉武帝开门见山地问道："刘淖子这个人怎么样？"淖姬的兄长回答说："他的欲望很多。"汉武帝若有所思，一边沉吟一边点头，过了一会儿才说："欲望太多的人是不适合当封国的国君的。"

汉武帝又问刘彭祖的另一个儿子，被封为武始侯的刘昌怎么样。淖姬的兄长说："刘昌没有什么欲望，他既没有什么美名，也没什么恶名。"

汉武帝马上说："这就够了，朕将命刘昌继承赵国的王位。"

由此可知，当时汉武帝已经处于多欲政治的反省期，所以他废弃多欲的刘淖子不用而用了平庸的刘昌来做赵国的国王。当他选立大汉继承人的时候，更是坚持了这一原则。

刘据死后，燕刺王刘旦是汉武帝的儿子中年龄最大的。按照汉朝以前的定例，他是新太子的必然人选。但是汉武帝并不喜欢刘旦，因为刘旦跟改弦更张前的汉武帝很像。据史料记载，燕王刘旦有辩略，博览各种经书杂说，喜爱星历数术，对倡优和射猎也有着浓厚的兴趣。刘旦打着皇子的招牌，广泛收罗各地的游士，各方面的活动能力都很强。汉武帝担心刘旦继位后再行多欲政治，重蹈自己的覆辙，而无法将"富民"政策继续下去。

而刘旦自认为是未来的天子，常常以未来皇储的身份自居，得意之情溢于言表。后元元年（前88年），刘旦主动上书请求辞去燕王之位，入宫"宿卫"。这是以前历代太子应做的事。刘旦之所以这样做，一是想明确确立自己的皇储地位，二是想在宫中占据有利位置，以应付各种篡夺皇权的企图。他派使者火速将这封上书送往京城。面对刘旦违背礼法的做法，汉武帝火冒三丈，尽管他知道自己不能长生不死，但他一直忌讳别人提死字。刘旦上书要求到宫中宿卫，明显是盼他早日归天。愤怒的汉武帝喝令手下将燕国上书的使者砍了头，并把刘旦投进了监狱。刘旦获释后，又遭到告发，说他藏匿官府通缉的逃犯，疑有图谋不轨的倾向。汉武帝更加愤怒了，下令削去燕王刘旦辖境内的良乡县（今北京房山）、安次县（今河北廊坊安次）和文安县（今河北文安）等三县作为惩罚。燕王刘旦从此失去了被立为皇太子的资格。

刘旦的同母弟刘胥的言行举止都与刘旦很像，据史料记载，刘胥勇猛有力，好倡乐逸游，力大无比，能空手搏熊、鼍等猛兽，而且行动不守法度，过失很多，自然不为汉武帝喜欢。皇太子之位也与他无缘。

征和年间，昌邑王刘髆尚在世，他的舅舅李广利和丞相刘屈氂之间达成默契，密定他为皇储。后来巫蛊余波牵连到刘屈氂，他和李广利之间的阴谋也被拆穿了。这在当时属于大逆不道的罪行，因而刘屈氂一家被杀，李广利投降了匈奴，家族同样遭到屠戮。这件事对刘髆争夺太子之位产生了巨大影响。而且刘髆自幼身体不好，成天一副病恹恹的样子，汉武帝很担心他无力处理国家大事，于是，刘髆也被踢出了争夺储位的行列。事实也验证了汉武帝的担忧，刘髆在后元二年（前87年）便去世了。

排除了刘旦、刘胥和刘髆，就只剩下刘弗陵了。刘弗陵身体壮实，而且非常聪明，加上他的奇异出生及其母亲的传说，汉武帝最宠爱这个儿子，常对左右说这孩子特别像他，因此有意立他为太子。

古人云，君主的言行举止受天下人瞩目，不仅要言为仪表，行为示范，更重要的是喜怒不形于色。汉武帝显然没有做到这一点，他把刘弗陵的母亲钩弋夫人所住的宫室命名为"尧母门"，便显露出了内心的偏爱。阴险之人由此看出他有改易太子的心理，进而引发了逼死太子刘据的巫蛊之祸。

决定立刘弗陵后，汉武帝的心中还是有所顾忌，那就是担心刘弗陵的母亲钩弋夫人。因为刘弗陵尚年幼，一旦上位，钩弋夫人肯定会代他临朝，这样一来，大汉王朝就可能再步吕后篡权之后尘。

自古以来，外戚与皇室争权夺利的斗争一直存在。外戚虽然不能直接掌握政权，但他们可以通过控制将来的皇帝——太子而间接施加影响。鉴于历史上血的教训，汉武帝不能不防。他担心钩弋夫人会像吕后一样杀戮刘家人，夺取刘氏天下。汉武帝思来想去，终于下定决心杀掉钩弋夫人，断绝太后专权的可能性，然后正式册立刘弗陵为太子。

据说有一天，钩弋夫人对汉武帝说："我要先走一步了，在前面等候您。"然后便羽化登仙。殡葬之后，汉武帝悲痛欲绝，相思成灾，怀疑钩弋夫人不是凡人，便开棺查看，结果棺椁里只有衣服和鞋，尸体不翼而飞，而且香飘十里，汉武帝也随之仙逝。

当然这只是一个美丽的传说，后人想借此来美化汉武帝与钩弋夫人的恩爱。而事实远比传说残酷。作为帝王，汉武帝心中最在意的自然是他的江山。为了刘氏天下的安定，他只有选择忍痛割爱。

据记载，汉武帝决定立刘弗陵为太子后，便寻找事端斥责钩弋夫人。钩弋夫人正为儿子即将成为太子之事兴奋不已，不曾想汉武帝竟会为一点琐事对自己大发雷霆。她连忙摘下首饰，跪地请罪。此时她还没有意识到危险正在来临。早有杀心的汉武帝毫不理会，吩咐左右说："拉她出去，送入宫中监狱！"

左右不由分说将钩弋夫人架起来向殿门外拖去，钩弋夫人这才惊觉自己身陷险境，不停地回头乞求饶恕。但汉武帝不肯再看她一眼，挥手叹道："快走，朕不能再容你活下去了。"

最后，钩弋夫人被赐死在狱中。

这件事轰动朝野，成为长安市民茶余饭后的谈资。很多人谈到钩弋夫人的冤死，无不摇头叹息。外面的议论偶尔也会传到汉武帝的耳朵里。

赐死钩弋夫人之后，汉武帝也曾惶惶不安了一些日子。在一次闲谈中，他问左右之人："对于钩弋夫人的死，外面是怎样议论的？"

左右随从不敢把人们大骂汉武帝寡情薄义的话说出来，只是含糊地说："人们感到奇怪的是，既然已经封了钩弋夫人的儿子为太子，为什么要杀她呢？众人百思不得其解，故而有些议论。"

汉武帝叹息一声道："朕所做的不是你们这些愚笨之人所能懂的。自古以来，国家之所以混乱，都是由于君主年纪太小，而母后却青春正盛。这个年轻的女人一旦大权在握，就可以做她想做的任何事情。她正值精力旺盛之时，定会桀骜不驯，做出淫乱的事情来，没有人可以去束缚她。难道你们没有听说过吕后擅权之事吗？所以，朕不得不先下手把钩弋夫人除掉，以避免这种事情发生。"

汉武帝以吕后为戒，为避免女主擅权、危害社稷，在主少母壮的情况下立子杀母，是想防患于未然。为了刘氏江山不失，汉武帝是不会在乎一个宠妃的性命的，绝对的皇权路就是这样用鲜血铺成的。立子杀母不仅体现了汉武帝的无情，更透露了封建政治生活的残酷。

八、临终托孤

钩弋夫人死后,母后干政的威胁被排除。但是刘弗陵年幼,必须有人辅佐。汉武帝把朝中大臣挨个在脑中过了一遍,最后确定了自己最信任的 4 位大臣——霍光、金日䃅、上官桀、桑弘羊,让他们共同辅佐幼主刘弗陵。

霍光在汉武帝身边侍奉了 20 多年,从没出过错误,其胆识、才干也非常突出。汉武帝认为群臣中只有霍光能担当重任,匡扶社稷,于是决定以霍光为顾命大臣。他让画家画了一幅《周公负成王朝诸侯图》,赐给霍光,暗示霍光在他百年后行周公之事。

金日䃅,字翁叔,原本是匈奴休屠王的太子。元狩二年(前 121 年),骠骑将军霍去病率军发动河西之战,大败浑邪王和休屠王,休屠王的祭天金人也被霍去病缴获。这年夏天,霍去病再次出兵匈奴,给浑邪王和休屠王以致命打击。匈奴伊稚斜单于愤怒之下要诛杀二王,二王惶恐,便商量一起降汉。但等霍去病带领兵马去接应时,休屠王却反悔了,浑邪王便杀掉休屠王,率部归降大汉。汉武帝封浑邪王为列侯,而金日䃅因为父亲不投降而受牵连,与母亲、弟弟被没入官府为奴。当时金日䃅只有 14 岁,被安排在宫中养马。

一天,汉武帝下朝后兴致颇高,领着一群嫔妃去御厩中阅看御马。当时数十个养马的奴隶都牵着自己饲养的马,从汉武帝面前走过,唯独金日䃅与别人不同,他恭谨守矩,目不斜视。汉武帝见其他人饲养的马匹都平淡无奇,只有金日䃅所养的马膘肥体壮,再看这个年轻的养马人,身高八尺以上,容貌威严庄重。汉武帝觉得此人不俗,便把他叫到面前询问。金日䃅一一作答。汉武帝很满意,当场让他沐浴更衣,拜为马监,赐衣冠,主管宫中养马之事。不久,汉武帝又擢升他为侍中、驸马都尉、光禄大夫,成为自己的亲信。金日䃅由养马而富贵,被中国后世奉为养马业祖师。

汉武帝非常尊重和宠爱金日䃅,赏赐累千金,出为驸乘①,入则侍奉左右。贵戚们见金日䃅受到如此恩宠,非常嫉妒地说:"金日䃅不过是一个降俘,凭什么受到如此宠贵?"汉武帝却不以为然,甚至对他更加宠信。

金日䃅为人忠诚宽厚,做事恭谨,从不居高自傲。他在汉武帝面前从来没有犯过什么错误。金日䃅的母亲教诲两个儿子很有方法,汉武帝得知后深为赞许。金日䃅母亲病死后,汉武帝下诏在甘泉宫为她画像,题名为"休屠王阏氏"。金日䃅每次看见画像都下跪,对着画像涕泣,然后才离开。

金日䃅的两个儿子也深受汉武帝宠爱,是汉武帝逗乐子的弄儿,时常陪在皇上身边。有一次,弄儿从后面搂住汉武帝的脖子,金日䃅在前面,看见后生气地瞪着他。弄儿一边跑一边哭着说:"爹爹发火了。"汉武帝对金日䃅说:"为什么生朕弄儿的气?"

后来弄儿长大,行为不谨慎,在殿中与宫女戏闹,金日䃅正好看见,厌恶其淫乱,于是杀了他。汉武帝得知后勃然大怒,金日䃅叩头告罪,把杀弄儿的原因如实告知。汉武帝很哀伤,为弄儿掉泪,但也更加尊敬金日䃅。

巫蛊之祸前,侍中仆射马何罗与江充交好,马何罗的弟弟马通更因诛杀太子时奋力作战而得以封爵。征和二年(前91年),汉武帝得知太子冤屈,就把江充宗族和朋党全部诛杀。马何罗兄弟担心被杀,于是策谋造反。

金日䃅发现他们神情有异样,于是暗中观察他们的动静,和他们一同上殿下殿。马何罗也觉察到了金日䃅的用意,一时找不到机会动手。

一天,汉武帝驾临林光宫,金日䃅有小病在殿内休息。马何罗兄弟

---

① 驸乘:陪乘的人,一般指陪君王的乘车者。古时乘车,尊者在左,御者在中,又一人在右,称车右或驸乘。

三人假传圣旨深夜外出，杀了使者，发兵起事。

第二天早上，汉武帝还没有起床，马何罗便从外面冲了进来。当时，金日䃅正在上厕所，心里一动，马上进入汉武帝的卧室，躲在内门后。过了一会儿，马何罗袖藏利刃，从东厢而上，看见金日䃅后神色大变，迅速跑向汉武帝的卧室，不料撞到宝瑟，摔倒在地，金日䃅得以抱住马何罗，随即高声呼喊："马何罗造反！"

汉武帝从床上惊醒。侍卫拔刀想杀马何罗，汉武帝恐怕伤到金日䃅，便让他们不要用刀杀。金日䃅揪住马何罗的脖子，把他摔到大殿之下，侍卫们一拥而上，把马何罗捉住捆绑起来。最后，马何罗兄弟三人都伏法受诛。这件事后，金日䃅以忠诚笃敬、孝行节操而闻名。

《汉书·霍光金日䃅传》这样记载：

日䃅自在左右，目不忤视者数十年。赐出宫女，不敢近。上欲内其女后宫，不肯。其笃慎如此，上尤奇异之。

汉武帝选中的第三个顾命大臣是上官桀。上官桀是陇西上邽人，年轻时做过羽林期门郎。一天，他跟随汉武帝去甘泉宫，途中突遇大风，车马顶风而行，行动缓慢，汉武帝让人把伞状车盖拿掉，以减少阻力。车盖交给上官桀举着。上官桀捧着车盖，虽然风很大，但他仍一步不离地跟随在御车之后。不久天又下起了大雨，上官桀及时把车盖罩在汉武帝头上。

汉武帝对他的勇力很是欣赏，提拔他做了未央厩令。后来有段时间，汉武帝身体不太舒服，等到病好之后再去看马，发现很多马都瘦了，大怒道："你认为朕再也见不着这些马了吗？"准备把上官桀投进大牢。上官桀叩头说："我听说皇上身体不适，日日夜夜为皇上担心，哪里还顾得上看马呀？"话还没有说完，泪珠就一串串地落了下来。

汉武帝听了甚为感动，认为他对自己很忠心，因此十分亲信他，让他做了侍中，后又迁升为太仆。

汉武帝看重的大臣还有桑弘羊。桑弘羊是洛阳人，出身商人家庭。13岁时被召为汉武帝侍中。后任治粟都尉。领大农令。他是在朝廷出现财政危机时的理财家，盐铁官营、榷酒酤、均输平准等政策都是由他主持完成的。

在四位顾命大臣中，汉武帝最为宠信的是霍光、金日䃅和上官桀，所以临终前特别指定他们三人照顾后事。

为了给继承人铺平道路，汉武帝选好辅政大臣后，又着手清理了公卿大臣队伍，以清除掉那些有可能制造事端、危害社稷的危险分子，这一行动从后元元年（前88年）开始。这一年六月，御史大夫商丘成自杀。

商丘成是镇压刘据起兵的功臣。当时他担任大鸿胪，率兵力战，俘虏了刘据的猛将张光。事后，汉武帝提拔他为御史大夫。征和三年（前90年），商丘成与李广利、马通率兵征讨匈奴，李广利兵败降了匈奴，马通没有什么功绩，只有商丘成立了战功。但仅仅过了两年，他就自杀了。据史料记载，他在侍伺文帝庙时，竟然在堂下喝酒唱歌，且歌中有"出居，安能郁郁"之语。这是大不敬。还有史料说他犯了"祝诅"之罪，即诅咒汉武帝。这更是大逆不道。

不久，侍中仆射马何罗及其弟弟重合侯马通也因谋反被杀。值得一提的是，马何罗等人的谋反虽然没有成功，但极大地震动了汉武帝。他再也不敢相信身边的侍中等近臣，下令侍中全都移出禁中，没有诏令不得入内。

在这次大清洗中，汉武帝把参与镇压刘据的人及与这些人有关系的人作为重点对象，认为这两种人都是不安定的因素，因而将这些人全部清除。

后元二年（前87年）正月初一，每年这个时候，诸侯王都要上朝向皇上朝贺，这是高祖时叔孙通制定的，其仪式隆重而威严。这一天，70岁的汉武帝在甘泉宫接受朝贺，由于年纪大了，身体欠佳，他已经经不起这些烦琐礼仪的折腾，因此只接受了诸侯王的朝贺，其他人一律全免。

二月，汉武帝移驾五柞宫，不久就病倒了，而且病情日渐加重。一天，霍光、金日磾等一行人跪伏在汉武帝的床前问安。霍光见皇上危在旦夕，可能将不久于人世，而储君至今还没有确立，怕汉武帝突然驾崩，危及社稷，便趁汉武帝清醒时，跪在榻前泣问道："陛下一旦不讳，应该由谁来继承大位呢？"

汉武帝说："朕之前所赐《周公负成王朝诸侯图》，难道你还没有理解它的含义吗？立少子弗陵，由你行周公之事！"

霍光叩头谢辞道："臣不如金日磾！"金日磾在旁边听了，急忙叩头推辞，诚恳地说道："臣德才远不如霍光，况且臣是外国人，若使辅弼幼主，必会使匈奴轻视我大汉！"

汉武帝说道："你们两人素来忠心耿耿，朕久已深知，都不必推辞，朕自有安排。"之后再不说话，霍光、金日磾见状，只好叩头退出。

汉武帝知道自己将不久于人世，于是把霍光、金日磾、田千秋、上官桀、桑弘羊等人召集到病榻前，宣布遗诏：立刘弗陵为太子，以霍光为大司马大将军，金日磾为车骑将军，上官桀为左将军，桑弘羊为御史大夫，田千秋仍为丞相，共同辅佐少主，其中霍光为首辅。

安排好一切后，汉武帝了无牵挂，于第二天驾崩，享年70岁。皇太子刘弗陵于同日即皇帝位，是为昭帝，然后为汉武帝发丧，设灵堂于未央宫前殿，18天后葬入茂陵。

茂陵在今陕西西安附近的兴平市东北，距西安约40公里。茂陵兴建于汉武帝即位的第三年，当时西汉正处于强盛富足时期，因而茂陵的资金投入充足。据史料记载，汉武帝即位第三年便开始营建自己的陵墓，当时天下的贡赋，三分之一用于供应宗庙，三分之一用于供应宾客，另外三分之一用于陵墓建设。尽管这种说法难免有所夸大，但也从侧面反映了茂陵庞大的规模。

在西汉的11座皇陵中，茂陵是最高大的一座，每边长约240米，高

46.5米。和别的汉代皇陵一样,地面封土四周略呈方形,平顶,作覆斗状,故汉代称之为"方上"或"方中"。陵址的周围有3里长,比其他皇帝的陵墓规模高出2丈,大出20步。陵墓的北面有李夫人墓,东北边有霍去病墓和卫青墓,东南边有霍光墓。除了霍光墓是汉武帝死后才有的以外,其余三人的坟墓都是汉武帝生前安排的。那里还有1.6万户汉武帝生前为了繁荣当地而迁来的人家。

茂陵的陵园分为内城和外城,内外城四周都有城门,内城东、西、北三门的遗址至今仍清晰可辨。在茂陵旁立有祭庙,陵园有寝殿和便殿,按时日祭祀。

茂陵的管理机构也很庞大,设有主管陵令1人,属官各1人,寝庙令1人,园长1人,守门属吏33人,侯4人,守陵的士兵、溉树的奴仆、扫除的杂工加起来有5000多人。

茂陵内的随葬品十分丰富和奢侈,多藏有金钱财物、鸟兽鱼鳖、牛马虎豹、生禽。相传还有外国赠送的玉箱、玉杖以及汉武帝生前经常阅读的杂经30余卷。

汉代葬制,皇帝驾崩后,皆穿珠襦玉衣入葬。玉衣形如铠甲,将上千块小玉片用金质丝线连在一起,称为金镂玉衣。汉武帝的玉片上皆缕成蛟龙、鸾凤、龟鳞的图案,世人称之为蛟龙玉衣。汉代中山王刘胜的金镂玉衣一共用玉2498片,金丝约1100克,汉代要制作这样一件玉衣,约需一名玉工10余年的时间。一个诸侯王的金镂玉衣已是如此精致和奢侈,可以想见汉武帝死时所穿的蛟龙玉衣该是何等的考究!

汉武帝的茂陵可以说是厚葬的典型。在中国历史上,这座规模浩大的皇陵只有秦始皇的骊山墓才能与之相提并论。

宣帝本始二年(前72年)五月,汉宣帝刘询下诏说:"孝武皇帝躬行仁义,武威远播,功勋与品德,都已臻于极盛。"命臣下给汉武帝确定一个尊号。大臣们根据汉武帝一生的主要活动业绩,给他定下谥号叫"武"。同年六月,汉宣帝尊孝武庙为世宗庙。